Christoph E. Palmer

Film- und Fernsehproduktionswirtschaft in Deutschland 2014–2017

Reden, Beiträge und Interviews

ALLIANZ DEUTSCHER PRODUZENTEN – FILM & FERNSEHEN e.V.

Bibliografische Information der Deutschen Nationalbibliothek
Die Deutsche Nationalbibliothek verzeichnet diese Publikation in der Deutschen Nationalbibliografie; detaillierte bibliografische Daten sind im Internet über: http://dnb.d-nb.de abrufbar.

Herausgeber
Allianz Deutscher Produzenten – Film & Fernsehen e. V.
Kronenstraße 3
10117 Berlin

Gestaltung, Layout & Satz
Jens Steinbrenner

ISBN 978-3-9816027-5-3

Inhalt

Vorwort

Seit ihrer Gründung vor bald zehn Jahren hat die Produzentenallianz beachtliche Fortschritte für die deutsche Film- und Fernsehwirtschaft erreicht. Als Stichworte mögen die Modernisierung der Terms of Trade mit den Fernsehsendern, die Verbesserung der Finanzierungsinstrumente für den Kinofilm oder die Verbesserung des öffentlichen Bildes des Produzenten als kreatives und wirtschaftliches Zentrum der Filmproduktion genügen.

Die Ergebnisse und ihre Entwicklungen können natürlich in Thesenpapieren, Grundsatzerklärungen und Pressemitteilungen (z.B. unter www.produzentenallianz.de) oder den seit 2009 erscheinenden Jahresberichten nachgelesen werden. Wie es aber dazu gekommen ist, welche Um- und Nebenwege gegangen werden mussten, lässt sich nur mit Mühe nach mehr oder weniger aufwendigen Recherchen nachvollziehen.

Daher haben wir bereits 2013 ein erstes Kompendium mit Reden, Beiträgen und Interviews unseres Geschäftsführers Christoph Palmer herausgegeben, das über die Initiativen der Produzentenallianz der ersten fünf Jahre hinaus auch die gesamte für die Produktionswirtschaft relevante Film- und Medienpolitik Deutschlands beschreibt. Die Druckauflage von „Filmpolitik in Deutschland 2008–2013" ist längst vergriffen, steht aber auf unserer Internet-Seite unter Publikationen nach wie vor zum Download bereit.

Jetzt also das Sequel über die Jahre 2014 bis 2017. Den Gesetzen des Films folgend ist dieser zweite Teil noch besser, actionreicher und bietet überraschende Wendungen, an die im ersten Teil noch gar nicht zu denken war. Zum Beispiel bei der Entwicklung der Terms of Trade mit den Fernsehsendern. Seit 2009 hat die Produzentenallianz mit ARD und ZDF seinerzeit bahnbrechende und kaum für möglich gehaltene Eckpunkte für ausgewogene Vertragsbedingungen auf den Weg gebracht und in den Folgejahren auf verschiedene Genres und Formate erweitert. Das war ein beachtlicher Erfolg – aber in der Rückschau sieht es so aus, als hätten wir uns seinerzeit nur warmgelaufen.

Ab 2014 haben wir nämlich mit der ARD und später auch mit dem ZDF entscheidend weiterreichende Sender-Selbstverpflichtungen entwickelt, die 2016 bzw. 2017 marktreif waren. Die neuen Geschäftsgrundlagen regeln unter anderem die Themenkomplexe Kalkulation und Rechte umfassend neu, Produzenten erhalten bei Teilfinanzierung erstmals in größerem Umfang die Möglichkeit, für die eigene Verwertung den Anspruch auf Rechte an ihren Produktionen geltend zu machen, ebenfalls erstmals wurden verschiedene Möglichkeiten der Erfolgsbeteiligung und der Stimulation von Innovationen eingeführt – in Details unterschiedlich, aber in der Wirkung für den deutschen Produktionsmarkt beachtlich – und geldwert: Zur Finanzierung dieser Selbstverpflichtungen hat die KEF für die Gebührenperiode 2017 bis 2020 zusätzlich rund 250 Mio. Euro genehmigt.

Besonders anschaulich lassen sich diese und andere Entwicklungen in den Rechenschaftsreden vor den Mitgliederversammlungen 2015, 2016 und 2017 nachzeichnen, in denen Christoph Palmer die Aktionsfelder der Berichtsjahre Revue passieren lässt und mit den aktuellen Entwicklungen ergänzt. Dort wird nicht nur deutlich, wie komplex und vielschichtig die Interessenvertretung sein muss, sondern auch, welche taktischen Erwägungen und politischen Kniffe anzuwenden sind.

Dieses politisch-strategische Handwerkszeug beherrscht Christoph Palmer wie kaum ein Zweiter, und ich darf an dieser Stelle betonen, wie froh ich bin, dass wir ihn seinerzeit davon überzeugen konnten, es in den Dienst der deutschen Film- und Fernsehproduktion zu stellen.

Dass unser Geschäftsführer auch weit über den Tellerrand des Lobbyisten zu schauen vermag, zeigt ebenfalls dieser Band, in dem wir einen fundierten Aufsatz über Verbände als Grundlage der pluralistischen Demokratie finden, Gastbeiträge über das produzentische Schaffen und die philanthropischen Leistungen von Carl Laemmle, dem Namenspatron unseres Produzentenpreises, und Betrachtungen zum ökonomischen Reformbedarf der Programmzulieferung in Deutschland.

Die Produzentenallianz setzt sich mit Zähigkeit, Augenmaß und Leidenschaft erfolgreich für die Verbesserung der Rahmenbedingungen des produktionswirtschaftlichen Wirkens der deutschen Produzentinnen und Produzenten ein. Dieses Buch gibt allen, die mehr über die politischen und ökonomischen Hintergründe der deutschen Film- und Fernsehproduktion wissen wollen, darüber Auskunft.

Alexander Thies
Vorsitzender des Gesamtvorstands der
Allianz Deutscher Produzenten – Film Fernsehen e.V.

Berlin, Herbst 2017

REDEN

Große Erfolge für das Produzieren in Deutschland

Rede zum Rechenschaftsbericht 2016 bei der Produzentenallianz-Mitgliederversammlung am 12. Juli 2017

Zunächst dürfen wir unserem Vorstandsvorsitzenden Alexander Thies für die ehrenamtliche Tätigkeit an der Spitze der Produzentenallianz danken. Dass es uns allen so viel Spaß macht, hängt auch ganz wesentlich mit dir zusammen. Du gibst die Atmosphäre vor und die Richtung ,und wir sind gerne an deiner Seite. Herzlichen Dank, Alexander, für dein ehrenamtliches Engagement!

In diesem Rechenschaftsbericht möchten wir das letzte Jahr Revue passieren lassen. Dazu gehört traditionell jetzt schon das neunte Mal, dass wir ein Buch herausgeben, wie es auch ein Wirtschaftsunternehmen macht. Im Jahresbericht 2016 können Sie alles nachlesen, was wir in diesem Jahr auf die Beine gestellt haben. Als Fortsetzungsroman gelesen ist es umso eindrucksvoller, weil man immer die Ankündigungen im Aktionsplan verfolgen kann – und ein Jahr später, was daraus geworden ist. Falls Sie von den letzten Jahren noch Exemplare brauchen, wenden Sie sich bitte an die Geschäftsstelle, es gibt noch welche.

Mitgliederentwicklung

Ich beginne mit der Mitgliederentwicklung. Sie sehen im neunten Jahr der Produzentenallianz eine kontinuierliche Aufwärtsentwicklung. Wir sind im März 2008 mit 60 Mitgliedern gestartet, in den ersten zwei Jah-

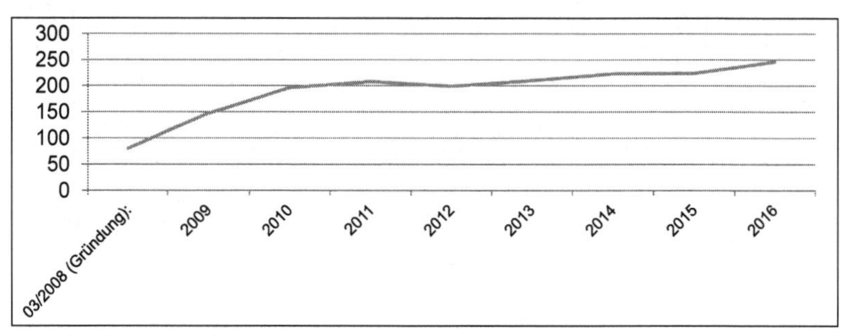

Mitgliederentwicklung: Am 1. Januar 2017 hat die Produzentenallianz 246 Mitglieder

ren gab es diese ganz rasante Welle der Zugänge – auch durch die Fusion mit der AG Spielfilm noch 2008, den Beitritt der Produzenten aus dem Verein deutscher Animationsproduzenten, aus der die Sektion Animation wurde, der Mitglieder des Werbefilmverbands VDW, unsere jetzige Sektion Werbung, und schließlich der Gründung der Produzentenallianz-Sektion Dokumentation 2011. Seit 2012 geht es – mit naturgemäß geringerer Geschwindigkeit – weiter stetig aufwärts. Wie ungefähr in den Vorjahren sind 2016 25 Firmen neu beigetreten. Ausgetreten oder in ihrer produzentischen Tätigkeit erloschen sind rund zehn.

Der stetige Zuwachs um jährlich 20–30 neue Mitglieder seit 2013 ist auch insofern bemerkenswert, weil unsere Hürde mit 5.000 Euro Mindestbeitrag ja relativ hoch ist. Auch die formalen Voraussetzungen, was Mindestumsatz und Produktionsoutput angeht, sind durchaus anspruchsvoll. Die Zahl der Unternehmen, die für eine Mitgliedschaft in der Produzentenallianz überhaupt in Frage kommen, ist also begrenzt, aber im Augenblick sind wir weiterhin auf Wachstumskurs.

Jetzt, im Juli 2017, haben wir 250 Mitglieder, ein neuer Höchststand. Diese 250 Mitgliedsfirmen repräsentieren ca. 80 Prozent des Marktvolumens. Das bekräftigt die Legitimation der Produzentenallianz als maßgebliche Vertretung der gesamten Branche und sichert zudem nachhaltig die finanzielle Basis.

Finanzierung des öffentlich-rechtlichen Rundfunks

Größter Auftraggeber der deutschen Fernsehproduzenten sind die öffentlich-rechtlichen Sender. Sie beauftragen bis zu 70 Prozent unseres Umsatzvolumens. Klar, dass die Produzentenallianz die Finanzierung des öffentlich-rechtlichen Rundfunks nicht nur mit besonderer Auf-

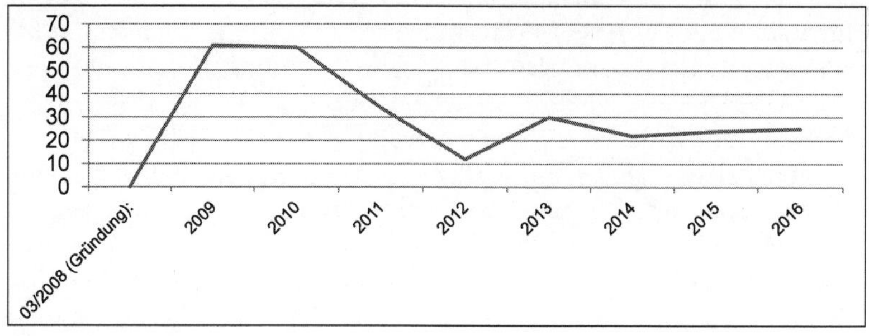

Mitgliederentwicklung: 2016 sind der Produzentenallianz 25 Unternehmen beigetreten

merksamkeit beobachtet, sondern sich auch immer wieder einmischt. Das war auch 2016 nötig. Die KEF hatte ja vorgeschlagen, den Rundfunkbeitrag ab Anfang 2017 von 17,50 Euro auf 17,20 Euro pro Monat zu kürzen. Hintergrund war – Sie erinnern sich – die Umstellung der Rundfunkgebühr auf eine Abgabe, die für jeden Haushalt fällig wird, wodurch es in der Beitragsperiode 2017–2020 zu Mehreinnahmen von rund 550 Mio. Euro kommt, die die Anstalten aber nicht bekommen durften. Das folgt übrigens genau der Logik der Finanzierung des öffentlich-rechtlichen Rundfunks in Deutschland, die sich ja nicht nach der Höhe der Erträge sondern nach der Höhe des Bedarfs richtet: die Anstalten melden diesen Bedarf an, die KEF prüft und genehmigt das, was ihr als plausibel erscheint. Wenn, wie nach der Umstellung, plötzlich mehr Geld als genehmigt da ist, führt dies zwar zu Mehreinnahmen beim Beitragsservice – früher GEZ –, aber nicht zu Mehreinnahmen bei den Anstalten. Die KEF hat also vorgeschlagen, den Rundfunkbeitrag um 30 Cent zu senken, um die 550 Millionen in der nächsten Gebührenperiode abzuschmelzen.

Dagegen haben wir uns gegenüber den Länderchefs und den zuständigen Staatskanzleien entschieden ausgesprochen. Unsere Argumentation: Seit 2009 müssen die Anstalten mit stagnierenden Budgets auskommen, während die Kosten für Technik, Löhne und Pensionen erheblich gestiegen sind. Das führt zu sinkenden Programmbudgets, wie wir es ja erlebt haben, und damit auch zu einer geringeren Attraktivität des Programms. Dabei sollte gerade in diesen Zeiten sinkender Medienakzeptanz den Zuschauern – und Beitragszahlern! – etwas geboten werden.

Am 28. Oktober 2016 haben die Länderchefs – die in dieser Sache das letzte Wort haben – dann beschlossen, den Rundfunkbeitrag nicht zu senken, sondern mit den Mehreinnahmen Rücklagen aufzubauen, um zukünftige Kostensteigerungen besser abfedern zu können. Da hat sich unsere Intervention also auch gelohnt.

19. Rundfunkänderungssstaatsvertrag

Ebenfalls 2016 – genau: am 1. Oktober – ist auch der 19. Rundfunkänderungsstaatsvertrag in Kraft getreten. Darin geht's unter anderem um das neue online-basierte öffentlich-rechtliche Jugendangebot „Funk", das besonders für die Entertainment-Kollegen interessant ist, aber auch für die Animationssektion. Uns alle betrifft die Protokollerklärung, die an den 12. Rundfunkänderungsstaatsvertrag von 2009 anknüpft. „Die Länder bekräftigen ihre Auffassung, dass der öffentlich-rechtliche Rundfunk im Bereich Film- und Fernsehproduktionen Unternehmen sowie Urhebern und Leistungsschutzberechtigten ausgewogene Vertragsbedingungen und eine faire Aufteilung der Verwertungsrechte gewähren soll", hieß es vor acht Jahren, und das war sozusagen die Grundlage für die ersten Eckpunkte mit ARD und ZDF. Erst dieser erklärte Wille der Politik hat die Anstalten dazu gebracht, erstmals in der Geschichte der deutschen Auftragsproduktion systematisch Rechte mit den Produzenten zu teilen, Zugeständnisse beim Kalkulationsrealismus zu machen und die Produzenten stärker an Erlösen aus der Rechteverwertung zu beteiligen. Kaum nötig zu sagen, dass diese Protokollerklärung auf Initiative der Produzentenallianz zustande kam.

Und jetzt haben die Länder noch eine „Schippe draufgelegt". In der neuen Protokollerklärung – die übrigens von allen 16 Bundesländern getragen wird – werden „die Fortschritte hinsichtlich ausgewogener Vertragsbedingungen zwischen dem öffentlich-rechtlichen Rundfunk und den Film- und Fernsehproduktionsunternehmen" anerkannt – das ist die Würdigung der Eckpunktevereinbarungen – und für die Zukunft gefordert, „dass dieser Prozess fortgesetzt und in diesem Rahmen unter anderem die Verwertungsrechte angesichts der erweiterten Verbreitungsmöglichkeiten angemessen zwischen den Vertragspartnern aufgeteilt und angemessene Lizenzvergütungen vereinbart werden." Das ist unser Trumpf in der schwierigen Auseinandersetzung um die drohende erhebliche Verlängerung der Mediatheken-Verweildauern unserer Produktionen, ich komme gleich noch darauf.

Die Protokollerklärung hat noch einen zweiten Absatz, und auch der hat es in sich. Darin fordern die Länder von ARD und ZDF, „die von ihnen bei der KEF angemeldeten und von der KEF anerkannten Mittel für die Kategorie Programmaufwand auch für diesen Zweck einzusetzen." Wie wir wissen und auch beim Deutschen Produzententag 2015 thematisiert haben, sind etwa in der Gebührenperiode 2009–12 insgesamt 230 Mio. Euro von der KEF für das Programm bewilligte Mittel von ARD und ZDF nicht für das Programm ausgegeben wurden. Das war zwar nicht juristisch verboten, widerspricht dem Prinzip der Rundfunkfinanzierung hier in Deutschland jedoch eklatant. Damit soll nach dem Willen der Länder jetzt Schluss sein, und damit das auch kontrolliert wird, fordern sie die zuständigen Gremien der Rundfunkanstalten auf, „die Mittelplanung und -verwendung insoweit besonders zu beobachten". Was für uns bedeutet, dass ein Teil dieser 230 Millionen künftig seinen Weg in Ihre Auftragsbücher finden wird.

Diese Protokollerklärung zum 19. Rundfunkänderungsstaatsvertrag ist ein weiterer entscheidender Erfolg der Produzentenallianz, und es ist wirklich sehr, sehr schön zu sehen, dass es uns gelungen ist, mit den Landesregierungen und den Staatskanzleien – vor allem natürlich in den Ländern mit größeren Medienstandorten – ein so gutes Gesprächsklima zu schaffen, in dem wir die Interessen von Ihnen, den Produzenten, nachhaltig und wirkungsvoll vertreten.

Zusätzliche KEF-Programmmittel

Neben den Protokollerklärungen gibt es noch eine zweite Voraussetzung für das Gelingen unseres Langzeitprojekts, der Modernisierung der Terms of Trade mit den Fernsehsendern: die Finanzierung. Die Rundfunkanstalten können nur das ausgeben, was ihnen die KEF bewilligt hat. Die ARD-Eckpunkte 2.0 und die neuen ZDF-Leitlinien – auf letztere komme ich gleich noch zu sprechen – sorgen dafür, dass wegen des neuen Leistungsmodells bei der ARD, wegen des neuen Innovationsfonds beim ZDF, vor allem aber durch die zusätzlichen Positionen beim Kalkulationsrealismus, deutlich mehr Geld im Markt ist, und diese zusätzlichen Mittel mussten ARD und ZDF bei der KEF anmelden. Das haben sie auch getan: Für zusätzliche Verpflichtungen gegenüber Urhebern und gegenüber den Produzenten durch ARD-Eckpunkte 2.0 und ZDF-Rahmenbedingungen für die Beitragsperiode 2017–2020 haben sie einen zusätzlichen Bedarf von ca. 340 Mio. Euro angemeldet. Davon hat die KEF 75 Prozent genehmigt: über 63 Mio. Euro pro Jahr, insgesamt 253 Mio. Euro für die Laufzeit bis 2020, freilich für Produzenten und Urheber, vermutlich im Verhältnis 4:1.

Jetzt, nachdem wir das geschafft haben, klingt es eigentlich gar nicht mehr so spektakulär, sondern eher logisch: Es gibt einen Mehrbedarf, der wird angemeldet und zum größten Teil auch bewilligt. Es war aber das erste Mal, dass die KEF so einen Mehrbedarf überhaupt anerkannt hat, das erste Mal, dass sie anerkannt hat, dass die Programmmittel einfach nicht mehr ausreichend sind und dass hier aufgestockt werden muss. Sie davon zu überzeugen, war ein ziemlicher Kraftakt mit vielen Gesprächen und Anhörungen in den letzten Jahren, den wir aber im Schulterschluss mit den Anstalten geschafft haben.

ZDF-„Rahmenbedingungen einer fairen Zusammenarbeit“

Die ersten Eckpunkte habe ich bereits erwähnt. Die Neuauflage hat mit den seit 2016 geltenden ARD-„Eckpunkten 2.0“ begonnen, in denen unter anderem die Themenkomplexe Kalkulation und Rechte umfassend neu geregelt wurden, Produzenten bei Teilfinanzierung erstmals in größerem Umfang die Möglichkeit erhalten, den Anspruch auf Rechte an ihren Produktionen geltend zu machen, um sie von Anfang an selbst zu verwerten, und ebenfalls erstmals wurde eine systematische Erfolgsprämierung für Produzenten geschaffen.

Ich habe diese Eckpunkte 2.0 im letzten Jahr an dieser Stelle ausführlich vorgestellt und sie den größten Erfolg der Produzentenallianz genannt. Jetzt konnten wir diesen Erfolg auf das gesamte öffentlich-rechtliche System ausweiten. Zwar heißt die ZDF-Selbstverpflichtung nicht mehr „Eckpunkte", sondern „Rahmenbedingungen einer fairen Zusammenarbeit", aber auch sie wurde nach umfassenden und intensiven Konsultationen mit der Produzentenallianz entwickelt. Und auch sie stellt die Produzenten erheblich besser.

Ich gehe jetzt mal die einzelnen Bausteine durch. Beginnen wir mit dem **Kalkulationsrealismus**: Überstunden-, Sonn- und Feiertagszuschläge sind künftig auch bei Produktionen für das ZDF kalkulationsfähig, ebenso Rechtsberatungskosten und produktionsbezogene Aufwände für Arbeitsschutz. Zu den anerkannten Stab-Positionen gehören jetzt – abhängig von Genres – Producer, Herstellungsleiter und Headautoren, bei historischen Themen oder sehr umfangreichen Produktionen eine Szenen- oder Kostümbildassistenz, eine Filmgeschäftsführung und deren Assistenz, Locationscouts und Motivaufnahmeleiter. Bei Dokumentationen werden Postproduktionskoordinatoren anerkannt, und bei Dokumentationen mit Spielszenen und hochfrequenten Projekten auch Herstellungsleiter. Bei Entertainment-Produktionen werden Herstellungsleiter und Executive Producer zu marktüblichen Bedingungen kalkulationsfähig. Hier alles aufzuzählen, würde zu lange dauern, daher nur diese Beispiele.

Rechteübertragung bei Teilfinanzierung: Bei einem Gap zwischen Kalkulation und Senderbudget kann der Produzent diese Lücke durch eine Mitfinanzierung schließen und bekommt dafür eigene Verwertungsrechte. Natürlich muss man sich über das Budget einig sein. Das ZDF verzichtet hier leider auf definierte Wertkorridore, wie es sie in den ARD-Eckpunkten 2.0 gibt, übertragen werden können aber alle Rechte, die das ZDF nicht zur Erfüllung seines Funktionsauftrages benötigt.

Die Entsprechung zum ARD-Leistungsmodell beim ZDF ist der neu geschaffene **Innovationsfonds**, ausgestattet immerhin mit jährlich zwei Mio. Euro. Finanziert werden sollen damit Projekt- und Stoffentwicklungsverträge für Entwicklungsvorstufen in allen Genrebereichen. ZDF-Intendant Thomas Bellut hat uns beim letzten Produzententag versprochen, dass diese Mittel schnell und unbürokratisch zur Verfügung gestellt werden sollen. Und: Wenn diese Innovationsprojekte nicht innerhalb eines Jahres umgesetzt werden, fallen die Rechte an den Produzenten zurück, ohne dass etwas zurückerstattet werden muss.

Die Beteiligung der Produzenten an Erlösen aus der Auslandsverwertung, Pay-TV, DVD, VoD und so weiter, wird von 16 auf 20 Prozent erhöht, Brutto und abzüglich einer Verwaltungskostenpauschale von bis zu 10 Prozent und nachgewiesenen Synchronisationskosten, also sprechen wir von 18 Prozent.

Keine Entsprechung in den ARD-Eckpunkten 2.0 hat der **Mediatheken-Aufschlag für vollfinanzierte Auftragsproduktionen**, zu dem sich das ZDF verpflichtet: Wenn eine Produktion länger als einen ununterbrochenen Zeitraum von 30 Tagen in ZDF-Onlineangeboten zugänglich ist, wird der Gewinnaufschlag des jeweiligen Produktionsvertrages einmalig um bis zu 1 Prozentpunkt erhöht. Es gibt aber eine Kappungsgrenze, die bei 1,5 Mio. Euro liegt. 15.000 Euro maximal also, und das klingt jetzt nicht exakt nach einem echten Ausgleich für „potentielle temporäre Einschränkungen bei der Vermarktung der Produktion“, wie es in dem Papier formuliert ist – aber: Noch nie hat ein Sender für eine Online-Verwertung in der eigenen Mediathek bezahlt. Mit diesem Aufschlag erkennt das ZDF jetzt grundsätzlich an, dass die Mediathekennutzung bezahlt werden muss, und darauf kann man aufbauen.

Diese Regelung – auch das ist sehr wichtig – gilt nur für vollfinanzierte Auftragsproduktionen. Maximal 15.000 Euro werden kaum reichen, das Investment des Produzenten bei teilfinanzierten Auftragsproduktionen und bei Ko- und Förderproduktionen zurückzudecken. Deshalb müssen hier einzelvertragliche Regelungen getroffen werden.

Überschlägt man die Einzelposten und stellt in Rechnung, dass das ZDF auch die anerkannten Mittel zur rundfunkspezifischen Teuerungsrate von 2,01 Prozent pro Jahr berücksichtigt, kommt man auf jährliche Verbesserungen in zweistelliger Millionenhöhe, die zusätzlich in den deutschen Produktionsmarkt fließen. Nochmal: zusätzlich. Diese Steigerung ist vergleichbar mit den geschätzten Effekten durch die Eckpunkte 2.0 bei der ARD. Über die Gesamtlaufzeit der ZDF-Rahmenbedingungen und der ARD-Eckpunkte 2.0 in der Beitragsperiode 2017–2020 summieren sich diese zusätzlichen Mittel auf mehrere hundert Millionen Euro.

Auch wenn aus Produzentensicht noch längst nicht alles erreicht ist, kann man ohne falsche Bescheidenheit sagen, dass sich die Arbeit gelohnt hat.

Schulungsveranstaltungen

Jetzt allerdings – und das habe ich letztes Jahr bei den ARD-Eckpunkten 2.0 auch schon betont – kommt es auf Sie an, kommt es darauf an, dass die Rahmenbedingungen auch gelebt, angewendet und notfalls auch eingefordert werden. Zur Anwendung haben wir – wie schon bei den ARD-Eckpunkten 2.0 – Schulungsveranstaltungen in Berlin, Hamburg, Köln und München angeboten, die sehr gut besucht waren. Von daher können wir alle guter Dinge sein, dass die ZDF-Rahmenbedingungen ihr Potenzial für die deutsche Fernsehproduktion entfalten können. Zumindest für den öffentlich-rechtlichen Bereich.

Gespräche mit privaten Sendergruppen

Auf der anderen Seite, bei den Privatsendern, ist der Prozess nach wie vor sehr mühsam. Protokollerklärungen in Rundfunkstaatsverträgen sind denen egal, und solange sich die Politik nicht entschließt, das Instrumentarium in Richtung von Programmquoten zu schärfen, haben wir keinen Ansatzpunkt, an dem wir einen Hebel ansetzen können.

Immerhin konnten wir die „Kamingespräche" fortsetzen, die die Sektion Entertainment 2015 initiiert hat und die insgesamt sehr positiv verlaufen sind. Das war aber auch nötig, um bei den Sendern ein Problembewusstsein für gewisse Themen zu schaffen. 2016 wurden diese Gespräche fortgeführt. Wir haben mit ProSiebenSat.1 unter anderem über Kalkulationsrealismus und stagnierende Budgets für TV-Movies gesprochen, wir haben den Zwang zu einem Weltvertrieb bei der PSS1-Tochter Red Arrow problematisiert, über Gemeinsame Vergütungsregeln gesprochen und den Themenkomplex Produzententag/Transparenz auf die Tagesordnung gebracht.

Bei den Gesprächen mit der RTL-Gruppe ging es um die Themen Format-Fee und Formatentwicklung, den Verzicht auf Bürgschaften, ebenfalls Gemeinsame Vergütungsregeln und um die Zusammenarbeit bei der Aus- und Fortbildung.

Pensionskasse der Rundfunkanstalten

Ein etwas sperrigeres Thema ist die Pensionskasse der Rundfunkanstalten. Jahrelang hat man sich über die Beitragspflicht für Anstaltsmitglieder gestritten, letztes Jahr konnten die Streitpunkte weitgehend erledigt werden. Die als „Limburger Lösung“ bezeichnete Vereinbarung zwischen der ARD, dem ZDF, der Produzentenallianz, ver.di, BFFS und PKR stellt jetzt sicher, dass bei voll- und teilfinanzierten Auftragsproduktionen von ARD und ZDF die Anstaltsbeiträge auf Nachweis in voller Höhe erstattet werden. Bei Kino- und Kinokoproduktionen sowie Produktionen, an deren Finanzierung ARD und ZDF nicht beteiligt sind, besteht keine Verpflichtung zur Leistung von Beiträgen an die Pensionskasse, für Kinoproduktionen auch dann, wenn die ARD sich als Koproduzent oder Lizenznehmer beteiligt. Die Verpflichtung, Anstaltsmitglied der Pensionskasse zu werden, besteht nicht, aber wir empfehlen es unseren Mitgliedern ausdrücklich.

Verweildauer Mediatheken

Wir haben ein großes Problem mit den öffentlich-rechtlichen Mediatheken. Die Länder haben ja beschlossen, die bisherigen Beschränkungen der öffentlich-rechtlichen Online-Auftritte zu lockern und dabei auch den Grundsatz einer Verweildauer von sieben Tagen aufzuheben. Diese sieben-Tage-Frist darf allerdings ohnehin erweitert werden, wenn das im Rahmen von 3-Stufen-Tests genehmigt wird. Und das ist in den letzten Jahren massiv geschehen, so dass die derzeit geltenden Verweildauern je nach Genre zwischen 3 Monaten und mehreren Jahren liegen.

Wenn künftig unsere Produktionen aber erheblich länger als jetzt schon in den Mediatheken kostenlos abrufbar wären, wären all die schönen Rechte, die wir den Sendern abgetrotzt haben, gar nichts mehr wert. Wer investiert in ein Programm, das er nicht mehr verwerten kann, weil es anderswo umsonst zu sehen ist? Niemand. Die drohende Änderung des Tele-Medienauftrags gefährdet also das Geschäftsmodell und die Zukunftschancen der deutschen Produktionsunternehmen.

Wir haben uns also in einer Vielzahl von Gesprächen mit Medienpolitikern und Rundfunkreferenten in den Ländern, bei Anhörungen und so weiter, gegen diese Ausweitung der Verweildauern in kostenlosen Mediatheken ausgesprochen und dabei – weil wir ja wie erwähnt mit den Medienressorts der Länder sehr guten und konstruktiven Umgang pflegen – bestimmt auch einiges an Überzeugungsarbeit leisten können. Wir sind ja auch nicht die einzigen, die gegen diese Pläne Sturm laufen, wir stehen auf einer Seite mit der gesamten in der SPIO organisierten Filmwirtschaft, mit den Urhebern und diesmal auch mit dem VPRT.

Trotzdem muss ich sagen: Die Politik steht da nicht auf unserer Seite. Ich bin gespannt, was für eine Allianz mit den Urhebern und den anderen Verbänden wir da noch hinbekommen und ob es uns gelingt, die Länder wenigstens teilweise auf unsere Seite zu bringen. Ich will jetzt nicht zu weit gehen, aber wir haben an dieser Stelle einen kleinen Vorteil, denn wir haben eine Rechtslage. Und diese Rechtslage muss durch die Länder verändert werden, und dafür brauchen sie Einstimmigkeit. Ein oder zwei oder drei Länder von den 16 würden uns also ausreichen, den Status quo zu bewahren. Bisher ist unser verlässlichster Partner das Land Berlin, das unsere Positionen vertritt – es ist aber bisher im Länderkreis das einzige Land.

Wenn Sie uns also auf Länderebene beim Telemedien-Auftrag dabei unterstützen könnt, eine Truppe von einigen wenigen Ländern davon zu überzeugen, den Fortbestand der geltenden Rechtslage – Kaufverbot für Lizenzware im Rundfunkstaatsvertrag bleibt bestehen – durchzusetzen und eine Protokollerklärung einzufügen, in der die Anstalten aufgefordert sind, bei Auftragsproduktionen die Mediathekennutzung angemessen abzugelten, dann wäre uns sehr geholfen. Bitte bleibt bei diesem Thema an unserer Seite, es wird ganz wichtig und sich, denke ich, bis Jahresende, bis Herbst, Winter dieses Jahres entscheiden. Wegen der Aktualität musste ich hier ein bisschen vom Reporting über 2016 in das laufende Jahr 2017 springen.

Tarifvertrag

Nächstes Thema: Wir haben 2016 einen Tarifvertrag abgeschlossen, Gültigkeit: fast zwei Jahre. Er gilt seit dem 1.4.2016 bis Ende 2017, sichert flexible Arbeitszeiten bis zu 13 Stunden. In die Gagentabelle haben wir die ganzen neuen Berufsbilder aufgenommen, die wir bei ARD und ZDF jetzt auch kalkulationsfähig gemacht haben.

Warum ist das so wichtig? Weil wir es nicht zur Kalkulationsgrundlage machen dürfen, wenn es nicht in einem Tarifvertrag enthalten ist.

Zustimmen mussten wir einer einmaligen Erhöhung von 30 Euro zum 1. April 2016 über alle Berufsgruppen und Gewerke hinweg, und am 1.1.2017 haben wir eine Erhöhung um drei Prozent gehabt.

Ich will niemandem Angst machen, aber ver.di kann Ende August 2017, vier Monate vor Jahresende, kündigen und hat das bereits angekündigt. Für die nächste Tarifrunde haben sie weiter angekündigt, dass sie die 13 Stunden pro Drehtag nicht mehr akzeptieren werden. Da würden sie auf gar keinen Fall mehr mitmachen, das müssten jetzt 12 werden. Wir haben es im letzten Tarifvertrag noch mal bei 13 Stunden gehabt. Ich bin gespannt, wie es ausgeht.

Durch das Urteil des Bundesverfassungsgerichts zum Tarifeinheitsgesetz ist arbeitsrechtlich ganz eindeutig der größere Tarifpartner auf der Verhandlungsseite gestärkt worden – ich sage: Zum Glück! Es war zwar eher ein Urteil in Richtung Bahn- und Lokführer-Gewerkschaft, es ist aber auch für uns relevant. So wie wir als größter Tarifpartner auf der Arbeitgeberseite in der Verhandlungsmacht sind, so ist es ver.di auf der anderen Seite. Ich bin sehr gespannt, was bei den kommenden Verhandlungen herauskommen wird. Ein bisschen hängt es natürlich auch von der neuen Bundesregierung ab, ob die arbeitsrechtlich irgendwie versucht, eine Stellschraube anzuziehen.

Sie wissen, warum ich jedes Jahr für die Mitgliedschaft im Tarif werbe. Nach dem Arbeitszeitgesetz haben wir in Deutschland eigentlich eine Tageshöchstarbeitszeit von zehn Stunden. Wir dagegen haben unsere Flexibilität am Set. Es sind ja nicht nur 13 Stunden, die maximal möglich sind, sondern wir haben bei unvorhergesehenen Ereignissen wie Motivverfügbarkeit, bei Wetter ja die Möglichkeit, bis 16 Stunden zu arbeiten – es darf nur nicht geplant sein. Wir sind flexibel bis zur 16. Stunde, das gibt's in keiner deutschen Branche! Und diese Flexibilität haben wir überhaupt nur, weil wir einen Tarifvertrag haben. Ohne Tarifvertrag würde das Gitter einfach nach zehn Stunden am Tag eisern runtergehen. Das setzt aber auch voraus, dass wir eine Marktmacht haben und dass unsere Mitglieder auch tarifgebunden sind, zurzeit sind es rund 60 Prozent. Das gibt uns die Marktmacht. Wir werden aber die Arbeitszeitregelungen nur sichern können, wenn wir auch ein relevanter Verhandlungspartner bleiben.

Gemeinsame Vergütungsregeln

Wir haben im Jahr 2016 gemeinsame Vergütungsregeln abgeschlossen – herzlichen Dank an Mathias Schwarz und Johannes Kreile, die diese ganzen langwierigen Verhandlungen führen. Für den Bereich fiktionaler Kinofilm zwischen Bundesverband Regie und Produzentenallianz wurden Regiegagen und Erfolgsbeteiligungen der Regisseure definiert. Der entscheidende Erfolg: Erfolgsvergütungen müssen erst dann bezahlt werden, wenn den Produzenten tatsächlich zusätzliche Erlöse zugeflossen sind.

Bei den Vergütungsregeln ZDF-Auftragsproduktionen zwischen BVR, ZDF und Produzentenallianz konnten Vereinbarung über das ZDF-Basishonorar bekanntlich bereits 2014 erzielt werden. Für den Bereich serielle Produktion konnten 2015 Regelungen ergänzt werden, und jetzt im Jahr 2016 wurden die Vergütungsregelungen für Dokumentationen und Reportagen abgeschlossen.

Filmförderung

Ich komme jetzt zu einem ganz anderen Kapitel, auch wieder einer beispiellosen Erfolgsgeschichte im letzten Jahr: Filmförderung auf Bundesebene. Erinnern Sie sich, wie wir 2015 bedröppelt rumstanden, als der DFFF von 70 Millionen, die Bernd Neumann noch erkämpft hatte, über 60 auf 50 Millionen zurückgeführt wurde. Der Fonds war rasch verbraucht, er war nicht mehr abrufbar. Wir hatten einen Riesenclinch mit Frau Grütters. Beim letzten Produzententag im Februar 2017 hat sie nun für das diesjährige laufende Jahr die Erhöhung um 25 Millionen Euro angekündigt – von den gekürzten 50 auf 75 Millionen. Da könnte man nun sagen: Na ja, so viel ist das nicht, sie legt auf den alten Zustand aus der Ära Bernd Neumann noch mal fünf Millionen drauf, 75 statt 70, erkennt den Fehler und will ihn wiedergutmachen. Aber man höre und staune: Die Bundesregierung hat für den Haushalt 2018 und die Folgejahre weitere 50 Millionen für den DFFF 2 draufgelegt. Das heißt, wir werden zwischen 2018 und 2021 pro Jahr 125 Millionen Euro im DFFF haben – den Beschluss des Bundestags nach der Wahl in der neuen Legislaturperiode 2017–2021 vorausgesetzt; diese Einschränkung muss ich machen.

Nun kenne ich durchaus auch die Stimmen bei uns, die sagen, die 75 Millionen seien für den DFFF 2, also vor allem eine Förderung für die Dienstleister, für die Produktionsstandorte in Potsdam, in Hamburg, in Köln, in München, vielleicht in Maßen auch für Berlin-Adlershof. Das ist einerseits richtig, andererseits aber auch nicht richtig, denn der DFFF 1 wird mit diesen 75 Millionen komplett von den Produktionsdienstleistern, die da bisher ja auch drin waren, entlastet. Es kommt also nicht nur den Studiobetrieben, nur den Dienstleistern zugute. Man muss eben auch den Entlastungseffekt für den DFFF 1 sehen, und man muss die zwei Dinge als kommunizierende Röhren sehen. Von einer Euphorie bin ich aber trotzdem entfernt. Ich sehe die Begrenzungen, die Unzulänglichkeiten. Aber man muss einfach sehen, in welche Richtung das geht – und es geht in eine richtige Richtung.

Wir haben 2016 den German Motion Picture Fund GMPF hinzubekommen; auch das ist in diesem Jahr gelungen. Natürlich auch – da müssen wir ehrlich sein –, weil der Vizekanzler und Wirtschaftsminister Gabriel – wir sind ja unter uns – die Kanzlerin und die Frau Grütters ärgern wollte. Diese neue Förderlinie im Wirtschaftsministerium ist als wirtschaftlich ausgerichteter Fonds auch für die Fernsehförderung möglich und damit derzeit die einzige Bundesförderung auch für die High-End-Serie. Der GMPF wurde mit zehn Millionen Euro pro Jahr eingerichtet, wird aber 2016 tatsächlich mit ungefähr 17 Millionen ausgestattet sein. Für 2017 wurden bereits Zusagen in der Größenordnung von 15 Millionen Euro ausgereicht. Man darf sich nichts vormachen: Wäre Sigmar Gabriel damals nicht Vizekanzler gewesen, SPD-Vorsitzender, Koalitionspartner – so sind nun mal die Arithmetik und die politischen Spielregeln –, hätte er das in der Bundesregierung nicht durchgesetzt. Staatssekretär Machnig hat sich da sehr bemüht, es ist auch auf ein Berliner Gespräch zurückgegangen, das abseits der Produzentenallianz mit vielen Kollegen – unter anderem Stefan Arndt und die UFA – mit der Sozialdemokratie geführt wurde.

Sehr spannend werden die Koalitionsvereinbarungen nach der Wahl. Wir haben gestern vorwiegend mit der Kinosektion ein zweistündiges Gespräch mit dem Amtschef der BKM, Herrn Dr. Winands, gehabt. Dabei hat man natürlich gemerkt, wie stark der GMPF den Leuten vom BKM ein Dorn im Auge ist und wie sie auf eine Bereinigung setzen, dass die Filmförderung wieder nur beim BKM stattfindet, so wie es auch im Organisationserlass der Bundesregierung steht. Da kommt jetzt ganz viel Dynamik rein: Wie wird die Filmförderung in Zukunft sein? Ich empfehle, dazu unsere 12-Punkte-Forderungen zum Wahljahr 2017 zu lesen, auch die Länder sind ja beinhaltet. Am liebsten wäre uns eine Vereinheitlichung der Förderinstrumentarien, eine Automatik. Wichtig wäre uns auch, dass die High-End-Serie über die ganze Breite hinweg

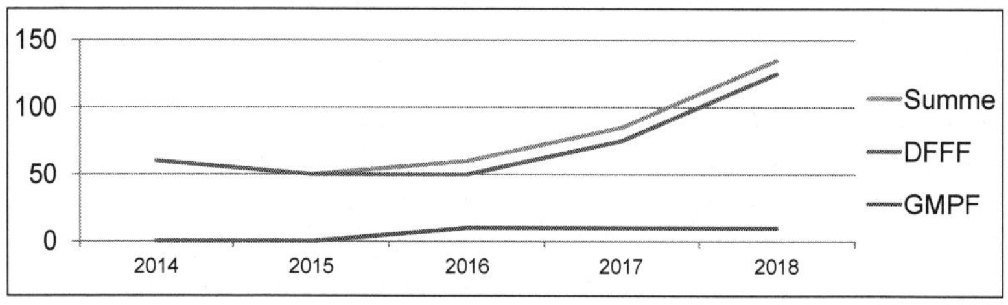

Die Mittel für automatische Förderungen auf Bundesebene haben sich seit 2014 mehr als verdoppelt – von 60 Mio. auf voraussichtlich 135 Mio. Euro 2018

förderfähig wird, dass wir uns vom Verbreitungsweg lösen und auf den Inhalt gehen. Aber da will ich noch keine Prognose wagen. Was mit den potenziellen Koalitionspartnern gelingt, hängt auch davon ab, welche Positionen ein zukünftiger Wirtschaftsminister oder eine zukünftige Kulturstaatsministerin in solche Verhandlungen mit einbringt. Wir werden das jedenfalls intensiv begleiten.

Weil wir sonst eigentlich nie über unsere Erfolge reden, haben wir mal zusammengestellt, was sich in den letzten zwei Jahren bei der automatischen Filmförderung auf Bundesebene getan hat. Im Jahr 2015 war der DFFF noch auf die 50 Millionen gekürzt, es gab keinen GMPF. Der ist 2016 mit zehn Millionen hinzugetreten, der DFFF blieb gleich. Dann haben wir 2017 diese Steigerung auf jetzt 75 Millionen und im nächsten Jahr die Steigerung auf 125 Millionen, plus die zehn Millionen vom GMPF, die im Bundeshaushalt 2018 auch drinstehen. Das heißt, wir haben eine satte Verdoppelung der automatischen Förderung auf 135 Millionen innerhalb dieser Legislaturperiode hinbekommen. Ich finde, das ist einfach mal eine Leistung, die man unterstützen muss. Dafür muss man sich bei der Politik auch mal bedanken, das will natürlich die Politik auch hören, weil sie ihr Bemühen natürlich auch akzeptiert sehen möchte.

Auch die Kurven bei der gesamten Filmförderung auf Bundesebene weisen nach oben. Gestern wurde uns gesagt, dass wir im Deutschen Kulturrat, wo alle Kulturinstitutionen zusammensitzen, regelrecht beschimpft werden, auch das BKM, weil in den letzten zwei Jahren für die Filmförderung so viel zusätzlich geschehen ist. Die Summe, springt 2018 von 200 auf 250 Millionen Euro, das ist dieser Zuschlag beim

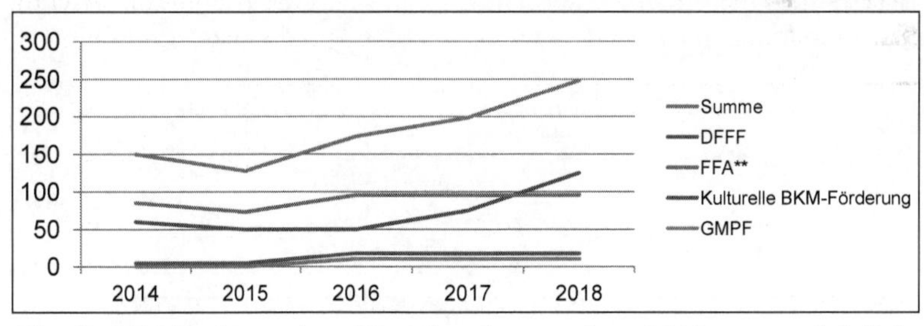

Für die Filmförderung auf Bundesebene stehen 2018 voraussichtlich knapp 250 Mio. Euro zur Verfügung*

** Nicht alle Förderkategorien (z. B. Verleih/Vertrieb, Festivals) sind produktionsrelevant*
*** finanziert aus Branchenmitteln, Quelle: FFA-Infos 2015–2017 / 2017/18 bei FFA geschätzt*

DFFF 2. Die FFA-Förderung hatte eine deutliche Steigerung von 2015 auf 2016 und bleibt seitdem gleich. Die bekannte Einschränkung: die FFA-Förderung erfolgt aus Branchenmitteln, und nicht alle Gegenstände der FFA-Förderung sind Produktionsförderung, insofern bedarf die Zahl dieser Erläuterung. Dann gibt es die die Verstärkung der kulturellen Filmförderung im BKM, die 2016 von fünf auf 18 Mio. Euro gesprungen ist – woran die Produzentenallianz übrigens auch maßgeblichen Anteil hat. Sie erinnern sich sicher an unsere Intervention, als der DFFF bereits im Spätsommer 2015 massiv überbucht war und etlichen Projekten deshalb das Aus drohte. Ja, und seit 2016 ist auch der GMPF mit einem Haushaltsansatz von 10 Mio. Euro dabei. Das alles zusammen ergibt eine Filmförderung auf Bundesebene von 250 Millionen ab 2018, beachtliche 100 Mio. Euro mehr also als 2014.

Auf den ersten Blick nicht unbeeindruckend ist auch die Gesamtsumme der deutschen Filmförderungen inklusive der Länderförderer: über 400 Mio. Euro im nächsten Jahr. Genau betrachtet, sieht man allerdings, dass sich bei den Länderförderern wenig getan hat. Bayern hat mal ein, zwei Million draufgelegt, in Nordrhein-Westfalen haben wir Kürzungen gehabt, in Hamburg/Schleswig-Holstein haben wir Kürzungen gehabt. Aber eine Million hin oder her bei einer Länderförderung, das ist ja nicht entscheidend. Es tut sich im Augenblick hier in der Linie der Länderförderung wenig. Deshalb muss unser Augenmerk in den nächsten Jahren auch darauf liegen, dass sich bei den Länderförderern was tut. Dafür wollen wir auch zu allen Landesregierungen und Filmförderungen gehen, was wir in NRW bereits getan haben. Dort konnten wir durchsetzen,

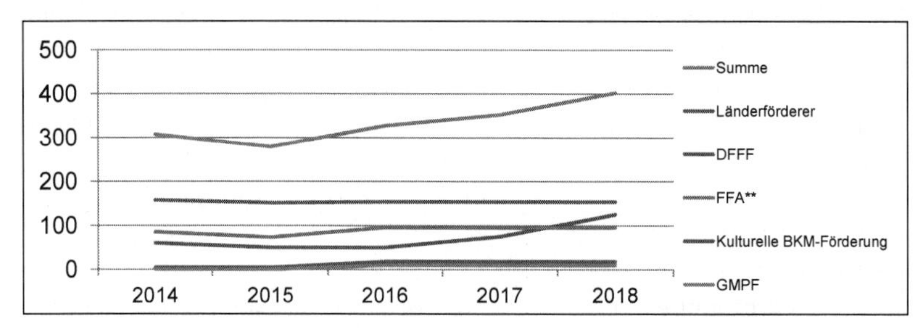

Insgesamt stehen für die Filmförderung in Deutschland 2018 voraussichtlich rund 400 Mio. Euro zur Verfügung*

* *Nicht alle Förderkategorien (z. B. Verleih/Vertrieb, Festivals) sind produktionsrelevant*

** *finanziert aus Branchenmitteln, Quelle: FFA-Infos 2015–2017, 2017/18 bei FFA und Länderförderern geschätzt*

dass im neuen Koalitionsvertrag drinsteht, dass die Kürzungen der Film und Medienstiftung NRW, die im letzten Jahr erfolgt sind, wieder rückgängig gemacht werden und es dort wieder den alten Etatansatz gibt.

Auch um bei der Serie weiterzukommen, müssen wir die Länder für ein verstärktes Engagement gewinnen, weil sie ja die Fernsehzuständigkeit haben, die sie mit Zähnen und Klauen verteidigen. Ich will mich aber bedanken, dass es vor drei, vier Wochen beim FFF Bayern als erster Länderförderung gelungen ist, einen kleinen Serientopf mit 4,75 Millionen im Jahr durchzusetzen. Der kommt freilich nicht zusätzlich, sondern wird durch Umschichtungen gebildet.

Unsere Forderungen zur Weiterentwicklung der Filmförderung in Deutschland haben wir natürlich auch in das 12-Punkte-Papier zum Wahljahr 2017, das sich wie erwähnt auch an die Länder richtet, eingearbeitet. Dazu gehört eine Erhöhung und gleichzeitige Erweiterung des DFFF auch für High-End-TV-Serien, Dokumentarfilmformate und Animations- und VFX-Arbeiten. Wir formulieren eine substanzielle Aufstockung des German Motion Picture Fund, wir würden uns aber auch nicht dagegen verwehren, wenn von einer wirtschaftlichen Betrachtungsweise her eine Integration der DFFF- und GMPF-Töpfe erfolgen würde, an welcher Stelle auch immer. Das hängt, wie gesagt, von der Koalition ab. Fest steht jedenfalls, dass die automatische Filmförderung des Bundes – also GMPF, DFFF I und DFFF II – zu einem konsistenten, planbaren, verlässlichen und auch international wettbewerbsfähigen Förderinstrumentarium weiterentwickelt werden muss.

Jetzt kenne ich sehr wohl die Diskussionen auch in unseren Reihen, die ganze Förderung zu einem steuerfinanzierten Tax-Incentive-Modell umzustellen. Ich will aus meinem Herzen keine Mördergrube machen: Keine Chance für diesen Wandel bei irgendeiner der im Bundestag vertretenen Parteien. Wir haben alle Papiere der Parteien zur Bundestagswahl ausgewertet: Auch nicht bei einer einzigen gibt es auch nur ein Lüftchen oder ein Anzeichen dafür. Das Nachwirken der Filmfonds, Ängste vor einer sektoralen Ausnahme und davor, das Steuerrecht noch komplizierter zu machen, verhindern das. Da muss ich ehrlicherweise sagen: Es gibt keine Chance für ein Tax-Incentive-System wie in anderen Ländern. Wir werden wohl im Förderregime von Bund und Ländern bleiben, aber die Instrumente, die kann man schärfen und abhängig von den Koalitionsverhandlungen deutlich besser machen. Nach den Bundestagswahlen muss man also versuchen, den Koalitionsverhandlern genau dieses Thema schmackhaft zu machen.

Digital Single Market in Europa

Ich komme zu einem anderen wichtigen Thema, das uns auch 2016 beschäftigt hat und immer noch sehr aktuell ist: Stichwort Geoblocking. Die EU-Kommission hat schon vor zwei Jahren damit begonnen, das Territorialitätsprinzip in Frage zu stellen und zu sagen: Wir sind ein einheitlicher Binnenmarkt, da muss alles frei empfangbar sein, wir wollen weg von der Lizensierung für einzelne Länder und müssen das Geoblocking verbieten. ARD und ZDF haben dazu in Europa massiv lobbyiert, auch die European Broadcasting Union und das ganze öffentlich-rechtliche Fernsehen waren da unglaublich aktiv. Uns ist es dann zusammen mit anderen Verbänden – hier will ich uns nicht das Hauptverdienst geben – gelungen, dass die zuständigen Ausschüsse des Europaparlaments den Kommissionsvorschlag verworfen haben und weiter auf einer länderweisen Lizenzierung der Rechte beharren. Nun wird es sehr spannend: In einem sogenannten Trialog von Kommission, Parlament und dem Ministerrat – also der Vertretung der nationalen Regierungen – wird man sich auf eine neue Formel verständigen müssen. Darin fließt zwar die Meinungsbildung der zuständigen Ausschüsse ein, das heißt aber noch nicht, dass es beim Status quo bleiben wird. Es bleibt also hochgefährlich, gerade für den Kinofilm, dessen Finanzierungs- und Geschäftsmodell ja sehr von der Möglichkeit abhängt, einzelne Territorien zu lizensieren. Wir sind aber total auf Ballhöhe, sind auch mit anderen Verbänden sehr gut vernetzt, und da will ich mich auch nochmal ausdrücklich bei Mathias Schwarz für seinen starken, nachhaltigen Einsatz in diesem Themenfeld bedanken.

Sektionen

Weil jetzt wieder viel von den drei großen Sektionen – Fernsehen, Kino, Entertainment – die Rede war, die ja Hauptbetroffene der ganzen Kinoförderung und der Fernsehvereinbarungen sind, will ich jetzt auch auf unsere drei kleineren Sektionen und deren Arbeit in diesem Jahr eingehen. Die Sektion Animation hat sich sehr schön weiterentwickelt, sie macht ihre zentralen Veranstaltungen mittlerweile in Stuttgart immer beim Trickfilmfestival und der FMX. International zeigt sie mit den German-European Alliances in Animation beim Cartoon-Forum in Toulouse Präsenz, wo sie auch die neueste Auflage der Broschüre „Anmiation made in Germany“ präsentiert hat. 2016 ist sie Gründungsmitglied des Europäischen Interessensverbands Animation Europe geworden. Sie versucht, in Direktgesprächen mit den Sendern, die Animation, auch den Kinderfilm, stärker ins Bewusstsein zu rücken. Erst vor wenigen Tagen hat mit der ARD ein lange angemahntes Jahresgrundsatzgespräch in Leipzig stattgefunden. Natürlich ist auch die Verbesserung der Fördermöglichkeiten für VFX ein dauerndes Thema. Ich finde diese Aktivitäten von unseren Animations-Kollegen sehr wichtig und will mich stellvertretend für die ganze Sektion ausdrücklich bei Jan Bonath und Gabriele Walther für den Einsatz bedanken. Es ist ja ein zartes Pflänzchen mit einem überschaubaren Umsatz, der in Deutschland stattfindet.

Die Sektion Dokumentation ist in einer never-ending Story mit der ARD im Gespräch, die Haftungsklauseln für investigative Formate anzupassen – leider noch immer ohne Gesamtzustimmung der ARD. Seit drei Jahren sprechen wir darüber, drei ARD-Anstalten sind geneigt, sich auf solch eine Patronatserklärung, auf eine Verpflichtung für die Haftung bei investigativen Formaten einzulassen, andere nicht. Eigentlich hört man jeden Monat andere Signale. Ich kann nur sagen: Es ist ein wahnsinnig zähes, dickes Brett, das da gebohrt wird. Ich hoffe, dass es 2017 zu einem Ergebnis kommt. Weiter konnten die Vergütungsregeln, habe ich schon erwähnt, mit BVR und ZDF abgeschlossen werden, und wir haben die Vergütungssituation Dokumentarfilm im Fernsehen als Zwischenschritt nach den ARD-Eckpunkten auch bei den neuen ZDF-Richtlinien im Blick. Auch bei der Dokumentation herzlichen Dank, insbesondere bei Dagmar Biller und Anke Ludewig für die großartige Arbeit.

Die Werbefilmproduzenten haben ja ein anderes Geschäftsmodell, dort geht es nicht um Förderung oder Terms of Trade mit den Sendern. Es ist ein agentur- oder direktbeauftragtes Modell. Daher hat die Sektion Werbung auch einen Sonderstatus und ist mit einer von Ihnen beschlossenen Teilautonomie Mitglied in der Produzentenallianz, macht aber trotzdem total konstruktiv mit. Im letzten Jahr hat sie die Branchenstandards für die Werbefilmproduktion weiterentwickelt, hat zusammen mit dem Agenturenverband GWA ihr KVA-Kalkulationstool komplett überarbeitet und aktualisiert. Der Deutsche Werbefilmpreis wurde 2016 erstmalig in Hamburg ausgerichtet, wieder mit dem Förderpreis der Deutschen Werbefilmakademie, bei dem es jetzt auch ein Speed Recruiting gibt, eine Plattform für Bewerber im Produktions- und Regiebereich. Besonders erfreulich: Von allen Sektionen verzeichnet die Sektion Werbung das stärkste Mitgliederwachstum. Also herzlichen Dank, Martin Wolff und Martin Feyock, dass ihr euch mit eurem spezifischen, besonderen Geschäftsmodell in Autonomie trotzdem in die Produzentenallianz einreiht und dass das einfach super gut miteinander läuft.

Tochterfirmen und Beteiligungen

Jetzt komme ich zu einem Punkt, an dem Sie sehen können, wie groß wir mittlerweile geworden sind. Die Produzentenallianz hat mittlerweile vier Töchter. Das Ganze hat schon vor acht Jahren mit dem von uns initiierten und bei der **Hamburg Media School angesiedelten Forschungs- und Kompetenzzentrum Audiovisuelle Produktion** begonnen, dem sogenannten FoKo, das seitdem unter anderem jährlich mindestens eine große Studie erstellt: Die Produzentenstudie, die Kinderfilmstudie, die Werbefilmstudie, die Dienstleisterstudie. Im Augenblick geht es im Auftrag von Verbänden und staatlichen Stellen um die Computer- und Videospielindustrie in Deutschland. Damit sorgen wir für das Zahlenwerk – die Grundlage für politische Entscheidungen zur Weiterentwicklung der AV-Wirtschaft insgesamt. Trotz einer gewissen organisatorischen Nähe zu uns ist das FoKo natürlich unabhängig, aber hier, bei der Mitgliederversammlung, muss man einfach auch mal sagen, dass da ganz viel Arbeit von Oliver Castendyk und Juliane Müller hineinfließt und dass das FoKo das toll macht.

Mit der **Produzenten Services GmbH PSG** schreiben wir schon seit zwei, drei Jahren schöne schwarze Zahlen. Ich weiß noch gut, wie Herr Solfrank, der zusammen mit Frau Fischer-Weiss ehrenamtlich unsere Bücher prüft – Ihnen beiden an dieser Stelle auch nochmal herzlichen Dank! –, wie Herr Solfrank jedenfalls vor ein paar Jahren bei seinem Kassenbericht gewarnt hat: „Oh, jedes Jahr Verluste, passt mal auf, wie sich das entwickelt." Ich habe immer gesagt: „Das sind Anfangsinvestitionen, das wird sich gut entwickeln." Jetzt machen wir mit der PSG bald eine Million Umsatz und schreiben, wie gesagt, schöne schwarze Zahlen, mittlerweile längst auch als Dienstleister für viele Dritte. Das ist eine ganz, ganz tolle Erfolgsgeschichte, die Candy Lange und ihr Team schreiben, und Mathias Schwarz als zweiter Geschäftsführer wird bestätigen, dass dies vor allem das Verdienst von Candy Lange und ihrem Team ist.

Vor ungefähr drei Jahren, als der flächendeckende Mindestlohn durch die Große Koalition kam, haben wir die **PAIQ – Produzentenallianz Initiative für Qualifikation** gegründet, um dem damals schon erwartbaren Rückgang an Nachwuchskräften durch ein regelrechtes Ausbildungsangebot zu begegnen. Die PAIQ ist eine Unternehmergesellschaft, also mit beschränktem Grundkapital, eine kleine GmbH, und organisiert sehr erfolgreich an den Standorten Berlin, München und Köln zweijährige Volontariatsprogramme für Entertainment- und AV-Produzenten. Die PAIQ, die sich auch schon selbst trägt, wird ebenfalls von Juliane Müller und Oliver Castendyk verantwortet, unserem bewährten FoKo-Erfolgsteam.

Unser jüngstes Baby ist der **Carl Laemmle Produzentenpreis**, den wir mit der Stadt Laupheim machen. Da zeichnen wir jedes Jahr eine herausragende Produzentenpersönlichkeit aus, diesen März war Premiere. Wir müssen ja auch etwas fürs Berufsbild in der öffentlichen Wahrnehmung tun, wir müssen den Produzenten, den Kreativproduzenten mehr in den Fokus nehmen. Der Auftakt jetzt im März mit Roland Emmerich war super, und ich bin überzeugt, dass auch der Carl Laemmle Preis – Boris Frank leitet ihn – eine Erfolgsgeschichte wird. Der Carl Laemmle Preis 2017 hat uns übrigens auch keinen Euro gekostet, er trägt sich durch Zuschüsse und Sponsoring komplett selbst.

Alle unsere Töchter stehen also auf eigenen Beinen, da ist in den vergangenen Jahren richtig etwas entstanden. Alles ist, wie gesagt, wirtschaftlich sehr, sehr vernünftig geführt, maßvoll und ohne dass es die Mutter belastet.

Der Vollständigkeit halber will ich in diesem Zusammenhang unsere zwei Beteiligungen erwähnen: Von Beginn an sind wir mit 20 Prozent bei German Films beteiligt, Peter Herrmann aus unseren Reihen ist Aufsichtsratsvorsitzender. Und im Jahr 2016 haben wir uns – ich sage: endlich – als Produzentenallianz mit 25 Prozent an der VFF – Verwertungsgesellschaft für Auftragsproduktionen beteiligt, wo Kurt Bellmann, Hansjörg Füting, Axel Kühn, Alexander Thies und Fritz Wildfeuer für uns in den Gremien wirken. Und Johannes Kreile verantwortet die VFF als Geschäftsführer.

Team

Ich möchte mich in diesem Jahr erneut ausdrücklich für ein Übermaß an Arbeit bedanken: Bei Boris Frank, bei der schon erwähnten Juliane Müller, bei Nora Pitschmann, aber natürlich besonders bei Andrea Schneider, die ja in Berlin alles unermüdlich koordiniert, bei Jens Steinbrenner, der zum Beispiel nicht nur die heutige Präsentation gestaltet, auch den Jahresbericht, den wir inhouse machen. Wir haben uns seit wenigen Monaten bei der Presse verstärkt, vielen Dank an Christiane Herzhauser. Den ganzen finanziellen Teil – Rechnungen, Mahnungen, Buchhaltung von unseren Betrieben – macht in München Anna Nassl, vielen Dank, das ist das Team. Und natürlich möchte ich mich auch bei Anke Ludewig, Martin Feyock, Mathias Schwarz, Johannes Kreile und Oliver Castendyk bedanken.

Veranstaltungen

Veranstaltungen haben wir natürlich auch gemacht im Berichtszeitraum. Immer zum Auftakt der Berlinale findet der Deutsche Produzententag statt, der längst zur Leitveranstaltungen der Branche geworden ist. Ebenfalls eine Leitveranstaltung, aber natürlich auf einer ganz anderen Ebene ist das Produzentenfest, das „Familienfest des Films", zu dem wir auch in diesem Jahr nach dieser Mitgliederversammlung traditionell ans Berliner Spreeufer einladen.

Zur Anwendung der ARD-Eckpunkte 2.0 haben wir im April 2016 vier Schulungsveranstaltungen durchgeführt, in Berlin, München, Hamburg und Köln. Die waren sehr gut besucht, ebenso wie die Schulungen zu den ZDF-Rahmenbedingungen, die analog Anfang 2017 stattgefunden haben. Im Herbst 2016 haben wir einen Steuer-Workshop gemacht, der trotz – oder gerade wegen – des speziellen Themas viel Anklang gefunden hat.

Mit dem CIVIS Medienpreis für Integration und kulturelle Vielfalt in Europa pflegen wir seit Jahren eine Kooperation, bei der Verleihung 2016 war auch der damalige Bundespräsident Gauck dabei. Mit und beim Medientreffpunkt Mitteldeutschland haben wir ein Panel zu den ARD-Eckpunkten 2.0 organisiert.

Den Carl Laemmle Produzentenpreis habe ich schon erwähnt. Er ist der erste eigenständige deutsche Produzentenpreis, mit 40.000 Euro übrigens auch der höchstdotierte. In diesem Zusammenhang möchte ich mich insbesondere bei Martin Moszkowicz bedanken, der der Jury vorsitzt. Die Preisverleihung mit 500 Gästen mit nationaler und internationaler Prominenz bis hin zu Jürgen Prochnow, der die Laudatio auf Roland Emmerich – der natürlich auch da war – gehalten hat. Mit über 500 Nennungen, Artikeln, Beiträgen in der Presse war das auch medial ein voller Erfolg.

Meine Damen und Herren, herzlichen Dank für Ihre Aufmerksamkeit! 2016 war ein ungewöhnlich intensives Arbeitsjahr, das in der Mannschaft wieder in gutem Geist erfolgt und ohne irgendwelche Verwerfungen erfolgt ist, weil alle an einem Strang gezogen haben. Mir bleibt, wie jedes Jahr, mich bei Ihnen – unseren Mitgliedern – zu bedanken: für viele Anregungen, viele Hinweise und auch für die Kritik, die man natürlich auch braucht, damit man besser wird. Wir haben, das will ich für uns in Anspruch nehmen, wieder intensiv gearbeitet und haben für die Branche wieder viel hinbekommen.

Im Mittelpunkt: Die ARD-Eckpunkte 2.0

Rede zum Rechenschaftsbericht 2015 bei der Produzentenallianz-Mitgliederversammlung am 5. Juli 2016

Das Berichtsjahr 2015 war ein ungewöhnlich erfolgreiches Jahr in der achtjährigen Geschichte der Produzentenallianz, von den Ergebnissen her möglicherweise das erfolgreichste Jahr. Es war ein arbeitsreiches Jahr, und wie Alexander Thies eben formuliert hat, ist der Erfolg durch eine große Gemeinschaftsleistung aus Vorstand und Geschäftsführung zustande gekommen. Das Verhältnis könnte gar nicht besser sein in den Gremien. Es ist ein Segen, dass wir uns nicht mit internen Grabenkriegen oder Auseinandersetzungen in dieser Allianz beschäftigen, sondern dass alle zielgerichtet an einem Strang ziehen.

Ich halte es für beglückend, dass wir im Gegensatz zu anderen Verbänden nicht irgendwelche wohlfeilen Forderungskataloge aufstellen, die kein Mensch hinterher in der Realität umsetzt, sondern dass wir uns ganz konkret darauf konzentrieren, Schritt für Schritt Erfolge hinzubekommen. Wir können uns immer noch ein bisschen verbessern in der Publizität, das heißt in der Kommunikation über unsere Erfolge, das ist wahr, weil wir alle mit dem Arbeiten, mit dem Produzieren zu tun haben und ganz wenige von uns in der Vermarktung auch top sind. Aber was wir dieses Jahr erreicht haben, das kann sich sehen lassen. Über einige dieser Entwicklungen möchte ich Sie jetzt in diesem Jahresbericht informieren.

Mitgliederentwicklung

Zunächst zur Mitgliederentwicklung. Im vergangenen Jahr sind 24 Produktionsfirmen neu beigetreten, zwölf ausgetreten oder erloschen. Wir waren zu Beginn dieses Jahres 224 Mitglieder, aktuell zur Jahresmitte sind wir 231 Mitglieder. Die positive Mitgliederentwicklung in allen Sektionen bekräftigt die Legitimation der Produzentenallianz als maßgebliche Vertretung der gesamten Branche und sichert zudem unsere finanzielle Basis. Die macht uns allerdings jedes Jahr ein wenig mehr Sorgen, das will ich an dieser Stelle offen ansprechen. Insbesondere die großen Mitgliedsfirmen haben ihre Beiträge reduziert – vielleicht aufgrund einer rückläufigen Umsatzentwicklung, vielleicht aber nur aufgrund der

Selbsteinschätzung. Wir haben kein Mitgliederproblem in der Breite, im Gegenteil, aber wir haben nachlassende Beitragseinnahmen. Dem wollen wir gegensteuern, indem wir jetzt im zweiten Halbjahr alle Firmen mit der Beitragsrechnung bitten, doch noch mal zu überprüfen, ob die Selbsteinschätzung der Umsatzzahlen den bezahlten Beiträgen tatsächlich entspricht oder ob für das Jahr 2017 eine Beitragsanpassung – wenn möglich nach oben – möglich erscheint. In all den Jahren haben wir nur drei, vier Fälle erlebt, wo mal eine freiwillige Beitragsanpassung nach oben erfolgt ist. In aller Regel reduzieren die Mitgliedsunternehmen ihre Beiträge, und das bleibt natürlich nicht ohne Auswirkungen auf die Finanzierung der Produzentenallianz.

Lassen Sie mich an dieser Stelle in aller Offenheit auch sagen, dass es kleinere Verbände in unserem Land gibt, die zunehmend lautstarker werden, aber die weder in der Politik etwas erreichen noch mit den Auftraggebern, den Sendern. Laut trommeln kann jeder, hinterher zählt, was rauskommt, zählt die Bilanz. Ich finde, wir können mit Selbstbewusstsein auf unsere Bilanz schauen – und auch auf die Repräsentanz unserer Mitglieder. Ich will Ihnen das an einem Beispiel aufzeigen. Angesichts der FFG-Novelle haben wir für den Bereich Kino eine ganz aktuelle Erhebung für die FFA und die Staatsministerin für Kultur und Medien gemacht, die uns nach der Relevanz unserer Mitglieder im Output gefragt haben. Herzlichen Dank an Oliver Castendyk und sein Team – Frau Müller und an alle, die da mitbeteiligt waren –, für die sehr umfangreiche Arbeit.

Kino-Output der Produzentenallianz-Mitgliedsunternehmen

Das Ergebnis: 77 unserer Mitgliedsunternehmen haben in den Jahren 2012–15 einen oder mehrere Kinofilme produziert oder koproduziert, insgesamt rund 250 Kinofilme. Und jetzt kommt die entscheidende Zahl: Insgesamt erreichten deutsche Filme im Zeitraum von 2012–15 rund 105 Millionen Zuschauer, und davon entfielen 92,2 Millionen Zuschauer – das entspricht einem Marktanteil von rund 90 Prozent, genau 88 Prozent – auf Kinofilme, die von Produzentenallianz-Mitgliedern produziert oder koproduziert wurden. Also ein beeindruckendes Marktgewicht von Ihnen, von euch, von unseren Mitgliedern. Neun von zehn Zuschauern sitzen in einem Film von einem Mitglied der Produzentenallianz. Im Bereich Arthouse sind wir nicht so stark, das sei offen angemerkt, aber eine Marktbilanz von fast 90 Prozent – das ist doch eindrucksvoll und spiegelt vor allem Ihren Erfolg wieder. In der Bundestagsanhörung zum FFG hat Matthias Schwarz für uns diese Zahlen vorgetragen und die Abgeordneten sehr beeindruckt. Unsere Mitglieder produzieren diese unglaublich nachgefragten Produkte am Markt, darauf können wir stolz sein. Das zeigt einfach mal am Beispiel Kino unsere Relevanz im Bereich des deutschen Films.

FFG-Novellierung

Damit bin ich bei der Novellierung des FFG, des Filmförderungsgesetzes 2017. Wir haben dazu detailliert und wiederholt Stellung genommen, nicht zuletzt in der schon erwähnten Anhörung im Bundestag am 22. Juni durch Professor Schwarz. Sagen wir es an dieser Stelle ganz offen: Einige unserer Forderungen werden keinen Eingang ins neue FFG finden. Wir haben den Eindruck, dass sich die Politik in der Großen Koalition auf eine kleine Novelle verständigt hat. Weil keiner den wirklichen Mut zu einer großen Reform hat und gegen die Verwerterinteressen offensiv vorgehen möchte, hat man sich auf den kleinsten gemeinsamen Nenner geeinigt. Es wird zu einer gewissen Verstetigung der Einnahmeseite kommen, es wird die Absicherung des Fördervolumens gelingen, es wird bei der Verschlankung der Gremien zu Fortschritten kommen, auch bei der Exportabgabe wird ein bisschen was geschehen. Eine durchgreifende Reform in unserem Sinne wird das neue FFG aber nicht darstellen. Noch eine kleine Ergänzung: Es gibt vielleicht die Chance, dass wir beim Korridor für Produzenten in allen Verwertungsverträgen möglicherweise durch die Hilfe der Koalitionsfraktionen noch einen Fortschritt hinbekommen, aber ich will jetzt nicht zu viel versprechen.

Die Regierung kann jetzt ihren Entwurf nicht mehr ändern, der liegt im Parlament, aber wir sind in guten Gesprächen mit den beiden Regierungsfraktionen, ob wir nicht wenigstens den Einstieg in einen Fünf- oder Zehn-Prozent-Korridor hinbekämen. Die Union möchte das. Ich habe jetzt erst letzte Woche wieder mit der Arbeitsgruppe Kultur und Medien verhandelt, Bernd Neumann hilft uns als FFA-Präsident im Hintergrund, die SPD ist zumindest nicht abweisend, obwohl sie natürlich sehr stark Kompensation verlangt. Sie drängt auf die Themen Besserstellung der Urheber, Frauenquote und Absicherung der Beschäftigungsverhältnisse. Möglicherweise könnte nach der Sommerpause, wenn das FFG aufgerufen wird, in diesem Bereich noch ein Kompromiss in der Großen Koalition herauskommen: „Geb ich dir was beim Korridor, gibst du mir was bei den Arbeitnehmerrechten, bei den Urhebern." Aber wir haben noch keine verlässlichen Hinweise, dies ist sozusagen der Bericht von der Baustelle, der Bericht aus der Werkstatt. Hier ist alles möglich!

ARD-„Eckpunkte 2.0"

Ich möchte zum größten Erfolg unserer Zeit in der Produzentenallianz übergehen, die Selbstverpflichtung der ARD zu den Terms of Trade: die „Eckpunkte 2.0". In zwei ungewöhnlich intensiven Gesprächsjahren ist es erstmals gelungen, eine einheitliche Grundlage für Fiction, Dokumentation und Unterhaltung zu schaffen. Die ersten ARD-Eckpunkte bestanden ja aus drei getrennten Papieren, die wir jetzt in einem zusammengefasst haben. Die andere große Novität ist, dass die teilfinanzierte Auftragsproduktion jetzt zum allerersten Mal überhaupt in so einem Papier eingebaut ist, die war bisher immer ausgeklammert. Das hängt natürlich auch mit der Systematik zusammen, nach der wir als Beginn der Rechteteilung und als Einstieg in neue Finanzierungsmodelle mit dem Schichtenmodell eine eigenständige Systematik für die Teilfinanzierung entwickelt haben.

Insgesamt ruhen diese ARD-Eckpunkte 2.0 auf vier Säulen: Wir haben eine deutlich veränderte, verbesserte, realistischere **Kalkulationsgrundlage**, die je nach Genre- und Auftragsart zu Verbesserungen zwischen vier und – bei der aufwendigen Dokumentation – zwölf Prozent führt. Also die Grundlage wird schon deutlich anders sein als bislang. Da gieße ich ein wenig Wasser in den Wein: Es bleibt bei der Einzelkalkulation, die Verbesserungen müssen in den Kalkulationsverhandlungen auch durchgesetzt werden. Wir müssen diese Kalkulationsposten, die jetzt alle vorliegen, mit Selbstbewusstsein also auch einfordern. Wenn sie nicht anerkannt werden, müssen wir den komplizierten, aber wirksamen Schlichtungsmechanismus benutzen und wirklich Beschwerde führen, wenn ein Kalkulationsgespräch nicht funktioniert. Diese neue Kalkulationsrealität ist eine wirklich sehr deutliche Verbesserung, sie muss aber mit Leben erfüllt werden.

Zur Kalkulationsrealität tritt, wie gesagt, das **Schichtenmodell**: der Kompromiss zwischen unserer Ausgangsforderung des Lizenzmodells und dem Willen der ARD, dass es bei der sogenannten vollfinanzierten Auftragsproduktion bleibt. Das Schichtenmodell sieht bei einem festgestellten Finanzierungs-Gap zwischen den tatsächlichen Kosten und den erstatteten Kosten vor, dass diese Lücke durch Rechte abgedeckt wird – Rechteteilung also.

Es ist also nicht so, dass man bei einer voll finanzierten Auftragsproduktion jetzt Geld mitbringen und mitfinanzieren muss. So ist dieser Mechanismus im Schichtenmodell eben nicht angelegt. Es gibt die Kalkulation, die ein realistisches Ergebnis ermitteln soll. Wenn dieses Ergebnis nicht darstellbar ist für die ARD-Anstalt oder für die Degeto, wird das Gap in Rechten abgedeckt. Es wird also nicht eine Summe festgestellt, die man dann in Rechten abkaufen muss, sondern das festgestellte Gap wird in Rechten abgegolten.

Die dritte Säule ist das **Leistungsmodell**, das eine Prämierung nach Genres von 70 Leistungen in sieben großen Gruppen vorsieht. Diese Prämierung wird dann dazu führen, dass es Entwicklungsverträge gibt, Beauftragungen geben kann, die von der ARD finanziert werden.

Und schließlich haben wir Regeln für die Entwicklungskosten und für einen fairen und gerechten Pitch mit der ARD vereinbart.

Wie ich Ihnen auch schon bei unseren Schulungsveranstaltungen zu den Eckpunkten 2.0 gesagt habe, bedeutet die erhebliche Ausweitung der kalkulierbaren Positionen, dass uralte Forderungen der Produzentenschaft in Deutschland, auch von der Produzentenallianz von Anbeginn an, endlich erfüllt werden. Der Producer wird kalkulierbar sein, die Herstellungsleitung, die Produktionsleitleitung, die Rechtsberatungskosten. Wir haben es geschafft, dass wir bei den Heads of Departments die tatsächlichen Gagen bezahlen können. Wir haben die Kappungsgrenzen aufheben können. Wir haben uns also mit starken Schritten einer realistischen Kalkulation genähert. Mit dem neuen Leistungsmodell wurde ein Instrument geschaffen, das Erfolge im Rahmen von Preisen, aber auch die Einsatzintensität eines Programms belohnt, und das Schichtenmodell ermöglicht Produzenten, bei einer Auftragsproduktion durch Mitfinanzierung Rechte zu erwerben, die sie selbst verwerten können. Es gibt Rechtekategorien, die man wählen kann, die man auch ohne Zustimmung der Auftrag gebenden Rundfunkanstalt wählen kann. Es gibt andere Rechtekategorien, wo sie zustimmen muss. In welchem Umfang das Schichtenmodell gelebt wird, wird sich zeigen – das hängt jetzt auch an euch und daran, in welchem Maß ihr die Verbesserungen einfordert.

Es gibt einen unterschiedlichen Zeithorizont für die einzelnen Komponenten. Für die Leistungsprämierung können rückwirkend ab 2015 Punkte gesammelt werden. Auch die **Regelungen für die Entwicklungskosten und für den Pitch gelten bereits jetzt**. Die neue Kalkulationsrealität greift dagegen erst ab 1.1.2017. Das hängt damit zusammen, dass wir eben erst eine auskömmliche Finanzierung für die neue Kalkulationsrealität in der neuen Gebührenperiode der KEF ab dem 1.1.2017 garantieren können.

Mit den **sieben Regeln für einen guten Pitch** wird erreicht, dass das Verfahren für Ausschreibungen bei der ARD und bei der Degeto nach feststehenden Regeln abläuft und diejenigen Teilnehmer, die zur Einreichung aufgefordert werden, aber leer ausgehen, auch eine symbolische Vergütung erhalten. Mit der **neu geschaffenen Schiedsstelle** wird ein effizienter Schlichtungsmechanismus geschaffen, der im Übrigen verbindlich tagt, mindestens zweimal im Jahr, die erste Sitzung ist im September 2016, Vorsitzender der Schiedsstelle ist unser früheres Vorstandsmitglied Uli Lenze. Wir haben in vier Schulungen in Berlin, Hamburg, Köln und München im März und April 2016 die Eckpunkte den Mitgliedern ausführlich dargestellt. Ich möchte mich dafür auch bei Johannes Kreile, Oliver Castendyk und unserem Stab bedanken. Über 200 Teilnehmer aus den für das Fernsehen produzierenden Firmen konnten an diesen Standorten geschult werden, alle Fragen konnten beantwortet werden – und es war eine sehr produktive Erfahrung.

Lassen Sie mich zusammenfassen: Diese neuen Eckpunkte mit der ARD, die in den wesentlichen Teilen jetzt implementiert werden und die ab 2017 in der Kalkulationsrealität gelebt werden, sind **der größte Reformschritt in der Fernsehauftragsproduktion in Deutschland seit Einführung dieses Modells**. Dieses Modell kam mit dem Aufkommen von unabhängigen Fernsehproduktionen Mitte der 60er-Jahre, da haben wir erste Breschen geschlagen. Durch die letzten Papiere und durch diese neuen Eckpunkte 2.0 – ich hab sie immer Magna Charta der Fernsehauftragsproduktion genannt –, haben wir jetzt nach 50 Jahren die größte Veränderung erreicht. Da darf doch auch mal ein Verband ein wenig stolz sein, dass er das nach acht Jahren seiner Existenz erreicht hat. Jetzt müssen wir es leben und wir müssen es gemeinsam verwirklichen.

Ich glaube auch, dass es der ARD ernst damit ist, das Thema umzusetzen. Unter uns: Natürlich mit Unterschieden in den Anstalten. Es ist kein Geheimnis, dass sich der Bayerische Rundfunk ungeheuer schwergetan hat, sich überhaupt auf diesen Prozess einzulassen. Bis zuletzt war unklar, ob es Einstimmigkeit bei der ARD geben wird, die notwendig war für diese Selbstverpflichtungserklärung. Der Hessische Rundfunk hat sich komplett rausgehalten, hat gesagt: Wir sind gar nicht betroffen, weil wir ja keine Auftragsproduktionen machen, als letzter Dinosaurier der ARD. Es war lange Zeit das Damoklesschwert, dass der Bayerische

Rundfunk und der Hessische Rundfunk die ganze Vereinbarung blockieren würden. Und es hat wirklich des Mutes und des Einsatzes von Frau Prof. Wille und des WDR und anderer Verbündeter bedurft, dass dieses Modell hinterher in der ARD Akzeptanz fand. Natürlich wäre es auch ohne Hilfestellung der Politik nicht gelungen – dazu sage ich gleich noch was –, aber man stelle sich das bitte nicht einfach vor. Und wir waren als Verband komplett auf uns allein gestellt, die Kleinverbände haben nur hinterher Kritik an allen Ergebnissen geäußert, ohne jemals selbst für irgendeine Vereinbarung den Finger krumm gemacht zu haben.

Ich glaube, dass in der selbstständigen Rechteverwertung nach dem Schichtenmodell viel Potenzial für eine dynamische und unternehmerische Rolle des Produzenten steckt. Ob es dann gelebt wird, werden wir nach einer Zwischenevaluierung sehen, die wir uns nach zwei Jahren vorgenommen haben. Jedenfalls hoffen wir, dass Wachstumsperspektiven im Binnenmarkt für das deutsche Programm entstehen. Selbstverständlich gelten die Eckpunkte 2.0 für alle Produzenten in Deutschland und nicht nur für die Mitglieder Produzentenallianz.

Nun könnten Sie nach leidvollen Erfahrungen in der Vergangenheit sagen: Papier ist geduldig, die ARD kann ja viel unterschreiben, aber wird es auch gelebt? Zunächst darf ich einmal sagen: Die ARD macht die gleichen Schulungen wie wir. In den einzelnen Anstalten sind bis zu 70 in der Herstellungsleitung bei und in der Auftragsvergabe beauftragte Mitarbeiter bei den einzelnen Schulungen dabei. Wir haben schon den Eindruck, dass zumindest die jetzt Verantwortung tragende Spitze der ARD das ernsthaft leben möchte. Aber wir werden es im Auge behalten, wir werden es über die Schlichtungsstelle überwachen. Und natürlich kann keiner auch letzte Sicherheiten geben, dass in jeder Landesrundfunkanstalt diese Eckpunkte 2.0 gelebt werden. Bei den Großen haben wir den Eindruck, bei der Degeto ohnehin, wo ja eine Berechenbarkeit und eine Dynamik durch die Geschäftsführerin Christine Strobl, die jetzt seit zwei, drei Jahren Verantwortung trägt, entstanden ist, aber wir können es insbesondere am Anfang natürlich nicht für jede einzelne Landesrundfunkanstalt der ARD garantieren.

Dass das Thema von der ARD wirklich ernst genommen und gelebt wird, zeigt auch die Tatsache, dass die Eckpunkte 2.0 finanziell unterlegt wurden. Auf volles Risiko hat sie den finanziellen Bedarf für die Vereinbarung mit der Produzentenallianz bei der Kommission zur Ermittlung des Finanzbedarfs der Rundfunkanstalten (KEF), die ja sowas wie eine High Commission der deutschen Rundfunkfinanzierung ist, angemeldet. Unter uns sei angemerkt: Das ZDF hat zunächst gar nichts angemeldet – wir sind bei den Gesprächen auch noch nicht so weit –, hat dann aber flugs nachgemeldet, als es gemerkt hat, dass die ARD mit der Anmeldung eines zusätzlichen Bedarfs von 200 Millionen weit voraus geht. So hat das ZDF dann anteilsmäßig einen Bedarf von rund 140 Millionen nachgemeldet, ihn aber nicht konkretisiert.

Die ARD dagegen hat ganz konkret die Ergebnisse aus der Kalkulationsrealität in ihren Anmeldungen unterlegt, auch das mit vielen Widerständen. Und wir haben parallel in langen geduldigen Gesprächen mit der KEF – es war das erste Mal, dass ein Verband bei der KEF überhaupt zur Anhörung geladen war – unsere Kalkulationsrealitäten mit der Geschäftsführung und mit Praktikern aus der Produktion erläutert. Darauf hat die KEF das erste Mal in ihrer Existenz einen Sonderbedarf für das Programm anerkannt, einen Nachschlag. Alle Experten aus der Rechtswissenschaft, aus der Haushaltswissenschaft, die sich mit der KEF auskennen, haben uns gesagt: Es ist ein gefährlicher Weg, auf den ihr euch da einlasst, noch nie hat die KEF einen Sonderbedarf akzeptiert. Die schreibt einfach immer eine rundfunkspezifische Teuerung fort, definiert nach einem bestimmten Warenkorb, und akzeptiert höchstens mal Innovationen als Sondermodellfinanzierung. Aber dass sie einen Programmbedarf pauschal akzeptiert aufgrund einer Selbstverpflichtung? Keine Chance! Aber im Zusammenspiel – das muss man wirklich in aller Deutlichkeit sagen – von ARD und Produzentenallianz, mithilfe der Politik in befreundeten Ländern, die das der KEF auch nahegebracht haben, ist diese Sensation gelungen.

Zwar hat die KEF nicht den vollen Betrag genehmigt, aber immerhin 75 Prozent. Das entspricht jährlich bei der ARD knapp 40 Millionen und knapp 25 Millionen beim ZDF – insgesamt 245 Millionen für die Gebührenperiode. Und das ist noch nicht alles: In ihrem Bericht hat die KEF angekündigt, sie werde den Nachweis über die Verwendung des zusätzlichen Bedarfs ab dem Jahr 2017 nachhalten. Das heißt, dass die KEF der ARD und dem ZDF nicht durchgehen lassen wird, diese zusätzlichen Mittel für etwas anderes als das Programm einzusetzen. Auch das ist eine ganz alte Forderung, die wir an dieser Stelle durchsetzen konnten.

Gespräche mit dem ZDF

Lassen Sie mich, obwohl es in diesem Rechenschaftsbericht eigentlich um das letzte Jahr 2015 geht, zwischendurch kurz beim ZDF verharren, weil Sie sicher wissen möchten, wie es da weiter geht. Die Gespräche wurden Ende des vergangenen Jahres unterbrochen, weil wir einfach nicht vorangekommen sind. Ende Januar wurden die ARD-Eckpunkte 2.0 verkündet, und jetzt haben wir mit dem ZDF die Gespräche in zwei Arbeitsgruppen neu aufgenommen. Die Arbeitsgruppe Kalkulationsrealität ist unter Johannes Kreile schon weitgehend durch mit ihrem Arbeitsprogramm, die Arbeitsgruppe mit den politischen und strukturellen Fragen tagt erst jetzt, Mitte Juli, das erste Mal, weil sie auch auf den Ergebnissen der Kalkulationsrealität aufsetzt. So viel kann ich schon verraten: Das ZDF weiß, dass es nicht hinter der ARD zurückbleiben kann, möchte aber ein deutlich anders strukturiertes Papier vorlegen. Es könnte sein, dass mehr in Richtung Verstärkung der Erlösbeteiligung geschieht, und statt Leistungsprämierungen wird es wohl Innovationsmodelle geben. Wir sehen beim ZDF eine starke Bewegung, zu einer Mediatheken-Abgeltung zu kommen. Ganz schwierig ist im Augenblick das Thema Schichtenmodell, Rechteteilung, aber da werden wir nicht klein beigeben, weil wir ja die Protokollerklärung für die ausgewogene Rechteteilung im neuen Rundfunkstaatsvertrag im Rücken haben, auf die ich gleich noch komme.

Ich hoffe, dass wir bis Herbst diesen Jahres mit dem ZDF so weit sein werden, ein Papier auf Augenhöhe mit der ARD vorzulegen, über das ich in der Mitgliederversammlung im nächsten Jahr hoffentlich ähnlich positiv berichten kann.

Private

An dieser Stelle wieder der übliche Wermutstropfen mit den Privaten: Außer Kamingesprächen, die die Sektion Entertainment dankenswerterweise initiiert hat, wo wir mit den Verantwortlichen der großen Sendergruppen immerhin auf Augenhöhe und in einer anderen Atmosphäre sprechen, gelingt an konkreten Vereinbarungen nichts. Irgendwann haben wir die Faxen dicke. Ich glaube, wenn man ehrlich zu sich ist, wird man die Privaten in einen vertieften Verständigungsprozess mit uns nur bringen, wenn man hier das Schwert schärft in Richtung von Programmquoten, die nach europäischem und nationalem Rundfunkrecht möglich sind.

Protokollerklärungen

Zurück zu den Terms of Trade: Das alles ist gelungen, weil wir in den vergangenen Jahren parteienübergreifend ein so gutes Verhältnis zu den Staatskanzleien, zu den Landesregierungen aufgebaut haben. Es ist eine wirkliche Freude, wie wir heute bei den Staatskanzleien der großen Rundfunkländer in Deutschland ein- und ausgehen. Die Minister, Staatssekretäre und Staatskanzleichefs sind wirklich sehr aufgeschlossen, vor allem natürlich, wenn sie Produktionsbetriebe im eigenen Land haben. Die großen Produktionsländer haben sich deshalb darauf verständigt, eine neue Protokollerklärung für den nächsten Rundfunkänderungsstaatsvertrag zu formulieren, der im Herbst 2016 in Kraft tritt. Und der hat die öffentlich-rechtlichen Sender natürlich sehr nachdenklich und auch kompromissbereit gemacht. Ich möchte es, weil es so schön ist, gerne zitieren: „Die Länder erkennen die Fortschritte hinsichtlich ausgewogener Vertragsbedingungen zwischen dem öffentlich-rechtlichen Rundfunk und den Film- und Fernsehproduktionsunternehmen sowie den Urhebern und Urheberinnen und Leistungsschutzberechtigten an, die in den letzten Jahren durch Vereinbarungen der Partner erreicht wurden." Damit sind unsere sechs Eckpunktepapiere aus den vergangenen Jahren gemeint, drei mit der ARD, drei mit dem ZDF. Die Länder gehen davon aus, dass dieser Prozess fortgesetzt und in diesem Rahmen unter anderem – jetzt kommt es – „die Verwertungsrechte angesichts der erweiterten Verbreitungsmöglichkeiten angemessen zwischen den Vertragspartnern aufgeteilt und angemessene Lizenzvergütungen vereinbart werden."

Zweitens: „Die Länder erwarten von ARD und ZDF, dass sie die von ihnen bei der KEF angemeldeten und von der KEF anerkannten Mittel für die Kategorie Programmaufwand auch für diesen Zweck einsetzen." Ganz entscheidend dabei ist, dass dies nicht nur die Mittel betrifft, die wir zusätzlich erreicht haben. Das ist ja das andere große Skandalon: Bei den Programmmitteln, die die KEF in den vergangenen Jahrzehnten jedes Jahr genehmigt hat, haben massiv Umwidmungen stattgefunden. Und das wollen die Länder in Zukunft nicht mehr. Sie gehen davon aus, dass die zuständigen Gremien der Rundfunkanstalten die Mittelplanung und Mittelverwendung insoweit besonders beobachten. Die Länder haben also zugleich einen Überwachungsmechanismus implementiert.

Diese Protokollerklärung geht maßgeblich auf uns zurück. Und sie wird jetzt von allen 16 Ländern getragen. Wir hätten uns übrigens vorstellen können, dass sie nicht nur als Erklärung erscheint, sondern in den Stammteil des Rundfunkstaatsvertrags reinkommt.

Über zwei Drittel des Volumens für Fernsehproduktionen in Deutschland werden von den Öffentlich-Rechtlichen beauftragt, rund 70 Prozent. Deshalb ist die Finanzierung und die Zukunft der Mittel für Auftragsproduktionen für uns natürlich eine zentrale Baustelle, an der wir arbeiten müssen. Das Hauptfeld der Auseinandersetzung ist der Programmaufwand der Sender, der beträgt 16 Milliarden, ungefähr vier Milliarden pro Jahr, die aber nicht nur für die Auftragsproduktion zur Verfügung stehen. Erstens haben wir den Hörfunk mit dabei, zweitens sind natürlich in den Programmmitteln auch freie Mitarbeiter drin, Programmmittel in den Redaktionen und Ähnliches mehr. Wie gesagt, haben wir bei der KEF diesen Mehrbedarf angemeldet, 75 Prozent wurden akzeptiert, bei der ARD rund 150, beim ZDF 100 und bei arte acht Millionen, aber entscheidend ist, dass die KEF darüber hinaus auch noch eine rundfunkspezifische Teuerung von 2,01 Prozent pro Jahr zugrunde gelegt hat. Das heißt, auf diese vier Milliarden kommen jedes Jahr noch mal 80 Millionen Euro Programmmittel dazu. Und durch den Überwachungsmechanismus aus der Ziffer zwei der Protokollerklärung werden wir in Zukunft diesen Programmaufwand auch überwachen.

Transparenz

Das können wir auch, weil die Transparenz bei öffentlich-rechtlichen Fernsehsendern ein weiteres Thema ist, das die Produzentenallianz auf die Agenda gesetzt hat, niemand anderes. Wir haben 2013 entsprechende Leitlinien mit der ARD vereinbart. Wir haben seit 2014 Eckpunkte für die Transparenz der Zusammenarbeit mit dem ZDF. Es werden jetzt erstmalig vom ZDF Angaben zu Budgets und TV-Premieren veröffentlicht, und die Gespräche mit der ARD haben dazu geführt, dass es seit dem vergangenen Jahr einen Produzentenbericht der ARD und ihrer Landesrundfunkanstalten gibt. Der ist zwar noch unvollkommen, aber entscheidend wird sein, dass er fortgeschrieben wird, weil dann die Jahre vergleichbar sein werden. Wir werden bei dem Produzentenbericht für 2015 vieles an Veränderungen positiver wie negativer Art aus den Vergleichszahlen ablesen können, was bisher eben nicht möglich war. Die Transparenz bei öffentlich-rechtlichen Fernsehsendern ist deshalb das Gegenstück zu all den Finanzfortschritten, zu denen wir gelangt sind: Nur durch die Transparenz können wir sie hinterher auch in Euro und Cent beziffern.

Beim ZDF steht leider ein solcher Produzentenbericht noch aus, an dieser Stelle müssen wir beim ZDF noch nacharbeiten. Der auch auf unser Betreiben veranstaltete ZDF-Produzententag wird am 30. August 2016 das zweite Mal veranstaltet, letztes Mal zum ersten Mal in Mainz, jetzt in Berlin. Dieser Produzententag ist immerhin ein guter Anfang.

Rundfunkbeitrag

Was ist jetzt das nächste große Ziel? Aktuell müssen wir in diesem Jahr 2016 die Senkung des Rundfunkbeitrags, die von einigen Ländern forciert wird, verhindern. Hintergrund: Die KEF hat festgestellt, dass die derzeitigen 17,50 Euro im Monat den Bedarf übererfüllen. Die Überschüsse kommen in eine Reservekasse, die bei den öffentlich-rechtlichen Rundfunkanstalten geführt wird. Jetzt will die KEF den Rundfunkbeitrag um 30 Cent senken. Dem haben sich einige Länder auch angeschlossen. Wir sind aber sehr zuversichtlich, dass es gelingt, diese Senkung zu verhindern, denn die Länder brauchten auch dafür eine Einstimmigkeit, die sich aber nicht abzeichnet.

Mediatheken

Ein anderes wichtiges Thema ist das Thema Mediatheken, Sieben-Tage-Regelung. Seit vielen Jahren und natürlich auch 2015 sind wir mit Medienpolitikern von Bund und Ländern im intensiven Gespräch, um die Ausweitung der kostenlosen Mediatheken zu begrenzen. Leider muss an dieser Stelle festgehalten werden, dass wichtige Länder da nicht auf unserer Seite sind. Insbesondere Nordrhein-Westfalen führt die Phalanx der Länder an, die der Meinung sind, dass mit der Haushaltsabgabe auch eine intensivere Nutzung der Mediathek abgegolten ist und dass es dem Gebührenzahler nicht zumutbar sei, sozusagen doppelt zu zahlen, um Urheber und Produzenten für den Aufruf in den Mediatheken zu vergüten. Aber auch Nordrhein-Westfalen sagt: Ihr könnt natürlich eine Abgeltung vereinbaren mit den Rundfunkanstalten, wenn wir die Verweildauer ausweiten. Damit haben wir jetzt sozusagen eine Doppelbaustelle und müssen eine Doppelstrategie verfolgen. Auf der einen Seite versuchen wir, die Mindestverweildauer gesetzlich so gering wie möglich zu halten. Sie wissen, dass eine Sendung derzeit normalerweise sieben Tage eingestellt bleibt, obwohl rechtlich durchaus 30 Tage möglich sind. Wir versuchen, das zu begrenzen und von sieben auf drei Tage zurückzuführen. Aber Politik beginnt ja mit dem Betrachten der Realität, und die Entwicklung läuft an dieser Stelle eher in die andere Richtung. Wichtig könnte also der zweite Punkt sein: Abgeltung durch Zuschläge für die Mediathekennutzung, die es zum Beispiel in der Erlösbeteiligung geben könnte. An dieser Stelle möchte ich nochmal betonen, liebe Kolleginnen und Kollegen, dass wir mit dem ZDF genau zu diesem Aspekt in der vertieften Diskussion sind, wie ich eben ausgeführt habe.

VFF

An dieser Stelle ein Wort zu einem Thema. das normalerweise bei solchen Berichten nicht auftaucht. aber aus gegebenem Anlass wichtig ist: Verwertungsgesellschaften, von denen es ja eine ganze Reihe gibt. Wichtig für uns ist die „Verwertungsgesellschaft für Eigen- und Auftragsproduktionen" VFF fürs Fernsehen, im Kino die „Verwertungsgesellschaft für Nutzungsrechte an Filmwerken" VGF. Es gibt eine neue europäische Richtlinie, die in nationales Recht umgesetzt wurde. Demnach sind Kündigungsfristen von fünf Jahren, wie sie beispielsweise die VGF vorgesehen hat, nicht mehr statthaft. Künftig muss innerhalb von sechs Monaten zum Jahresende gekündigt werden können, so dass wir vielleicht auch bei der VGF, die ja weiß Gott ganz andere und nicht bessere Konditionen kennt als die VFF, zu einem Neuauftritt kommen könnten. Zur VFF kann ich Ihnen darüber hinaus bekanntgeben, dass die Produzentenallianz auf Vorstandsbeschluss vom 10. Mai 25 Prozent der Gesellschaftsanteile erwerben wird, nachdem die anderen Partner, die Sender, zugestimmt haben.

Tarifverträge

Ich möchte zum Thema Tarifverträge kommen und nochmals mit ganzer Intensität bei den Mitgliedern, die bisher nicht tarifgebunden sind, für den Beitritt zum Tarifvertrag werben. Warum gelingt es denn überhaupt, mit ARD und ZDF zu den verbesserten Kalkulationsgrundlagen zu kommen? Weil wir uns bei den Berufsgruppen, die wir in die Eckpunkte aufnehmen, auf einen Tarifvertrag beziehen können. Ansonsten wären wir im Festpreisbereich unterwegs und hätten als Verband kartellrechtlich gar keine Grundlage für Gespräche mit ARD und ZDF. Wir sind nur deshalb in der Lage, zu Konsultationen mit ARD und ZDF zu gelangen, weil wir uns auf einen Tarifvertrag bei den Berufsgruppen beziehen können, in denen die Wochengage eines Fahrers steht, die Wochengage im Bereich Kostüm, die Wochengage im Bereich Kamera und so weiter. Hätten wir den Tarifvertrag nicht, gäbe es keinen Anknüpfungspunkt, weil nach europäischem und deutschem Recht alles, was im Tarifvertragsbereich geschieht, nicht vom Kartellrecht umfasst ist. Es ist legitim, dass sich die Sozialpartner über Tarifvertragskonditionen austauschen. Und dann kann mit den Auftraggebern eben auch an den Tarifvertrag angeknüpft und entsprechende Regelungen getroffen werden. Ganz einfach gesagt: Wenn wir keine Marktrelevanz haben, weil unsere Mitgliedsfirmen nicht im Tarif sind und nicht nach Tarif zahlen, gibt es auch keinen Anknüpfungspunkt für die Vereinbarung mit ARD und ZDF. Immerhin schon knapp zwei Drittel unserer Mitglieder sind tarifgebunden, und ich will bei den anderen sehr dafür werben, es auch zu werden: Es kostet nicht mehr, die Preise der Gagentabelle sind realistisch.

Der zweite Grund, warum wir den Tarifvertrag brauchen, ist die Arbeitszeitregelung. Ohne Tarifvertrag würden wir nach dem deutschen Arbeitszeitgesetz beschäftigen können: Tageshöchstarbeitszeit 10 Stunden und das über die Woche 48 Stunden. Dass wir heute 12 Stunden, aber ausnahmsweise auch 13 Stunden haben – ich will Ihnen die Einzelheiten nach den Genres ersparen, die wir jetzt in der Tarifrunde vereinbart haben –, hängt eben auch vom Tarifvertrag ab. Gott sei Dank haben wir ver.di als Gesprächspartner auf der anderen Seite. Wenn wir lauter einzelne Berufsverbände hätten, die Kamera für sich, die Regie für sich, die Stuntmen für sich, die Cutter für sich, hätten wir ein heilloses Durcheinander an Tarifverträgen, keine einheitliche Regelung und wären weit schlechter gestellt in der Arbeitszeit und in der Anknüpfung. Trotzdem sind die Erhöhungen natürlich nicht schön gewesen, aber dieser Anknüpfungspunkt des Tarifvertrags ist für die Vereinbarungen mit ARD und ZDF von entscheidender Bedeutung.

DFFF

Ich möchte kurz auf zwei andere Erfolge zu sprechen kommen. Der Deutsche Filmförderfonds (DFFF) ist 2015 vom Bundestag, federführend war allerdings das Bundesfinanzministerium, gekürzt worden. Ein echter Rückschlag seinerzeit. Bernd Neumann als damaliger Kulturstaatsminister hatte den DFFF auf 70 Millionen gebracht, er wurde auf 50 Millionen zurückgeführt. Wir haben intensiv dafür geworben, ihn wenigstens wieder auf 60 Millionen zu heben. Das war nicht zu erreichen. Aber dann sind wir halt einen Umweg gegangen: Zusammen mit den Fraktionsvorsitzenden Kauder und Oppermann und den Abgeordneten Kahrs und Kruse aus dem Haushaltsausschuss der Großen Koalition wurde die kulturelle BKM-Filmförderung um 15 Millionen aufgestockt und damit die Kürzungen des DFFF zum großen Teil ausgeglichen. Sie haben das ja sicher auch verfolgt in der Filmpresse oder auch als Teilnehmer beim Deutschen Filmpreis, Frau Grütters hat angekündigt, dass es im nächsten Jahr zu dieser Verstetigung der zusätzlichen 15 Millionen für die kulturelle Filmförderung in ihrem Etat kommt.

GMPF
Der andere große Erfolg war die Schaffung des German Motion Picture Funds (GMPF) beim Bundesministerium für Wirtschaft, den ich persönlich so gar nicht für möglich gehalten habe, weil sich da sozusagen ein Ressort in den Bereich eines anderen Ressorts eingemischt hat, was ganz selten geschieht. Trotzdem hat sich Wirtschaftsminister Sigmar Gabriel aufgrund der Kürzungen des DFFF einfach ein Herz gefasst und 10 Millionen Euro für die wirtschaftliche Leistungsfähigkeit und Innovationskraft der Filmwirtschaft jährlich bereitgestellt. Der GMPF zielt auf die Förderung von großen internationalen Koproduktionen, umfasst aber auch die High-End-Serie, die Animation und VFX. Es ist alles nicht perfekt, es ist Work in Progress, es geht nur in Tippelschritten voran, aber immerhin wurde aus der Kürzung – das darf ich doch für uns in Anspruch nehmen – des DFFF durch die zwei Elemente dieses Fonds beim Wirtschaftsministerium und der kulturellen Filmförderung beim BKM das Beste gemacht – und am Ende steht sogar etwas mehr Geld zur Verfügung als vor der Kürzung.

Sektionen
Nachdem die Sektionen Kino, Fernsehen und Entertainment durch die Darstellung unserer Erfolge hier stark im Vordergrund standen, darf ich wenigstens nachrichtlich noch die anderen Sektionen erwähnen. Unsere kleine, aber feine Animationssektion arbeitet an der Positionierung der Branche, macht ihr Animated Dinner im Rahmen des Trickfilmfestivals in Stuttgart, veranstaltet beim Cartoon Forum in Toulouse regelmäßig das Branchentreffen German-European Alliances in Animation und gibt mit der Broschüre Animation made in Germany jährlich das Branchenbuch der deutschen Animations- und auch VFX-Branche heraus. Bei der politischen Interessenvertretung konzentriert sich die Sektion Animation vor allem auf die Herstellung einer gerechten Auftragsvergabe durch die Sender und auf die Verbesserung der Fördermöglichkeiten für VFX-Produzenten.

Hauptthema der Sektion Dokumentation ist die Anpassung der Haftungsklauseln mit den Auftraggebern bei investigativen Formaten – eine intensive Baustelle, der Fall Böhmermann lässt grüßen. Was ist bei rechtlichen Risiken, bei intensiven Prozess-Auseinandersetzungen im In- und Ausland? Wie weit geht das Patronat des Auftraggebers? Wir sind leider noch nicht am Ziel, hoffen aber, dass wir 2016 hier zu einem guten Ergebnis kommen.

Die Sektion Werbung hat ein etwas anderes Geschäftsmodell als die anderen Produzenten, das gleichwohl besonders interessant ist. Wir befruchten uns gegenseitig. 2015 ist es gelungen, mit den Agenturen neue Standards für die Ausschreibung von Werbefilmen zu erreichen. Es wurde das Pflichtenheft abgearbeitet, ein Whitepaper über den digitalen Workflow erarbeitet. Die erfolgreichen Veranstaltungen des Deutschen Werbefilmpreises und die Deutsche Werbefilmakademie haben sich blendend entwickelt. Nicht zuletzt ist zu erwähnen, dass 14 Werbefilmproduzenten aus unseren Reihen in den Art Directors Club für Deutschland als Vertreter der kreativen Filmhersteller aufgenommen wurden.

Töchter

Abschließend möchte ich ein anderes Thema ansprechen, das wir in den vergangenen Jahren immer wieder auch bei den Jahresmitgliederversammlungen diskutiert haben: Was machen eigentlich unsere Töchter, und wie entwickeln die sich? Ich darf heute mit Freude berichten, dass unsere älteste Tochter, die Produzentenallianz Services GmbH PSG, mittlerweile schon das zweite Jahr schwarze Zahlen schreibt. Sie erwirtschaftet Deckungsbeiträge, ist also kein Zuschussbetrieb mehr. Es ist gar nicht unrealistisch, dass wir mit dieser Tochter 2016 in Richtung eines Umsatzes von einer Million Euro gehen. Immer mehr werden wir auch für Drittveranstaltungen angefragt. Mit dem PSG-Freundeskreis haben wir ein exklusives Netzwerk für branchenfremde und branchennahe Unternehmen und Privatpersonen geschaffen, über 100 Servicepartner stellen Ihnen, den Mitgliedern der Produzentenallianz, Sonderkonditionen und andere Mehrwerte zur Verfügung. Ich darf an dieser Stelle auch sagen, dass die PSG auch unser jährliches Produzentenfest durchführt, das mit über 1.000 Gästen mit einem Zuschuss von gerade 16.000 Euro auskommt. Das heißt, die Produzentenallianz Services wirbt für das Produzentenfest weit über 100.000 Euro an Bar- und Sachleistungen ein. Dass wir das Produzentenfest überhaupt machen können: Ergebnis der Arbeit unserer Tochter. Ganz herzliches Danke einmal allen Verantwortlichen!

Es war, wenn ich das an der Stelle auch sagen darf, auch ein Glücksfall, dass wir Candy Lange als Geschäftsführerin gewinnen konnten, neben Mathias Schwarz, der das ja auch noch macht.

Eine ähnliche Erfolgsgeschichte haben wir mit dem Forschungs- und Kompetenzzentrum Audiovisuelle Produktion FoKo zu vermelden, unserer Wissenschaftstochter, die Oliver Castendyk jetzt schon seit vielen

Jahren verantwortet, mit tatkräftiger Hilfe von Juliane Müller. Wir haben für die Sektion Dokumentation zur Halbzeit die Eckpunkte evaluiert. Wir machen unsere Mitgliederumfrage mit ihr. Wir haben von der Sektion Werbung und der TWF Treuhandgesellschaft Werbefilm eine große bezahlte Untersuchung zur Werbefilmproduktion in Deutschland umgesetzt. Wir haben für den Verband Technischer Betriebe für Film & Fernsehen VTFF eine große Studie zur wirtschaftlichen Lage und Bedeutung der deutschen Film-Dienstleister gemacht. Darüber hinaus leistet das FoKo alles, was wir so an Recherche von Zahlenmaterial für die ganzen Gespräche und Verhandlungen brauchen, die Grundlagenarbeit. Auch mit dem FoKo werden wir zunehmend kostendeckend sein. Ich darf erwähnen, dass wir für dieses Jahr kurz vor der Erteilung einer großen Games-Studie sind. Eine letzte Unterschrift fehlt noch, aber 99-prozentig wird das klappen, so dass auch unsere Wissenschaftstochter auf eigenständigen Beinen steht.

Unsere dritte und jüngste Tochter ist die Produzentenallianz Initiative für Qualifikation PAIQ, die insbesondere die Volontariatsprogramme durchführt. Das startete mit dem Entertainment-Volontariat 2012 und hat sich mittlerweile mit einem Volontariat für audiovisuelle Produktion mit 90 Teilnehmern an den Standorten Berlin, München und Köln erweitert. Das war unsere Antwort auf den Mindestlohn und die sich daraus ergebende Verschärfung der Einstellungsmöglichkeiten für Praktikanten, auf die wir mit einer kleinen Gesellschaft reagiert haben, die große Resonanz im Mitgliederkreis findet. Die Volontariatsprogramme sehen eine Ausbildungszeit von normalerweise zwei Jahren vor und bilden die Teilnehmer zu allen für die Berufsbilder Producer/Redakteur bzw. Herstellungs-/Produktionsassistenz relevanten Themen aus. Das alles in externen Seminaren neben der praktischen Tätigkeit im arbeitgebenden Produktionsunternehmen. Auch dieses Jahr kann ich nur werben wieder für das A!Volo- und das E!Volo-Programm.

Ver.di findet das immerhin so gut, dass sie uns angeboten hat, für die Akzeptanz des Volontariats einen gesonderten Tarifvertrag mit uns zu schließen. Die Gespräche dazu wollen wir jetzt im Frühherbst aufnehmen.

Zusammengefasst: Alle drei Töchter florieren. Da war vor zwei, drei Jahren Besorgnis zu verzeichnen, durchaus auch im Mitgliederkreis: Wie ist das mit den Finanzen? Kriegen wir das alles hin? Jetzt können wir sagen: Die PSG blüht und gedeiht, das FoKo blüht und gedeiht und unser jüngstes Baby, die PAIQ, ist auf bestem Wege.

Ich kann Ihnen also auch beim besten Willen keine schlechte Bilanz für das Jahr 2015 vorlegen. Gemeinsam sollten wir noch ein bisschen stärker für unsere Arbeit werben. Wir sind so sachlich, wir sind so seriös, das ist nicht immer sexy, das weiß ich auch, aber wir sind auch extrem erfolgreich. Andere schlagen einfach die Trommel und fordern etwas, und kein Mensch überprüft, ob es auch irgendwann verwirklicht wurde. Wir gehen immer den anderen, den beschwerlichen Weg und scheuen uns nicht vor dem Bohren dicker Bretter. Unsere Erfolge sind konkret belegbar – und schlagen sich auch in den Bilanzen von Ihnen, unseren Mitgliedern, nieder. Wenn Sie die gute Kunde noch ein bisschen weiter in die Landschaft tragen und sagen: Die Produzentenallianz macht nicht heiße Luft und produziert nicht Sprüche, sondern produziert konkrete, nachrechenbare Ergebnisse, dann wird uns das im Vorstand und Geschäftsführung helfen. Herzlichen Dank für Ihre Aufmerksamkeit!

Produzentenallianz unterwegs: Viel Arbeit, manche Perspektiven, aber auch beachtliche Risiken

Rede zum Rechenschaftsbericht 2014 bei der Produzentenallianz-Mitgliederversammlung am 11. Juni 2015

Wie jedes Jahr bei unserer Jahres-Mitgliederversammlung darf ich Ihnen den Gesamtbericht von Vorstand und Geschäftsführung der Produzentenallianz vortragen. Und wie in jedem Jahr wird meine Rede durch unseren großen schriftlichen Jahresbericht ergänzt, in dem wir wie ein Industrieunternehmen ganz minutiös über unsere Arbeit Rechenschaft ablegen. Wir haben das eingeführt, weil es einfach eine Frage der Ernsthaftigkeit und Sorgfalt ist, dass man seine Ziele formuliert und darstellt, was davon verwirklicht ist, was man erreicht hat – und auch, was man nicht erreicht hat. Mündlich kann man das in dem gerafften Zeitraum unserer Mitgliederversammlung gar nicht leisten.

Vorstand, Geschäftsführung, Mitarbeiter

Ich möchte zunächst einmal sagen, dass wir die sehr gute und freundschaftliche Zusammenarbeit in Vorstand und Geschäftsführung fortgesetzt haben. Es ist ja ein unheimlich kleines Team, das da an den beiden zwei Standorten Berlin und München zusammenarbeitet. Dass die Zusammenarbeit zwischen Ehrenamt und Hauptamt nicht besser sein könnte, das ist auch dein Verdienst, lieber Alexander. Ich darf für die ganze Geschäftsführung sagen: Du gibst die Atmosphäre vor. Du sorgst für die Stimmung, die in dem Verband herrscht. Du hast mit deinem integrativen, einnehmenden Wesen eben einen ganz großen Anteil an der guten Entwicklung der Produzentenallianz. Aus Sicht der Geschäftsführung kann ich sagen, dass es für uns alle eine große Freude ist, mit Alexander und den Damen und Herren vom Vorstand der Produzentenallianz zusammenzuarbeiten. Herzlichen Dank!

Wir haben ein hervorragendes Einvernehmen mit unseren Mitarbeitern. Die Arbeit konnte überhaupt nur so gut gelingen, weil alle in Berlin und München überengagiert arbeiten, dieses kleine Team. Man muss einfach auch loben und Dank sagen, denn wenn Menschen, die nicht übermäßig gut bezahlt sind und ihre Verträge zum Teil um 50 Prozent von der Arbeitszeit ohne Überstundenregelung überschreiten, dann ist das einfach ganz toll. Und dieses Team in Berlin um Andrea Schneider macht eine sehr, sehr gute Arbeit – und das muss man auch bei einer Mitgliederversammlung so sagen.

Wir haben nicht nur einen sehr stabilen Mitgliederstand, wir haben dieses Jahr sogar mit ungefähr 230 Mitgliedern wieder einen neuen Mitgliederhöchststand erreicht. Jetzt geht es nur noch in langsamen Etappen aufwärts, aber da lassen wir uns jetzt auch nicht verunsichern. Trotz der hohen Eintrittsschwelle, die ihr bei Gründung der Produzentenallianz verabredet habt, und des relativ hohen Mindestbeitrags sind immer über 200 Firmen stabil dabei. Das ist erfreulich, und es zeigt auch, dass die Attraktivität der Produzentenallianz nicht nachgelassen hat.

Unabhängige/abhängige Firmen

Wir sind der zentrale Ansprechpartner für Politik, Wirtschaft, andere Verbände, die Institutionen. Die Vielzahl der Aktivitäten zeigt unsere Bandbreite der Tätigkeit. Nun gibt es immer wieder eine Diskussion, die uns seit sieben Jahren, seit es die Produzentenallianz gibt, begleitet: Dass wir auch die Sendertöchter in unseren Reihen hätten sei das eigentliche Problem der Produzentenallianz, die Unabhängigen könnten die Interessen der Produzenten in der Öffentlichkeit viel besser vertreten, wenn es im Verband keine Sendertöchter gäbe. Ich finde diese ganze Diskussion unglaublich kleinkariert, wenn ich das in dieser Offenheit sagen darf. Wir denken als Menschen ja immer, die ganze Welt dreht sich nur um uns. Dabei sind wir einer von 2.000 in Berlin akkreditierten Verbänden – einer von 2.000! Die Filmwirtschaft in Deutschland ist in zwei Dutzend Verbände zersplittert, wo jeder Verband glaubt, dass nur er gehört wird. Wir leisten uns mehrere Produzentenverbände in Deutschland, Kinoverbände, Verleiherverbände. Im Konzert der 2.000 Verbände, die alleine hier in der Hauptstadt Berlin akkreditiert sind, ist das ganz, ganz kleinteilig. Zu glauben, die Schlagkraft eines Verbands erhöhen zu können, indem man ihn schwächt und sagt, er soll nur noch für Teile der Produktionswirtschaft zuständig sein – das will mir nicht einleuchten. Ich finde sogar, das Fantastische an der Produzentenallianz war dieser Gründungsgedanke, an dem wir unbedingt festhalten sollten: Bei uns kann Mitglied sein, wer groß und klein ist, er muss nur relevant produzieren. Wir sind genreunabhängig. Wir sind standortunabhängig. Wir haben wenig regionale Schwerpunkte. Wir sind unabhängig von der Organisationsform. Wir sind die Interessenvertretung der gesamten deutschen Produktionswirtschaft. Das gibt uns unsere Schlagkraft.

film20

Nun sage ich auf der anderen Seite ganz offen: Das macht es in der Binnenarbeit nicht einfacher, weil es permanent Interessenskonflikte auszugleichen gilt. Aber es macht uns sehr viel spannender. Ich habe mich aus aktuellem Anlass jetzt mal mit der Geschichte von film20 befasst, wo ja rund 20 große Unternehmen gedacht haben, sie könnten als Pressure Group viel erfolgreicher als kleine Verbände sein – und wie hoffnungslos sie gescheitert sind, auch die großen Verbände, als sie sich alleine auf den Weg gemacht haben. Das sollte man sich im historischen Rückblick einfach mal anschauen.

Deshalb ist für die Wahrnehmbarkeit, für die Schlagkraft, für die Effizienz gegenüber der Politik ein ganz großer Vorteil, dass wir alle zusammen sind und hoffentlich auch in diesen sechs Sektionen zusammenbleiben, dass wir uns nicht auseinanderdividieren lassen und dass wir mit ruhiger Hand und ganz konsequenter Arbeit unser Ding machen und unsere Erfolge erzielen. Wenn man vergleicht, was andere Verbände in den vergangenen Jahren und Jahrzehnten erreicht haben, und sich unsere Verhandlungsergebnisse der letzten Jahre anschaut, dann kann sich der Erfolg und die Wirksamkeit unsere Arbeit insgesamt durchaus sehen lassen.

Töchter

Es ist vielleicht ein bisschen ein Problem von uns, dass wir zu wenig über die Erfolge sprechen und immer nur am Arbeiten sind. Deshalb möchte ich heute drei Binnenthemen nennen, weil unserer Auffassung nach diese Binnenthemen nicht immer ausreichend kommuniziert werden: Wir haben vor vier Jahren auf Anregung aus dem Vorstand eine Service-Gesellschaft gegründet, Sitz Berlin in der Geschäftsstelle Kronenstraße, ein kleines Team um unsere Geschäftsführerin Candy Lange. Kleine Anfänge, zunächst Zuschüsse, Anlaufunterstützung der Produzentenallianz. Heute ist die Produzentenallianz-Services GmbH eine veritable Gesellschaft, die im Umsatz deutlich über einer halben Million liegt. Wir haben jetzt die Anfangsverluste abgeschrieben, die Gesellschaft ist geradegestellt, erwirtschaftete schon im letzten Jahr eine schwarze Null, sie wird dieses Jahr Überschuss machen, geht in die Märkte hinein, macht Fremdveranstaltungen. Dieses Beispiel, wie sich eine Service-Tochter mit einem Mehrwert für die Mitglieder selber tragen und auch am Markt erfolgreich operieren kann, finde ich eine großartige Erfolgsgeschichte. Darf ich einfach mal sagen.

Wir haben mit dem Forschungs- und Kompetenzzentrum Audiovisuelle Produktion eine Wissenschaftstochter. Die haben wir als An-Institut mit der Hamburg Media School um Oliver Castendyk und einem genauso kleinen erfolgreichen Team organisiert. Dass die Produzentenallianz und ihre Themen überhaupt wahrgenommen und gehört werden, hängt nämlich auch mit den Studien zusammen, die wir verfassen, die wir meist mit Bordmitteln und einem beträchtlichen Kraftaufwand zusammenstellen – mittlerweile auch für andere Auftraggeber. Im Berichtszeitraum 2014 haben wir eine große Kinostudie in der Bundesrepublik Deutschland gemacht, für die wir von beiden Kinoverbänden und der FFA beauftragt wurden. Es ist die zentrale Kinostudie, so wie zwei Jahre zuvor unsere Produzentenstudie entstanden ist, auf die wir uns bis zum heutigen Tag in allen Verhandlungen berufen können, die sozusagen die Magna Charta der Produktionslandschaft geworden ist. Und wir haben für den Verband der technischen Dienstleister gerade eine andere Studie abgeschlossen. So weit, dass sich die Wissenschaftstochter komplett selber trägt, sind wir zwar noch nicht, aber wir sind auch dort auf dem Wege.

Ich möchte das aus aktuellem Anlass auch mit einem Dankeschön an die Mann- und Frauschaft um Oliver Castendyk verknüpfen, damit Sie sehen, wie rasch und eben nicht nur redend und fordernd und erklärend die Produzentenallianz agiert. Wir haben aus der Regelung des allgemeinen, flächendeckenden Mindestlohns in der Bundesrepublik Deutschland für alle Gewerke das Beste gemacht und ein Volontariatsprogramm für die audiovisuelle Produktion entwickelt. Wie Sie wissen, können Praktika nicht mehr über drei Monate andauern, ansonsten müssen Sie vollen Mindestlohn bezahlen. Das ist am Film, am Set, bei vielen Berufsbildern ohne klassische Qualifizierungswege ein großes Problem. Wir haben gehandelt, bieten jetzt ein Film-Volontariat an: 18 Monate Praxis- und Theoriephasen wechseln sich ab, wir halten den Theorieteil klein, dass der- oder diejenige auch in den Firmen mitarbeiten kann – und sind selber über die Resonanz dieser 18-monatigen Ausbildung unter der Federführung von der Produzentenallianz überrascht: über 100 mitarbeitende Volontäre, die Sie aus den Firmen für das Programm gemeldet haben, an den Standorten Berlin, München und Köln. Das ist doch ein Riesenerfolg! Ich finde, das ist ein tolles Beispiel, wie wir auf den Mindestlohn in der Bundesrepublik Deutschland schnell und pragmatisch reagiert haben. Herzlichen Dank dafür!

Das waren meine drei Binnenbemerkungen zu unseren Gesellschaften, zu unserem Modell.

Lizenzmodell

Das alles beherrschende Thema in der Auftragsproduktion Fernsehen war natürlich im Jahr 2014 die Durchsetzung des Lizenzmodells. Letztes Jahr hatte ich berichtet, wie schwierig die Verhandlungen 2013 waren, wir waren nicht wirklich weitergekommen, und 2014 sind die Eckpunktepapiere ausgelaufen. Es hat dann einen Riesenkrach gegeben – wir sind unter uns, das kann man einfach mal sagen –, weil wir uns hingehalten gefühlt haben. Es folgte eine sehr, sehr harte Auseinandersetzung mit der ARD auf Intendantenebene. Dann haben wir gesagt: Okay, noch eine Chance. Wir verlängern das Papier jetzt noch einmal um ein Jahr bis Ende 2015, aber dann muss dieser Verhandlungsprozess gleich in diesem Jahr strukturiert vereinbart worden sein, mit Arbeitsgruppen, mit Zeitplan. Und wir müssen im Lauf dieses Jahres Ergebnisse haben. Die ARD hat sich darauf eingelassen, wie ich überhaupt einfach mal sagen muss, dass sich die Gesprächsatmosphäre zwischen den ARD-Verhandlungen und den ZDF-Verhandlungen diametral unterscheidet. Das ZDF ist der Meinung, dass am deutschen Produktionsmarkt alles gut ist. Unsere Forderungen seien das übliche Geklage von gut verdienenden Produzenten, das ZDF sei der größte Arbeitgeber, es sei für eine breite und funktionsfähige Produktionslandschaft in Deutschland zuständig und würde diese zu ganz wesentlichen Teilen ermöglichen. Eigentlich wird schon die Problemsituation bestritten. Die ARD geht an die ganze Diskussion sehr viel offener, sehr viel verständnisvoller heran und sieht die Probleme. Sie ist durch ihre dezentrale Gestalt und ihre Vielfalt an Produktionsstandorten, die sie in der Republik abbildet, vielleicht auch näher dran. Die ARD sagt uns, damit Sie heute mal einen Zwischenstand hören: Es wird mit uns keinen Paradigmenwechsel geben. Ihr kriegt mit uns nicht das Lizenzmodell, das ihr wollt. Aber wir sind durchaus bereit, mit euch über Rechtekorridore zu sprechen, die man für ein festgestelltes Gap zwischen Kalkulation und tatsächlichen Herstellungskosten abbilden muss. Das ist sehr deutlich von der Verhandlungssituation mit dem ZDF entfernt. Mit der ARD sprechen wir im Augenblick sehr konstruktiv über die Aufnahme von einem halben Dutzend neuer Berufsbilder, von der Anerkennung von Finanzbestandteilen in der Kalkulation, von denen wir uns bisher gar nicht haben vorstellen können, dass man sie unterbringt, auch über eine Art Wiederholungshonorarsystem. Ich sage noch gar nicht, dass das am Ende herauskommt, aber: Es ist eine Gesprächsatmosphäre in guten Arbeitsgruppen in einer guten Strukturierung, sehr klug geführt von Karola Wille, der Filmintendantin, MDR-Intendantin und zukünftigen ARD-Vorsitzenden, sehr begünstigt auch von Lutz Marmor als derzeitigem ARD-Vorsitzenden und auch sehr unterstützt vom Westdeutschen Rundfunk.

Habt Ihr dem Lizenzmodell also abgeschworen, werde ich jetzt gefragt. Ich sage: Nein, wir haben natürlich um Himmels willen nicht dem Lizenzmodell abgeschworen, aber keiner von uns in Vorstand, Geschäftsführung und Ihnen als Mitglieder kann es auf Knopfdruck erzwingen. Natürlich werben wir bis heute in den Gesprächen dafür, dass es einfacher und auch für die großen Anstalten klüger wäre, die Verwertungshoheit über die Rechte den Produzenten zu geben. Letztlich ist ja im Kern des Lizenzmodells die Frage: Wer hat die Vertriebs- und Verwertungshoheit über Rechte? Wer entscheidet über den Umgang mit Rechten? Die ganze Diskussion um die Strukturierung aller ARD-Vertriebstöchter wäre viel einfacher, wenn sich die ARD auf ein Lizenzmodell einließe, wenn sich das ZDF auf ein Lizenzmodell einließe. Wie die Tibetanischen Mönche tragen wir unser Mantra vor und erläutern in jedem Gespräch die Vorzüge des Lizenzmodells, auch gegenüber der Politik. Wir waren in diesem Jahr 2014 in zehn Staatskanzleien der 16 Bundesländer, weil Fernsehpolitik ja Ländersache ist. Um beim Lizenzmodell etwas zu erreichen, haben wir in 16 Ländern unterwegs zu sein, davon sind mindestens neun bis zehn Länder medienpolitisch ambitioniert und reklamieren für sich eine Führungsrolle im Konzert der Länder in der Medienpolitik.

Das heißt, wir reisen geduldig in die Landeshauptstädte der Bundesrepublik Deutschland, tragen Medien- und Filmreferenten, Staatskanzleichefs, Ministerpräsidenten unser Mantra zum Lizenzmodell vor, finden sehr viel freundliche Wegbegleitung – das darf ich an der Stelle auch mal sagen –, auch Verständnis, bestimmen auch die Debatte. Dass wir heutzutage zum Beispiel mit der Transparenz so weit sind oder dass es so eine Diskussion wie auf dem letzten Produzententag mit der Politik mit dem Medien-Staatssekretär Marc Jan Eumann aus NRW und Minister Rainer Robra aus Sachsen-Anhalt um die Frage der Verwendung von KEF-angemeldeten Geldern für das Programm gab, das kommt ja alles nicht von ungefähr, das sind die Ergebnisse von solchen

Gesprächen. Wir spüren aber auch, dass sich die Politik schwertut, den Sendern in einem Rundfunkstaatsvertrag, zu dem sie Einstimmigkeit brauchen, ein bestimmtes Geschäftsmodell vorzuschreiben: Sender in der Bundesrepublik Deutschland, wenn ihr einen Auftrag gebt, habt ihr nur noch eine Erstausstrahlung und eine beschränkte Zahl von Wiederholungen, dann fallen die Rechte zurück, die Vertriebs- und Verwertungshoheit hat der Produzent, und ihr werden an den Erlösen beteiligt. Das ist unsere reine Lehre des Lizenzmodells als Sender, und mit dieser Vorschrift tun sich die Länder verfassungsrechtlich außerordentlich schwer. Und das ist auch der große Unterschied zu England, wo das Lizenzmodell sehr erfolgreich für eine Dynamisierung und einen Aufschwung des Produktionsmarktes gesorgt hat. Bei uns sind mehr Geduld, mehr langer Atem, mehr Bohren von dicken Brettern erforderlich. Deshalb muss ich auch einfach darum bitten, dass ihr diesen ganzen Prozess mit Geduld begleitet und wahrnehmt, dass es im Föderalismus ein unglaublich zähes und hartes Geschäft ist.

Ich glaube aber trotzdem, dass uns die Länder unterstützen werden, weil wir diesen Vorlauf von Arbeit in mehreren Jahren investiert haben. Es wird nicht ein Nullsummenspiel sein. Die Länder werden die freundliche Protokollnotiz im 12. Rundfunkänderungsstaatsvertrag von 2009, in der sie faire und ausgewogene Produktionsbedingungen und gerechte Rechteteilung fordern, in einem der nächsten Rundfunkstaatsverträge deutlich aufwerten, indem sie uns – wie auch die Kreativen und Urheber – zumindest als Verhandlungspartner in Richtung gemeinsame Vergütungsregeln auf Augenhöhe bringen.

Wir sind aber insgesamt im Augenblick nicht überbordend optimistisch, dass sich die 16 Länder einigen werden, ein bestimmtes Geschäftsmodell für das Produktionsgeschehen in der Bundesrepublik in das rechtlich verbindliche Instrument eines Staatsvertrages zu gießen, zumal das ZDF, die Gefahr witternd, schon die ganze Armada von Verfassungsbedenken und potenziellen Verfassungsbeschwerden aufgefahren hat, die in diesem Falle auf die Länder zukommen würden.

Es gibt also gar keine Alternative, als dass wir uns weiter auf den Gesprächs- und Verhandlungsprozess mit dem öffentlich-rechtlichen System in der Bundesrepublik Deutschland einlassen, es ist unser Hauptansprechpartner. Mit der ARD läuft es im Augenblick sehr viel besser als mit dem ZDF, aber die Situation hatten wir zu Beginn 2009 schon einmal, als wir mit der ARD die ersten Eckpunkte abgeschlossen haben, was dann eine Sogwirkung entfaltet hat. Deshalb bin ich gar nicht so pessimistisch, dass über die Sogwirkung einer Vereinbarung mit der ARD im Laufe des Jahres mit vielen, vielen einzelnen Komponenten, die auch schon starke Elemente eines Lizenzmodells enthalten könnte, das ZDF so unter Druck kommt, dass es eben nachziehen muss. Ich sage jetzt mal das hier bei der Jahresmitgliederversammlung vor euch, unseren Mitgliedern, in all dieser Offenheit, damit ihr eben auch mal unsere strategischen Überlegungen hört.

Sehr viel besser hat sich die Situation bei der Degeto entwickelt, deshalb nur ein Satz dazu. Gegenüber 2013 ist Rationalität, Auftragsvergabe und Planungssicherheit eingetreten. Wir hören da aus dem Mitgliederkreis eigentlich nur sehr viel Gutes. Wir sind mit dem öffentlich-rechtlichen System, insbesondere wieder mit der ARD, in einen Dokumentationsdialog in der Sektion Dokumentation eingetreten, der jährlich vertrauensvoll stattfindet, auch eine Novität. Wir haben auch eine sektorierte Zusammenarbeit im Kinder- und Jugendprogramm mit ZDF und ARD, sodass ich sagen kann, dass insgesamt die Sektionen sich auch im Verhandlungsgeschehen mit den öffentlich-rechtlichen Anstalten abbilden.

DFFF

Im Kinobereich war 2014 die Kürzung des Deutschen Filmförderfonds (DFFF) ein Trauerspiel. Staatsminister a. D. und FFA-Präsident Bernd Neumann, den ich an dieser Stelle als einen der Unseren hier begrüße – dazu sage ich nachher noch etwas –, hat ihn bis auf 70 Millionen geführt. 2014 ist er dann zunächst auf 60 Millionen zurückgeführt worden und jetzt ist er 2015 bei 50 Millionen. Das ist eine reale Kürzung um rund ein Drittel, das gilt es nüchtern zu konstatieren. Das kann auch nicht als Erfolg für die deutsche Produktionswirtschaft gelten. Wir haben uns deshalb ganz entschlossen dagegen gewehrt, obwohl ich von mancher Seite zu bremsen versucht wurde: Man brauche die Staatsministerin wieder für das FFG, wir sollten nicht so auf die Trommel schlagen. Ich finde aber, dass man schon seine Verärgerung und auch seine Verletzungen zeigen muss, wenn ein ganz fragwürdiger Vorgang, der auch ein Sondervorgang in diesem ganzen Bundeshaushalt 2015 war, auf diese Weise exekutiert wird. Ob dafür nun in erster Linie Herr Schäuble als Finanzminister zuständig war oder Frau Grütters, ist mir relativ egal. Unter dem Strich steht, dass eines der erfolgreichsten Förderinstrumentarien in der Bundesrepublik, nämlich der DFFF, im Jahr 2015 ein Drittel weniger Geld als 2013 zur Verfügung hat. Das kann uns doch nicht ruhen lassen! Das muss man doch auch offen und kritisch ansprechen, und das haben wir getan.

Nun hören wir zur Hälfte des laufenden Jahres, dass der DFFF, was die Anmeldungen für 2015 betrifft, schon ausgeschöpft ist: Antragsvolumen schon über 50 Millionen Euro. Das zeigt ja nur, dass unsere Argumentation richtig war, vor allem, wenn diese Tendenz so weitergeht. Wenn jetzt also der DFFF mit Anträgen vollläuft, etwa in die Richtung von 70 und 80 Millionen Euro Volumen, müsste es doch bei gutem Willen der Beteiligten gelingen, dass wir 2016 wenigstens wieder auf 60 Millionen kommen – erst Recht vor dem Hintergrund der außerordentlich günstigen konjunkturellen Situation in der Bundesrepublik Deutschland. Wenn die Branche jetzt nachlegt und beantragt, wird auch der Druck auf den Haushaltsgesetzgeber steigen, im Herbst bei den parlamentarischen Beratungen des Haushalts 2016 wieder etwas zuzugeben.

Noch ein Beispiel für die praktische Effizienz unserer Arbeit: Wir haben nicht klein beigegeben, als die DFFF-Kürzung da war, sondern wir haben den Bundesrat durch Überzeugungsarbeit dazu gebracht, dass er sich in einem Entschließungsantrag auf Antrag der Länder Brandenburg und Baden-Württemberg gegen die Kürzung des DFFF gewehrt und die Bundesregierung und den Bundestag aufgefordert hat, den alten Zustand des DFFF wiederherzustellen – ein Novum, das gibt es ganz selten im deutschen Parlamentsgeschehen.

GMPF

Aus aktuellem Anlass will ich deshalb auch den Lichtstreif am Horizont ansprechen: Bundeswirtschaftsminister Gabriel hat nach der Kürzung angekündigt, zehn Millionen Euro sozusagen als Kompensation zur Verfügung zu stellen. Das könnte nicht ganz unproblematisch werden. Er scheint erstens im eigenen Haushalt nicht die Mittel beieinander zu haben, und zweitens wird es insbesondere im Kinobereich außerordentlich schwerfallen, dass ein Ministerium eine Parallelförderung in Brüssel notifizieren kann. Deshalb spricht viel dafür, dass beim Wirtschaftsministerium eher eine Art Fernseh-, wahrscheinlich Serienförderungsprogramm etabliert und die klassische Kultur- und Kinoförderung im DFFF bei der BKM und der FFA belassen wird. Wir werden in diesem Zusammenhang freilich nicht nachlassen, auch das Thema VFX in die Diskussion und in die Programmpolitik einzufordern.

Der Chef der Berliner Senatskanzlei, Staatssekretär Björn Böhning, hat beim Deutschen Produzententag im Februar ein Bekenntnis für eine filmische Industriepolitik abgelegt. Das war insofern sehr wichtig, weil die Bedeutung unserer Industrie für die Kreativwirtschaft, aber auch für andere Teile der Realwirtschaft ungeheuer wichtig ist und verstärkt wahrgenommen werden muss. Sie prägt unser Bild, das Bild unseres Landes in der Welt, aber auch unsere Selbstwahrnehmung.

Private

In diesem Zusammenhang erlauben Sie mir ein kritisches Wort zu einem Thema, bei dem wir auch im Vorstand und der Geschäftsführung keine richtige Antwort haben. Wir kommen bis zum heutigen Tage – auch sieben Jahre nach Gründung der Produzentenallianz – nicht in einen strukturierten Gesprächsprozess mit den Privatsendern. Jetzt weiß ich, dass unter uns natürlich auch Mitglieder sind, insbesondere Show-Produzenten, Unterhaltungsproduzenten, Entertainer, die immer noch viel für die Privaten produzieren. Aber es gelingt nicht, mit den Unternehmensleitungen einen strukturierten verbandlichen Dialog herzustellen. Ich bin da an Diskussionsbeiträgen im Vorstand oder auch unter den Mitgliedern sehr interessiert, aber wir werden mit den Privaten nur etwas erreichen, wenn wir noch einmal unsere Instrumente justieren. Da gibt es bisher aber keine einheitliche Willensbildung in der Produzentenallianz. Ich spreche es offen an: Wir werden hier immer gebremst, wenn wir etwa eine Quotendiskussion beginnen wollen. Aber ohne eine Diskussion für eine europäische Produktionsquote werden wir die Privaten keinen Millimeter von ihrem hohen Ross und der Verweigerung eines Gesprächs und Verhandlungsdialogs mit der deutschen Produktionswirtschaft herunterbringen.

Europäische Quote

Es kommt jetzt die Novellierung der sogenannten AVMD-Richtlinie in Europa. Das ist die Richtlinie, die die audiovisuellen Dienstleistungen in Europa regelt, die bisher schon die Möglichkeit für zweierlei Quoten in Europa nach europäischem Recht vorsieht, nämlich eine Quote für sogenannte unabhängige Produzenten und eine Quote für Produktionen europäischen Ursprungs. Die Franzosen haben solche Quoten beispielsweise seit vielen Jahren. In Deutschland haben wir in der Umsetzung des europäischen Rechts bisher nur ganz unverbindliche Soll-Bestimmungen, die noch dazu, was ich von Oliver Castendyk und Johannes Kreile gelernt habe, nicht überwacht und auch nicht sanktioniert werden. Eine Schärfung des quotenpolitischen Schwerts im Deutschen

Rundfunkstaatsvertragsrecht könnte Produktionstätigkeit erzwingen, sie könnte Programmanbietern Vorgaben machen, welche Produktionsquote im Programm eingehalten werden muss. Dann könnten die Sender nicht mehr nur amerikanische Lizenzware durchreichen und sich als Cashcow sehen, die möglichst hohe Erträge aus Werbung generiert und beim Mutterkonzern abliefet. Dann müssten sie auch richtig ins Programm investieren.

Diese Quote ist nicht für deutsche Produktionen allein möglich, sondern kann immer nur europäisch statuiert werden, aber sie ist bei einer entsprechenden Umsetzung in der Bundesrepublik Deutschland möglich. Diese Diskussion wird kommen, und mit allem Respekt: Die Produzentenallianz muss sich da auch angesichts der sich immer stärker verschiebenden Gewichte im produzentischen Tätig-Sein in der Republik dringend eine Meinung bilden, zur Indie-Quote genauso wie zur europäischen Produktionsquote. Heute sind 70, 75 Prozent unseres Auftragsvolumens öffentlich-rechtlich, 25-30 Prozent sind privat. Es ist also ein Markt, den wir nicht links liegen lassen können und der uns mit Sorge erfüllt, wenn in der Fiction in weiten Teilen eben heute keine symmetrische produzentische Tätigkeit mehr stattfindet.

Ein positives Beispiel für die Zusammenarbeit mit den Privaten sei immerhin auch erwähnt. Beim Deutschen Fernsehpreis, der leider mangels eines überzeugenden Konzepts ausgesetzt wurde, sind wir auf dem Weg. Ich danke hier insbesondere Georg Hirschberg, der auf unserer Seite die Verhandlungen mit Öffentlich-Rechtlichen und Privaten führt, einen neuen Preis zu etablieren.

Freihandelsabkommen TTIP

Lassen Sie mich an dieser Stelle etwas zum Welthandelsabkommen, zu TTIP sagen. Wir sind ein Unternehmerverband. Wir fordern bei jeder Gelegenheit, dass wir Verwertungs- und Vertriebsrechte brauchen, damit wir an den Weltmärkten mit unserem Produkt in die Lage versetzt werden, Erlöse zu generieren. Ein solcher Verband wie unserer kann nicht in einen undifferenzierten Kritikerchor einstimmen und sagen: Das ist Teufelszeug, wenn man analog zu Dutzenden von bestehenden Freihandelsabkommen in der Bundesrepublik Deutschland jetzt analog zu Kanada wieder den Ball aufnimmt und über ein Freihandelsabkommen Europa mit Amerika nachdenkt. Wir als Unternehmer sind per se Freihändler. Wir sind der Überzeugung, dass vom Freihandel der Wohlstand der Nationen abhängt, das ist auch mein tiefes Credo. Aber trotzdem sind wir keine Fantasten und wissen: Es gibt geschützte Bereiche, Bereiche der Daseinsvorsorge, der Lebensvorsorge. Da muss es eine Ausnahme geben. Und es muss auch eine kulturelle Ausnahme geben. Es kann nicht alles nach angelsächsischen, rein ökonomistischen Vorstellungen in der Welt abgehen. Dieser tiefen Überzeugung bin ich schon auch. Dazu gehört das Buch, dazu gehört natürlich auch der Film. Dazu gehört das Kirchenrecht, dazu gehört der öffentlich-rechtliche Rundfunk. Das sind alles Errungenschaften, genauso wie das Sparkassenwesen, die eine besondere Bedeutung und auch eine Funktion haben. Ich glaube auch nicht, dass sie die in der globalisierten Welt verlieren.

Deshalb Ja, ein energisches Ja zur kulturellen Ausnahme, nach der Film von diesem Freihandelsabkommen nicht umfasst wird. Und ich muss auch sagen: Beim jetzigen Verhandlungsstand ist Status quo, dass die Position der Verhandlungsführerin, EU-Kommissarin Malmström, einer schwedischen Sozialistin wohlgemerkt, und Frankreichs, Deutschlands und anderer wichtiger EU-Länder ganz klar ist: Die kulturelle Ausnahme Film ist nicht erfasst von diesem Freihandelsabkommen. Das muss man einfach auch mal zur Kenntnis nehmen und ein bisschen Glauben an den Verhandlungsstand haben. Dass es nicht drin ist, heißt nicht, dass es wieder auf den Tisch kommen muss. Ich plädiere ja dafür, das sorgsam zu beobachten und zu begleiten. Aber ich warne halt ein bisschen davor, dass wir uns von Tatarenmeldungen anstecken lassen. Wir werden das Doppelgesicht des Films – wir sind sowohl Kultur- als auch Wirtschaftsgut – immer in der Debatte einbringen.

Geoblocking

Genau aus diesem Grund ist die Produzentenallianz auch so kompromisslos beim Geoblocking, einem anderen aktuellen, wichtigen Thema. Sie wissen, dass die EU-Kommission im Rahmen dieses Liberalisierungswahns der Meinung ist, dass man alle territorialen Grenzen unter dem Vorzeichen der digitalen Freizügigkeit aufgeben kann. Da treffen sich im Augenblick zwei Richtungen in der europäischen Politik: die unbedingten, marktwirtschaftlichen Liberalisten um Andrus Ansip, den estnischen Vizepräsidenten der Kommission, und die Piraten von der anderen Seite des Spektrums, die für die völlig freie Verfügbarkeit aller Inhalte im Netz sind, unabhängig von urheberrechtlichen Überlegungen und Rechten und Lizenzen und Besitztümern. Hier gilt das Gleiche, was ich gerade zu TTIP gesagt habe: Es gibt Bereiche, die sich einer rein marktwirtschaftlichen Betrachtung entziehen, Daseinsvorsorge, Kultur.

Wir müssen das, was an Kultur da ist, schützen. Wir müssen einfach sehen, dass das Verbot von Geoblocking für weite Bereiche des Kinofilms eine Refinanzierung unmöglich machen würde. Das wollen wir nicht.

Öffentliche Angriffe

Zur Industriepolitik gehört auch die Sicherung des FFA-Systems. Ich will Sie darauf hinweisen, dass im *Spiegel* ein vielseitiger Generalangriff auf die deutsche Kinofilmförderung der FFA, die Länderförderungen und auf das ganze deutsche Subventionssystem kommt. Das hatten wir vor ein, zwei Jahren in der *Welt* und der *FAS* schon einmal, aber jetzt kommt mit einer viel tieferen Recherche ein Sechs- oder Achtseiter als Rundumschlag im Spiegel. Sie rechnen jetzt die Förderung, die Subvention für die Kinokarte runter. Sie spießen den von Ihnen Produzenten selbstverständlich auch angewendeten Mehr-Förder-Weg in vielen Länderförderungen, in Koproduktionen auf. Sie werkeln am Thema „Film ist ein reines Wirtschaftsgut, braucht nicht wie die Oper oder das Theater diese öffentliche Subventionierung, wir leisten uns Fördertourismus, wir haben viel zu viele Förderungen, das Ganze ist undurchschaubar, es gibt einzelne Regisseure, deren Film mit 40 Euro pro Kinositzplatz subventioniert wurde". Das wird alles sehr griffig werden. Ich will das nur vor dem Hintergrund sagen, um Ihnen aufzuzeigen, dass die Lobbyarbeit eines Verbandes wie dem unseren notwendig ist, die auch immer wieder der Politik in den Landesparlamenten und Landesregierungen, im Bundesparlament und der Öffentlichkeit erläutert, warum es notwendig ist, Film als Kulturgut zu fördern.

FFA/FFG

Es waren von daher große Erfolge, dass das Bundesverfassungsgericht 2013 für Rechtssicherheit bei der Novelle des Filmförderungsgesetzes (FFG) gesorgt hat, dass wir die FFG-Novelle befristet haben, und dass es in schwieriger Zeit 2014 gelungen ist, Bernd Neumann auf unseren Vorschlag und auf einem Platz der Produzentenallianz zum Präsidenten der Filmförderungsanstalt (FFA) zu machen. Lieber Bernd Neumann, wir sind sehr froh darüber, dass Sie jetzt einer von uns sind und für produzentische Interessen neben den anderen Interessen in der FFA streiten. Gerade in diesen Zeiten brauchen wir Sie, herzlichen Dank dafür!

Nun gibt es eine Novelle des FFG, die in dieser Legislaturperiode kommen soll. Wir werden diese sorgfältig begleiten, in der Kinosektion

Zeit für Diskussionen und Reflexionen geben. Eine Expertenkommission der FFA hat kürzlich eine deutliche Stärkung der Referenzförderung gegenüber der Projektförderung vorgeschlagen. Das gilt es zu diskutieren, ohne Eifern und ohne Eile. Aber all diese Reformüberlegungen sind nicht so wichtig wie die Verbreiterung der Einzahlerbasis. Am Ende muss Geld im System liegen, das darf ich einfach so in dieser Deutlichkeit sagen. Deshalb fordern wir intensiv und nachdrücklich, dass die im deutschen Markt aktiven ausländischen Anbieter zur Abgabe für die Solidargemeinschaft Film verpflichtet werden. Wir bauen auf die Bundesregierung, dass sie das in Brüssel erreichen kann. Neuerdings hört man diesbezüglich wieder optimistischere Signale, was die EU-Konformität des Vorhabens anbelangt.

KEF

Lassen Sie mich in dieser Rechenschaftslegung beim Thema Geld zu einem anderen großen Punkt kommen, der dieses Jahr zur Entscheidung ansteht. Die öffentlich-rechtlichen Rundfunkanstalten müssen für die neue Gebührenperiode ihre Anmeldungen bei der KEF abgeben. Das ist eine ganz wichtige Weichenstellung, weil die Anstalten bei der letzten Gebührenanmeldung den Fehler gemacht haben, nicht bedarfsgerecht anzumelden. Sie waren wie die verängstigten Hasen vor der Politik und der KEF, weil sie keine Erfahrungen mit der Umstellung der Rundfunkgebühr auf die Haushaltsabgabe hatten. Sie wollten keinen Fehler machen und haben deshalb so defensiv angemeldet, dass jetzt an allen Ecken und Enden im System Mittel fehlen. Das werden sie dieses Mal korrigieren. Sie werden bedarfsgerecht anmelden. Wir begleiten diesen Prozess bei der Politik, bei der KEF. Wir haben im vergangenen Jahr erstmalig eine eigene große Anhörung als Produktionswirtschaft vor der KEF gehabt. Wir sind in einem Dauerdialog mit dem Vorsitzenden, Heinz Fischer-Heidlberger und der zuständigen Arbeitsgruppe in der KEF. Das ist ein Bereich, den die Produktionswirtschaft über Jahrzehnte komplett vernachlässigt hat. Der KEF ganz detailliert zu vermitteln, wie bei uns Programm läuft, wie eine Produktion läuft, wie angemeldet wird, was wir brauchen, wie man auskömmlich produzieren kann, gehört mit zu den wichtigsten Gesprächen, die wir als Interessengruppe überhaupt führen können. Die KEF wird im Herbst beginnen, ihre Empfehlung zu erarbeiten. Wir haben in ganz engem Schulterschluss – ich will mich da auch bei Johannes Kreile für seine Arbeit vielmals bedanken – mit den öffentlich-rechtlichen Anstalten diesen

Prozess begleitet und werden das weiter tun. Ein solcher Schulterschluss für das System heißt aber nicht, dass wir dann zahnlos werden, wenn es gilt, Missstände wie die Umwidmung von Programmmitteln anzuprangern. Da war auch MDR-Intendantin Prof. Karola Wille über die Heftigkeit unserer Vorhaltungen beim Produzententag not amused. Sie hat sich bitter beschwert, dass wir das Thema aus dem letzten KEF-Bericht aufgebracht haben, dass die ARD aus bewilligten Programmmitteln 90 Millionen in der Gebührenlaufzeit nicht für das Programm eingesetzt hat und das ZDF sogar 142 Millionen. Insgesamt sind in der letzten Gebührenlaufzeit über vier Jahre 230 bewilligte Programmmillionen nicht in das Programm gelangt. Das war nicht illegal, sie dürfen das, sie können die Haushaltstitel gegenseitig decken. Jetzt denkt die Politik auf unseren Vorhalt darüber nach, die Deckungsfähigkeit einzuschränken und dafür zu sorgen, dass Programmmittel tatsächlich ins Programm fließen. Das gibt ja auch in den Anstalten die Auseinandersetzung zwischen den Programmdirektoren und den Verwaltungsdirektoren, die die Mittel natürlich lieber für Pensionen, Technik, Haussanierung, Erwerb von Studios ansetzen. Also ist es gar nicht so, dass diese Kritik das ganze System durcheinanderbringt, sondern die Programmleute fühlen sich sehr wohl ermuntert, mit dieser klaren Positionierung 230 Millionen, die man für das Programm bewilligt bekommen hatte, auch für das Programm auszugeben. Wir hoffen, dass wir im nächsten Rundfunkstaatsvertrag hier eine Präzisierung, eine Klärung, eine Verstärkung erreichen.

Gegen ein Werbeverbot

Daran sehen Sie schon: Unsere Politik in Vorstand und Geschäftsführung ist Schulterschluss da, wo es mit den Öffentlich-Rechtlichen notwendig ist, aber keine blinde Allianz. Und Kritik auch auf der anderen Seite, wo Kritik notwendig ist. Deshalb sage ich an dieser Stelle auch: Wir sind gegen ein Werbeverbot beim öffentlich-rechtlichen Rundfunk. Nicht nur, weil die Reinheit der Systeme sehr puritanischem Denken entspricht, wenig mit der Lebensrealität der Bevölkerung zu tun hat, die allenthalben mit Werbung konfrontiert ist, sondern weil ganz einfach und offen gesprochen aus der TV-Vorabendwerbung erkleckliche Summen in die Produktionswirtschaft fließen. Alleine aus dem ARD-Vorabend-Werbetopf gehen rund 100 Millionen im Jahr in die deutsche Produktionswirtschaft. Das ist eine Sonderfinanzierung, auf die wir schlicht nicht verzichten können. An eine vollständige Kompensation bei Werbebeschränkungen aus der Haushaltsabgabe, wie es insbesondere von Nordrhein-Westfalen verheißen wird, glaube, wer will. Ich glaube daran nicht.

Video on Demand

Ein anderer wichtiger Punkt im Verhältnis mit der Politik ist die zukünftige Ausgestaltung des VoD-Sektors. Leider ist aus kartellrechtlichen Gründen „Germany's Gold“ gescheitert. In der Politik gibt es Bestrebungen, nun die Verweildauern in den Mediatheken einschneidend auszubauen. Leider ist auch hier Nordrhein-Westfalen unrühmlicherweise wieder an der Spitze der Bewegung. Derzeit haben wir eine Verweildauer in der Regel von sieben Tagen. Wenn eine generelle, kostenfreie Mediathekenverweildauer ohne Prüfung von 30 Tagen Wirklichkeit würde, würde das VoD-Recht wertlos und wir bräuchten gar nicht mehr weiterzuverhandeln. Das VoD-Recht muss kapitalisierbar sein. Es muss gelingen, die Ausdehnung der Verweildauer ohne Ersatz für die Produktionswirtschaft abzuwenden. Ich bin da nicht ganz ohne Optimismus, wenn ich mir Stimmen aus vielen anderen Bundesländern anschaue. Es gab vor allem in *Blickpunkt:Film* vor zwei Monaten ein sehr, sehr kluges Interview mit der WDR-Rundfunkratsvorsitzenden Ruth Hieronymi, mit der ich mich übrigens nachher genau zu dem Thema VoD treffe, um diesen Ansatz zu verstärken, dass sich auch die Gremien der ARD hier entsprechend positionieren. Die Verweildauern in den Mediatheken ist ein Megathema für dieses Jahr, viel wichtiger als die Frage der Höhe der Erlösbeteiligung. Übergangsweise haben wir für die nächsten eineinhalb Jahre mit dem ZDF rückwirkend ab 2013 durchgesetzt, dass aus den VoD-Erlösen beim ZDF 16 Prozent Erlösbeteiligung an den Produzenten fließt. Das ist die letzte Verhandlungsposition, die Vorstand und Geschäftsführung erreicht haben.

Meine sehr verehrten Damen und Herren, Sie sehen aus diesem breiten Spektrum des Rechenschaftsberichts die Vielfalt unserer Arbeit ganz gerafft, ganz zusammengefasst, konzentriert nur auf die Big Points, die großen Punkte unserer Arbeit. Es hat wieder Spaß gemacht. Wir sind wieder vorangekommen. Es ist noch nicht der große Big Bang da, aber es ist ein geduldiges Voranschreiten. Bitte helfen Sie uns weiter, machen Sie mit. Vorstand und Geschäftsführung werden auch im laufenden Jahr 2015 mit ihrer Arbeit nicht nachlassen, aber die gelingt nur, wenn wir auch von Ihnen, der deutschen Produktionswirtschaft, weiterhin getragen sind.

BEITRÄGE

Verbände als Grundlage der pluralistischen Demokratie, eine Anknüpfung an Theodor Eschenburg

Aus: Zwischen Gestern und Morgen – Medien im Wandel, Festschrift für Mathias Schwarz zum 65. Geburtstag, *Juli 2017*

Prof. Dr. Mathias Schwarz hat sich 2008 als erfolgreicher Wirtschaftsanwalt und Hochschullehrer nochmals auf eine neue Herausforderung eingelassen: Er wirkt als Geschäftsführer und Direktor an leitender Stelle mit für die Interessen der deutschen Film- und Fernsehproduktionswirtschaft in der Allianz Deutscher Produzenten e.V. Berlin/München, dem in dieser Industrie maßgeblichen deutschen Verband. Dort leitet er die „klassische" Kinosektion und seit geraumer Zeit zudem die Animationssektion, ist für internationale Angelegenheiten, wichtige Teile des Filmrechts (u.a. das Urheberrecht) und die dynamische Servicetochter PSG verantwortlich. Er folgt zugleich väterlichen Spuren. Denn Rechtsanwalt Prof. Dr. Wolf Schwarz war Gründer der auch heute so vitalen Münchner Filmproduktionsfirma Neue Deutsche Filmgesellschaft NDF.

Was führt einen viel beschäftigten und sehr gefragten Wirtschaftsanwalt in das Verbandswesen? Ich denke, der Antrieb ist neben dem faszinierenden Sujet „Film" die Freude am Gestalten. Als beratender Anwalt vertritt Mathias Schwarz Mandanteninteressen notwendigerweise parteiisch. Als filmpolitischer Verbandsexperte muss er zwar auch Interessen der Arbeitgeber, d.h. der Unternehmen von Produktionsbetrieben, repräsentieren, doch im großen filmwirtschaftlichen Verbändepuzzle in Deutschland hat eine wirksame Interessenpolitik den „Blick für das Ganze" zu bewahren. Die Filmproduktionswirtschaft in Deutschland ist, wenn man nur die Zahlen betrachtet, eine kleine Industrie. Der Gesamtumsatz betrug 2014 4,66 Mrd. Euro.[1] Auf die klassische Produktionswirtschaft entfallen dabei 2,43 Mrd. Euro.[2] Der von Mathias Schwarz in der Produzentenallianz verantwortete Kino-Anteil hatte einen Umsatz von 0,61 Mrd. Euro[3], die Animation als kleines Pflänzchen von 63,3 Mio. Euro.[4]

1 *Wirtschaftliche Bedeutung der Filmindustrie, Studie im Auftrag des Bundesministeriums für Wirtschaft und Energie, Berlin 2017, S. 55*

2 *Ebd.,, S. 56f.*

3 *Ebd.*

4 *Diese Zahlen bezieht sich auf das Jahr 2009, eine neuere Zahl ist nicht verfügbar, Oliver*

Die Bedeutung der Branche geht aber weit über diese nüchterne Zahlen hinaus: Das „bewegte Bild" im Fernsehen und im Kino prägt das Lebensgefühl der Menschen eines Landes. Zugleich repräsentiert das filmische Schaffen die jeweilige Zeit und verkörpert Deutschland auch international. Gerade der Kinofilm ist dabei so etwas wie ein Seismograph.

Im widerstreitenden Dickicht von Sozialpartnerschaft (Gewerkschaften und Berufsverbände), Film-Förder-Institutionen von Bund und Ländern, privaten und öffentlich-rechtlichen Fernsehsendern, anderen Verbänden der Filmwirtschaft aus Produktion (Herstellung), Verwertung und Distribution, internationalen Akteuren und den politischen Rahmenbedingungen, die durch die Europäische Union, den Bund und die Länder gesetzt werden, bedarf es großer Erfahrungen, profunder Kenntnisse und umsichtiger Gestaltungsfreude, um den Überblick zu behalten und wichtiger noch, Einfluss auszuüben.

Eine Interessenvertretung, die mit dem Kopf durch die Wand ginge, wäre rasch zum Scheitern verurteilt. Mathias Schwarz ist als Persönlichkeit, die an das Ganze denkt, bei seinen Aktionen und Entscheidungen stets das „respice finem" im Auge hat, aus voller Überzeugung ein „Verantwortungsethiker". Zuspitzung und Polemik, Ellenbogen und Rankünе sind seine Sache nicht. Er ficht mit dem eleganten Florett geschliffener Argumentation; der gediegene, faktenreiche Schriftsatz, das überzeugende Argument sind sein Metier. Auch als Verbands-Repräsentant denkt er an den Zusammenhalt der Film-Branche und letztlich immer an die Adressaten der Filmwelt, die Zuschauerinnen und Zuschauer.

Wie gestaltet man die Rahmenbedingungen audiovisuellen Schaffens in der Bundesrepublik Deutschland, um dieser (fast) jüngsten der Künste[5] Freiräume für Investitionen und wirtschaftlichen Erfolg zu gewähren? Diese Fragestellung ist sein Movens und die Quelle des überzeugenden Erfolgs.

Über die theoretischen Grundlagen des Verbandswesens in Deutschland wird nicht (mehr) intensiv in der Öffentlichkeit diskutiert. Es ist hingegen Mode geworden, den Lobbyismus der Interessenvertretungen, wie der Verbände, als einseitig und schädlich für das Gemeinwohl zu

Castendyk/Juliane Müller, Kino- und Fernsehproduktionen für Kinder und Jugendliche in Deutschland, Daten und Fakten 2005-2010, Berlin 2011, S. 42

5 *Man spricht vom Kino als 7. Kunst, danach kamen Fernsehen (8.) und Comics (9.) ,bis Computerspiele als 10. gelten wird es nicht mehr lange dauern. Vgl. Palmer, Christoph, Der Filmproduzent Carl Laemmle, Berlin 2017, S. 2*

kritisieren.[6] Diese Debatte übersieht indes mitunter auch bewusst den konstitutiven Beitrag von Verbänden und Interessengruppen für die Abwägung von Auffassungen und Überzeugungen und damit die Meinungsbildung in der Demokratie. Ein Blick auf die frühe Geschichte der Bundesrepublik Deutschland und einen ihrer wichtigen intellektuellen Anreger, Theodor Eschenburg, kann vielleicht helfen, im 21. Jahrhundert zu einer fruchtbaren, rationalen Pluralismus-Debatte in Deutschland beizutragen. Verbandsinteressen sind nicht nur legitim, sondern geradezu eine Voraussetzung der freiheitlichen Demokratie. Totalitäre und autokratische Gesellschaftsmodelle verneinen Interessenunterschiede und unterbinden oder erschweren ihre Beiträge zum Diskurs. Freilich muss der Gesetzgeber und die Exekutive immer wieder neu „vermessen", wo das Wünschenswerte mit dem Machbaren in Einklang zu bringen ist. Am Primat der Institutionen ist nicht zu rütteln!

Pluralismustheorie in der frühen Bundesrepublik Deutschland

Deutschland nach 1945 brauchte akademische Lehrer, die – nach der buchstäblichen Stunde Null, dem „finis germaniae" – den Weg des westlichen Gesellschaftsmodells weisen sollten. Der jungen und neu etablierten Politischen Wissenschaft kam zur theoretischen Fundierung und Demokratieerziehung eine besonders gewichtige Rolle zu.[7] Dabei hatte Theodor Eschenburg und seine wissenschaftlichen Politik an der Universität Tübingen in den ersten Jahrzehnten der jungen Republik eine hervorgehobene Bedeutung.[8]

Zum modernen Pluralismusverständnis der jungen Demokratie zählten neben der Rolle der Parteien nun in besonderem Maße auch die Verbände und Interessengruppen. Der aus dem amerikanischen Exil zurückgekehrte und in Berlin an der Freien Universität lehrende Ernst Fraenkel wurde – in akzentuierter Abgrenzung zu totalitären Systemauffassungen – zum Vorreiter und wichtigsten Vertreter neopluralistischer Auffassungen in der Bundesrepublik Deutschland. Fraenkel oblag mit der Zeit diesbezüglich die Rolle eines intellektuellen Antipoden zu

6 *Neu ist diese Debatte allerdings nicht. Vgl. das Standardwerk Klaus von Beyme, Interessengruppen in der Demokratie, München 1969 , S. 14ff. (das Buch ist Theodor Eschenburg gewidmet)*

7 *Vgl. dazu Bleek, Wilhelm , Geschichte der Politikwissenschaft in Deutschland, München 2001, hier Kapitel 8, S. 265-307*

8 *Selbst der erste Bundespräsident, Theodor Heuss, würdigte im Vorwort zu seinen Lebenserinnerungen die „historisch wissenschaftliche" Aufgabe, die von Hans Rothfels und Theodor Eschenburg „so fruchtbar entwickelt" wurde. Theodor Heuss, Erinnerungen 1905-1933, Tübingen 1963(4), S.9*

dem in der Weimarer Republik, der nationalsozialistischen Diktatur und auch der jungen Bundesrepublik einflussreichen Rechtsgelehrten Carl Schmitt, der für die „Einheit des Staates" stand. Die Definition von Ernst Fraenkel stand für eine grundsätzliche, andere Demokratieauffassung:

„‚Pluralistisch' besagt, daß die Interessen, d.h. die bewußt gewordenen Bedürfnisse, sich in allen faktisch zur Verfügung stehenden, verfassungsrechtlich zu lässigen bzw. garantierten Formen frei artikulieren und organisieren können, wobei die Aktivität und Rivalität konkurrierender Gruppen und koordinierender bzw. integrierender Parteien – die wiederum miteinander im Wettstreit stehen – den Willensbildungs- und Entscheidungsprozess vornehmlich auszeichnen."[9]

In der Weimarer Republik hatte Carl Schmitt hingegen unentwegt die Freund-Feind-Alternative polarisierend zugespitzt, mit der, um den früheren Direktor des Münchner Instituts für Zeitgeschichte Horst Möller zu zitieren, die „ideologische Legitimation zur physischen Vernichtung der Andersdenkenden gegeben wurde."[10]

Die junge Bundesrepublik wandte sich in der Wissenschaft und Publizistik weit überwiegend der britisch-amerikanisch geprägten Pluralismus-Theorie zu. Die Vielfalt von Interessen wurde als natürlich und legitim, der Demokratie dienend und autokratischen Bestrebungen entgegenstehend, bewertet. Mit der Pluralismus-Theorie stand im „Kalten Krieg" ein konstitutives Kennzeichen freiheitlicher Gesellschaften gegenüber dem sowjetisch geprägten Totalitarismus – auch in der DDR – zur Verfügung. Aber auch zur Abgrenzung zum gerade überwundenen Nationalsozialismus eignete sich der Pluralismus, er war Demokratie-erklärend und -begründend.

Dieses zentrale Anliegen brachte Ernst Fraenkel in seinem Hauptwerk „Deutschland und die westlichen Demokratien" auf den Nenner:

„Demgegenüber setzt sich der pluralistische Staat der westlichen Demokratien die Aufgabe, im Rahmen der bestehenden, differenzierten Gesellschaft zwischen den organisierten Gruppeninteressen einen Ausgleich zustande zu bringen, der zur Begründung eines reflektierten consensus zu führen geeignet ist. Dies setzt allerdings nicht nur voraus, daß die Interessenverbände ausreichend stark organisiert und genügend machtvoll sind, um das Denken und Handeln ihrer Mitglieder und Mit-

9 Ernst Fraenkel , zitiert nach: Steffani, Winfried, Pluralistische Demokratie, Opladen 1980, S.42f.

10 Möller, Horst, Die Weimarer Republik, Eine unvollendete Demokratie, München 2004 (7), S. 279

läufer maßgeblich zu bestimmen; es erfordert auch, daß zwischen diesen Organisationen das Minimum einer Übereinstimmung über die verpflichtende Kraft eines als gültig anerkannten Wertkodex besteht, das unerläßlich ist, um als tragfähige Basis für den Abschluß der allfälligen Kompromisse zu dienen. In einer perfekt funktionierenden pluralistischen Demokratie ebnen die Interessengruppen durch den Abschluß sozialer und ökonomischer Kompromisse den Parteien den Weg zur Erfüllung ihrer Aufgabe, bei der politischen Willensbildung des Volkes mitzuwirken."[11]

Interessant an diesen Überlegungen ist nicht zuletzt die „Vorlauffunktion", die Fraenkel – etwas idealistisch – den Interessengruppen im Vergleich zu den Parteien zuwies.

Es fällt auf, dass es in der wissenschaftlichen Befassung und publizistischen Darstellung der frühen Bundesrepublik Deutschland jedoch eben diese von Fraenkel angesprochenen „Parteien" waren, die im Vordergrund des Interesses standen. Ihnen hatte schon das Grundgesetz in Artikel 21 eine privilegierte und im Verfassungsrecht völlig neue Rolle der Mitwirkung an der politischen Willensbildung zugemessen, während sich die Interessengruppen in Art. 9 des Grundgesetzes noch eher zurückhaltend, angelehnt an die Art 124 und Art 159 der Weimarer Reichsverfassung, wiederfanden: „(1) Alle Deutschen haben das Recht, Vereine und Gesellschaften zu bilden. (3) Das Recht, zur Wahrung und Förderung der Arbeits- und Wirtschaftsbedingungen Vereinigungen zu bilden, ist für jedermann und für alle Berufe gewährleistet." [12]

Theodor Eschenburg und die Verbände

Zunehmend widmeten sich dann Autoren (Publizisten) und Wissenschaftler auch dem jungen Verbändewesen in der Bundesrepublik Deutschland. Theodor Eschenburg[13] konnte hier in dreifacher Weise beitragen:

11 *Fraenkel , Ernst, Deutschland und die westlichen Demokratien, Stuttgart u. a. 1979 (7), S. 41 f.*

12 *In der Weimarer Reichsverfassung heißt es: „Alle Deutschen haben das Recht, zu Zwekken, die den Strafgesetzen nicht zuwiderlaufen, Vereine oder Gesellschaften zu bilden." (Art.l24) sowie „Die Vereinigungsfreiheit zur Wahrung und Förderung der Arbeits- und Wirtschaftsbedingungen ist für jedermann und für alle Berufe gewährleistet." (Art.159), vgl. Die Verfassung des Deutschen Reichs vom 11 .8. 1919, Stuttgart 1964*

13 *Das Interesse an Theodor Eschenburg ist in den vergangenen Jahren wieder stark angewachsen. Vor kurzem ist eine Biographie erschienen: Vgl. Wengst, Udo, Theodor Eschenburg, Biographie einer politischen Leitfigur, 1904-1999, Berlin u.a. 2015*

Weimarer Republik
Zum ersten berichtete er als Zeithistoriker aus dem eigenen Erleben der von Interessengegensätzen und partikularen Kämpfen geprägten Wirklichkeit der Weimarer Republik.[14] Diese hatte eine förmliche Explosion der Interessenvertretungen erbracht, was mit der großen Anzahl von Parteien korrespondierte, die zum Teil ausschließlich Partikularinteressen vertraten[15]. Eschenburg selbst konstatierte: „Ihre Bedeutung nahm in der Republik noch zu, weil das parlamentarische System mit seinen unterschiedlichen Koalitionsregierungen und der Vielzahl von Parteien ihre Einflusschancen potenzierte."[16]

Die junge Republik entwickelte jedoch kein Empfinden für die Ausbalancierung divergierender Interessen, die Notwendigkeit eines maßvollen Einbringens in den politischen Diskurs bei Berücksichtigung des Gemeinwohls bzw. der Staatsräson. Das Scheitern der letzten Mehrheitsregierung 1930 unter dem sozialdemokratischen Reichskanzler Hermann Müller am Streit – um die vergleichsweise untergeordnete Sachfrage der geringfügigen Erhöhung des Beitrags zur Arbeitslosenversicherung – zwischen den Koalitionspartnern mitten in der Weltwirtschaftskrise mag als Beispiel ausreichen.[17] In Folge der vorgezogenen Neuwahlen zum Reichstag im Herbst 1930 kam es zum politischen Erdrutsch zu Gunsten der Nationalsozialisten.[18]

Die Unfähigkeit zum tragfähigen Kompromiss hatte zweifellos Anteil am Scheitern der ersten deutschen Republik geleistet. Hans Maier urteilt in diesem Zusammenhang über Weimar: „man verharrte bei einer idealisierten Vorstellung von nationaler Einheit und staatlicher Geschlossenheit, die dem nüchternen Austrag der Interessengegensätze

14 *Ursprünglich nahm Eschenburg nach dem II. Weltkrieg als Historiker einen Lehrauftrag über die Weimarer Republik an der Universität Tübingen wahr. Er publizierte wichtige Bücher über die Weimarer Republik: vgl. z.B. Theodor Eschenburg, Die Republik von Weimar, Beiträge zur Geschichte einer improvisierten Demokratie, München 1984 (frühere Ausgaben aufgreifend), oder ders., Matthias Erzberger, der große Mann des Parlamentarismus und der Finanzreform, München 1973 oder ders., Gustav Stresemann (Bildbiographie) mit Ulrich Frank-Planitz, Stuttgart 1978. Ab 1951 war Eschenburg ordentlicher Professor des neuen Faches Politikwissenschaft an der Universität Tübingen.*

15 *vgl. dazu das immer noch anschauliche Standardwerk von Sigmund Neumann aus der Endphase Weimars, Die Parteien der Weimarer Republik, Stuttgart 1977(4)*

16 *Eschenburg, Theodor, Also hören Sie mal zu, Geschichte und Geschichten, 1904-1933, Berlin 1995, S.231*

17 *Zu den Hintergründen etwa z.B. Lehnert, Detlef, Die Weimarer Republik, Stuttgart 1999, S.191 ff.*

18 *Vgl. Falter, Jürgen W., Wahlen und Wählerverhalten unter besonderer Berücksichtigung des Aufstiegs der NSDAP nach 1928, in: Bracher, Karl Dietrich/Funke, Manfred/Jacobsen, Hans-Adolf (Hrsg.), Die Weimarer Republik 1918-1933, Bonn 1998 (3), S. 484-504*

im parlamentarischen government by talking abträglich war".[19] Dieses Regierungsprinzip, aus dem englischen Parlamentarismus kommend, zielt auf die institutionalisierte Einbindung von unterschiedlichen Interessen im geregelten Diskussions- und Anhörungsverfahren. Die Unterschiedlichkeit zu gerade in Deutschland diskutierten Homogenitätsvorstellungen der Nation könnte offensichtlicher nicht sein.[20]

Zum zweiten war Eschenburg ein Praktiker: Schon in der Weimarer Republik war er in Verbänden tätig gewesen, zunächst als Referent in der Grundsatzabteilung des Vereins deutscher Maschinenbauanstalten (VDMA).[21] Dessen Geschäftsführer und spätere nationalökonomische Vordenker der „Sozialen Marktwirtschaft", Alexander Rüstow [22] wurde dort sein Mentor. An der Schnittstelle von Politik, Verwaltung, Öffentlichkeit und Interessenvertretung der eigenen Verbandsklientel verdankte er ihm vieles.[23] Es spricht einiges dafür, dass das für die Weimarer Republik höchst moderne Interessenvertretungsmodell des VDMA mit eigener Statistik, wirksamer Pressearbeit, wirtschaftswissenschaftlicher bzw. grundsatzpolitischer Abteilung die Einflussmöglichkeiten eines Verbandes in dieser Zeit extensiv ausschöpfte und Eschenburg damit auch noch im Rückblick – neben Bewunderung – die – ungenannte – Bezugsquelle für Kritik an überzogener, partikularer Interessenvertretung bot.[24]

Nationalsozialismus

Die Zeit des Nationalsozialismus hatte Theodor Eschenburg beruflich als Verbandsfunktionär verbracht.[25] Zunächst war er 1933 noch Geschäftsführer des Bundes Freier Wirtschaftspolitik, einer Vereinigung

19 Maier, Hans, Politische Wissenschaft in Deutschland, München 1969, S. 187

20 Neuerdings wurden diese Homogenitätsvorstellungen am Beispiel des „Ersatzkaisers" Hindenburg, auf den sich Sehnsüchte und Erwartungen konzentrierten , wieder anschaulich herausgearbeitet bei Pyta, Wolfram, Hindenburg, Herrschaft zwischen Hohenzollern und Hitler, München 2007

21 Vgl. Eschenburg, Also hören Sie mal zu, a. a .0., S. 231

22 Eine persönliche Würdigung von Alexander Rüstow durch Theodor Eschenburg findet sich in der Vorrede zu seinem Vortrag beim VDMA-Hauptvorstand an lässlich der Verleihung von dessen Bernhard-Weiss-Plakette, Frankfurt 1987, S. 9 und I0, später ist der Vortrag ohne diese Würdigung erschienen in veränderter und erweiterter Form: Eschenburg, Theodor, das Jahrhundert der Verbände, Lust und Leid organisierter Interessen in der deutschen Politik, Berlin 1989

23 Eschenburg, Also hören Sie mal zu, a. a. O. S. 235ff.

24 Vgl. dazu Eschenburg, Theodor, „Politik und Industrieverbände seit der Gründung des VDMA", Verband Deutscher Maschinen- und Anlagenbau (Hrsg.), Frankfurt a. M. 1968

25 Dazu im Zusammenhang: Eschenburg, Theodor, Letzten Endes meine ich doch, Erinnerungen 1933-1999, Berlin 2000, Kapitel II, S. 57-82

unterschiedlicher Wirtschaftsverbände zur Exportförderung, geworden.[26] Freilich löste sich der Verein im Wege der Gleichschaltung rasch auf. Im selben Jahr wurde er dann Geschäftsführer von Verbänden der Kleinindustrie (Knöpfe, Reißverschlüsse, Zelluloidwaren, Taschenlampen, Batterien und anderes), von ihm selbst wurde diese Tätigkeit als „Kartellgeschäftsführer" bezeichnet.[27] In diesen Wirkungsbereichen fand Eschenburg im „Dritte Reich", sozusagen in einer „Spezialitäten-Nische" des wirtschaftspolitischen Lebens, sein Auskommen.

Erst jüngst ist die von Eschenburg selbst zurückhaltend geschilderte Zeit der zwölf Jahre zwischen 1933 und 1945 Gegenstand von kritischen Analysen geworden.[28] So hat Rainer Eisfeld sich unter Einbezug neu erschlossener Akten aus dem Reichswirtschaftsministerium mit der Rolle Eschenburgs in „Arisierungsfragen" beschäftigt und zugleich die verbandliche Tätigkeit in der bisherigen Überlieferung als unvollständig bewertet.[29] Anne Rohstock hat weitergehende Beispiele für Theodor Eschenburgs unrühmlichen Beitrag bei „Arisierungen" ermittelt, vor allem im internationalen Kontext.[30] Die Deutsche Vereinigung der Politikwissenschaftler beschloss 2013 die Vergabe ihres Theodor-Eschenburg-Preises für ein wissenschaftliches Lebenswerk einzustellen.[31] Freilich gibt es auch zahlreiche Vertreterinnen und Vertreter aus Wissenschaft und Publizistik, die Eschenburg – zum Teil mit großer Vehemenz – verteidigen.[32] Die Diskussion um Theodor Eschenburgs Verhalten im III. Reich und seinen Umgang damit nach 1945 wird weitergehen.[33]

26 *Ebd., S. l4*

27 *Ebd., S.18*

28 *Selbst der Eschenburg wohlwollend gegenüberstehende Biograph Udo Wengst spricht von der Ausblendung bestimmter Aspekte seiner Vergangenheit. Vgl. Wengst , a.a.O., S. 115*

29 *Als Beispiel für mehrere Beiträge aus seiner Feder siehe Eisfeld, Rainer, Theodor Eschenburg: Übrigens vergaß er noch zu erwähnen, Eine Studie zum Kontinuitätsproblem in der Politikwissenschaft, in: Zeitschrift für Geschichtswissenschaft, 59 Jg., 2011, Heft 1 ,S. 27-44*

30 *Rohstock, Anne, Eschenburg: Vom Anti-Parlamentarier zum „kalten Arisierer" jüdischer Unternehmen in Europa,in: Vierteljahreshefte für Zeitgeschichte, 63. Jg, ,2015, Heft 1, S. 33-58*

31 *Vgl. „Augenwischerei", Unsere Politologen: Der Theodor-Eschenburg-Preis wird abgeschafft, in: FAZ, 29.10.2013*

32 *Vgl. den instruktiven Überblick bei Rohstock, a.a.O., S. 34 und FN 8*

33 *Ein Sammelband faßt den bisherigen Diskussionsstand ganz aktuell zusammen: Vgl. Eisfeld, Rainer (Hrsg.), Mitgemacht, Theodor Eschenburgs Beteiligung an „Arisierungen" im Nationalsozialismus, Wiesbaden 2016*

Verbändetheorie

Zum dritten avancierte er zum Wegbegleiter, nachdrücklicher Mahner vor Missständen und Fehlentwicklungen, aber auch prinzipieller Verfechter der Legitimität von Interessengruppen und ihrer Bedeutung für die Demokratie in den 50er und 60er Jahren des 20. Jahrhunderts. Dabei nahm Theodor Eschenburg wiederholt grundsätzlich zum Pluralismus Stellung: „Wo mehrere rivalisierende Machtzentren nebeneinander bestehen, spricht man von Pluralismus, vom pluralistischen Staat oder pluralistischer Gesellschaft. In jeder freien Gesellschaft gibt es rivalisierende Machtzentren, jede freie Gesellschaft ist daher pluralistisch."[34] Die zentrale Rolle der Verbände und Interessengruppen war deshalb zwangsläufig für ihn evident, jedoch klingt auch Skepsis an.

Der frühe Eschenburg offenbarte noch deutlich die Sehnsucht nach Homogenitätsvorstellungen des „starken Staates", wenn er von der „einheitsstiftenden" Staatsordnung spricht:

„In der Demokratie bestimmt die pluralistische Gesellschaft über ihre Verbände die einheits- und ordnungsstiftende Staatsordnung. (...) Ihr einheits- und ordnungsstiftendes Gegengewicht ist jedoch relativ schwach. Die Staatsgewalt stützt sich auf diese mehr oder minder labilen Verbände, die sie gleichzeitig bändigen soll, um einen Krieg aller gegen alle zu verhindern."[35]

Kritisch ließe sich einwenden, dass die Staatsauffassung Eschenburgs einer autoritär geprägten Einstellung folgte, die sich bei ihm schon in der Weimarer Republik ausprägte.[36] Positiv ausgedrückt kann man freilich auch zum Ergebnis kommen, dass er als Lehre aus dem Scheitern der Weimarer Republik und dem Totalitarismus des III Reiches einen wehrhaften und demokratischen Rechtsstaat mit Autorität befürwortete. Der Zeitgenosse Eschenburgs und Lehrstuhlinhaber für Politikwissenschaft in Heidelberg, Dolf Sternberger, hat es freilich schon als vornehme Aufgabe des Verfassungsstaates betrachtet, nicht auf Einheit abzuzielen, aber doch „Einigung zu ermöglichen."[37] In der Betonung der Akzeptanz der demokratischen Spielregeln, wie des Mehrheitsprinzips und des Minderheitenschutzes waren sich die beiden großen Demokratielehrer dann wieder einig.

34 Eschenburg, Theodor, Staat und Gesellschaft in Deutschland, Stuttgart 1956(2), S. 281

35 Ebd., S.281f.

36 Vgl. Rohstock, a.a.O. S. 45ff.

37 Sternberger, Dolf, Herrschaft und Vereinbarung, Frankfurt a.M. 1986, S. 228

Eschenburg dachte, obgleich in vielen Einzelfragen ein Liberaler, durchgehend vom Staate her. Er bilanzierte nüchtern: „Wir haben einen traditionslosen Staat. Er muss sich erst wieder Respekt erwerben, nämlich durch Parlament, Regierung und Verwaltung.“[38] Für die Verbändeforscher Ulrich von Alemann und Rolf G. Heinze erkannte Eschenburg zwar den Verbandseinfluss grundsätzlich an, aber hat doch „die Auflösung des Staates als ein Menetekel an die Wand geschrieben.“[39] Treffend charakterisiert das jüngst der Journalist und Publizist Willi Winkler: “Das Abstraktum Staat war Theodor Eschenburg immer heilig.“[40]

In der häufig politisch oder publizistisch vereinfachend und pauschalierend vorgenommenen Etikettierung als Konservativer, Liberaler oder Progressiver wird eben manches übersehen. Es waren gerade die Ordoliberalen, die in der „Freiburger Schule“ das Konzept der „Sozialen Marktwirtschaft“ entwickelten, das nach dem II. Weltkrieg so wirkungsmächtig werden sollte und die die wichtige, auch regulierende Funktion des Staates vertraten.[41] Eschenburgs Mentor, Alexander Rüstow, rechnete zu ihnen.[42] Den Staat schwach, wirkungs-, gar bedeutungslos zu sehen, war unbedingt zu vermeiden. Erst durch den ordnenden Staat entfaltet sich überhaupt Freiheit, das war ihre tiefe Überzeugung.

Dieser Einsatz für den Staat schien Eschenburg stets erforderlich, um die zweite deutsche Demokratie zu festigen und in die Lage zu versetzen, ihren Gegnern Stand zu halten. Bei einem Vortrag vor dem Bundeskongress der Gewerkschaft ÖTV brachte der Tübinger Professor das 1964 auf den Nenner: „ein berühmter Jurist, ein Mann des bürgerlichen Rechtes (hat) das Wort gesagt: ‚Die unerträglichste Form des Staates ist die Abwesenheit des Staates.‘ Das heißt, die formale Existenz ohne die Wirkungskraft des Staates. Das ist völlig richtig. Das ist nämlich das Chaos.“[43]

38 Eschenburg, Theodor, Herrschaft der Verbände?, Stuttgart 1956(2), S. 86

39 Alemann, Ulrich von/Heinze, Rolf G. (Hrsg.), Verbände und Staat, Vom Pluralismus zum Korporatismus, Analysen, Positionen, Dokumente, Opladen 1981, S. 15

40 Winkler, Willi, Reißverschluss durch vier Systeme, Neues über den Verfassungsrechtler Theodor Eschenburg, der mit den Nazis kollaborierte, aber später Demokratie lehrte, in: Süddeutsche Zeitung, 13.1.2015

41 Vgl. dazu als Überblick: Rüther, Günther (Hrsg.), Soziale Marktwirtschaft, Entstehung, Grundlagen, Instrumente, ein Arbeitsbuch, Wesseling 1992

42 interessant z.B. sein „dritter Weg“ der planvollen Eingriffe des Staates in das Marktgeschehen , vgl. Alexander Rüstow, Liberale Interventionen , in: Ludwig-Erhard-Stiftung (Hrsg.), Grundtexte zur Sozialen Marktwirtschaft, Stuttgart u. a. 1981, S. 221-225

43 Eschenburg, Theodor, Interessenkonflikte im modernen Staat, Vortrag auf dem 5. ordentlichen Gewerkschaftstag der Gewerkschaft Öffentliche Dienste, Transport, Verkehr, Dortmund Juli 1964, abgedruckt im Tagesprotokoll 6. Tag, 3. Juli, S. 302-323, hier S. 304

Sicherlich war das eigene biographische Erleben dafür maßgeblich. Noch einmal durfte staatliche Autorität nicht verfallen, der Diktatur und Gewaltherrschaft weichen. Bei einem Vortrag 1956 formulierte er die Problematik so: „Wir fragen uns aber einen Moment, wie in diesem, zumindest für einen Politiker oder Funktionär kaum mehr überschaubaren Komplex von Partei- und Interessenverbänden noch Platz für einen Staat sein sollte, der in der Lage wäre, über diesen stehend den Kampf aller gegen alle zu hindern."[44] Hier zeigte Eschenburg gegenüber den Liberalen die Grenzen pluralistischer Gesellschaftsgestaltung auf.

Charakteristisch ist schließlich eine Formulierung, die er – schon in fortgeschrittenem Alter – 1987 – hier nun gegenüber den Spätfolgen der 68er Bewegung – verwendete: „Aber für manche ist letztlich das Ziel die Demontage des Staates, die herrschaftsfreie Gesellschaft. Ob man nun das Wort Staat, das vielen peinlich klingt, benutzt oder ein anderes, die Gesellschaft ist ohne eine für Ordnung, Wohlfahrt und Sicherheit sorgende Instanz nicht lebensfähig. Die Demokratie schwebt ja nicht in einem luftleeren Raum, sie ist dazu da, die unentbehrlichen Funktionen für die Gesellschaft auszuüben."[45] Hier argumentierte er wieder ganz ähnlich wie der große Pluralismuslehrer Ernst Fraenkel, der sich bitter mit der Studentenbewegung an den Hochschulen auseinandersetzte. [46]

Pluralistisches Konkurrenzmodell der Demokratie

Die Einstellung Eschenburgs gegenüber den Interessengruppen in den Jahrzehnten seines Schaffens wird durchaus widersprüchlich beurteilt.. Er selbst verteidigte sich anfänglich gegen der Vorwurf, ein Gegner der Verbände zu sein.[47] Das frühe Bild Eschenburgs hat die 1956 erschienene Schrift „Herrschaft der Verbände?" maßgeblich geprägt.[48] Mit einer Vielzahl von konkreten Beispielsfällen der Ämterpatronage und des missbräuchlichen Verbandseinflusses in Kommunen, Ländern und dem Bund der frühen Bundesrepublik stellte Eschenburg den unziemlichen Einfluss der Interessengruppen dar und warnte vor den Folgen für die junge Demokratie. Übrigens verschonte er dabei auch die Kirchen, die

44 *Eschenburg, Theodor, Staat und Verbände, in: Die freie Wohnungswirtschaft, 11. Jahrgang, Heft 1/1957, S.2-9., hier S.3*

45 *Eschenburg, Theodor, Reden über das eigene Land : Deutschland 5, München 1987, S. 80*

46 *Vgl. Bleek, a.a.O., S. 281*

47 *Vgl. Eschenburg, Theodor, Zur politischen Praxis in der Bundesrepublik, Kritische Betrachtungen 1961 -1965, Band II, München 1966, Die Verbände, S. 167-186, hier S. 167*

48 *Eschenburg, Herrschaft der Verbände?, a. a. O.*

ihre spezifischen Interessen ausgreifend vertraten, nicht von Kritik, zumal sie für ihn zur Sphäre der Interessengruppen rechneten.

Den „späten" Eschenburg sah man – ausgedrückt etwa durch das Bändchen „Das Jahrhundert der Verbände",[49] bezeichnender Untertitel: Lust und Leid organisierter Interessen in der deutschen Politik – wohl eher als ausgewiesenen Kenner und Künder des neokorporatistisch angehauchten Interessenverflechtungsmodell der reifen Bundesrepublik Deutschland. Beides wird ihm – jedenfalls in dieser Pauschalität – aber nicht gerecht.

Letztlich warb er immer für das Primat des Gemeinwohls, dass das „Ganze" im Vordergrund der politischen Gestaltung zu stehen habe. Die Balance zwischen Gemeinwohl und Gruppeninteressen beschäftigte ihn fortgesetzt. Charakteristisch für ihn ist eine Formulierung, die die Notwendigkeit zum Ausgleich – sehr kantianisch – wie folgt beschreibt: „Es handelt sich einfach darum, dass nur die Interessen und nur in dem Umfang vertreten werden, als sie am Gemeinwohl gerechtfertigt werden können, nämlich am Wohlsein des Ganzen. Daraus ergibt sich eine sehr einfache Umkehrung.

Man kann nur solche Interessen und in solchem Umfang vertreten, wie man sie anderen nicht verargen würde, wenn sie sie verträten."[50]

Eigentlich musste ihn als Vertreter des pluralistischen Konkurrenzmodells der Demokratie der Wettbewerb der Verbände untereinander nicht beunruhigen. Vor dem Hintergrund, dass dieser Wettbewerb freilich die Erwartungs- und Anspruchshaltung an den Staat insgesamt ausdehnt, sah er ihn durchaus kritisch.[51] Besorgt fragte er rhetorisch: „Kann der Staat diesen Verbandsegoismus mit dessen steigender zentrifugalen Wirkung auf die Dauer ertragen?"[52]

Der Zeithistoriker konstatierte durchaus manche historische Zwangsläufigkeit: „Dieser Partikularpatriotismus, der Drang, die partikularen Interessen zum Maßstab und zur Maxime der Staatspolitik zu erheben, ist wahrscheinlich einmal mehr eine Folgeerscheinung des totalitären Regimes, aber doch auch eine Erscheinung der modernen Massengesellschaft, in der wir uns erst zurechtfinden müssen."[53]

49 Eschenburg, Das Jahrhundert der Verbände, a .a .0.
50 Eschenburg, Zur politischen Praxis II , a. a. 0., S. 181
51 Eschenburg, Staat und Verbände, a. a. 0., S. 8
52 Ebd., S.5
53 Eschenburg, Zur politischen Praxis, II , a. a. 0., S. 185

Demokratische Streitkultur

Eine demokratische Streitkultur war gerade in den ersten Jahrzehnten der Bundesrepublik nicht weit entwickelt. Kurt Sontheimer sprach, längere historische Entwicklungslinien aufgreifend, von dem „Unvermögen der meisten Deutschen, im begrenzten und geregelten Konflikt ein Mittel produktiver Gesellschaftsgestaltung zu erblicken" als von der „Tradition der Konfliktscheu".[54] Der große liberale Soziologe Ralf Dahrendorf, hat das spezifisch Deutsche an Konfliktvermeidung und Harmoniesehnsucht in seinem Hauptwerk „Gesellschaft und Demokratie in Deutschland" benannt und auf den im Kern „illiberalen Grundzug einer solchen Ideologie"[55] verwiesen. Natürlich spielt hier der große Philosoph der Deutschen, Georg Wilhelm Friedrich Hegel und seine Staatsdoktrin eine nicht zu unterschätzende Rolle. Seine Überhöhung des Staates, verkörpert im „absoluten Geist", dem das Individuum unterworfen ist, war für die Geistesgeschichte folgenreich.[56] Hegel spricht von der „Sittlichkeit des Staatsganzen" und folgert, daß „der einzelne durch absolute Selbstaufopferung gegenüber dem Staat zur Sittlichkeit gelangt".[57] Staat und Bürger sind eine harmonische Einheit, „die Hegel als eine organische versteht."[58]

Die Pluralismus-Befürworter um Ernst Fraenkel hielten demgegenüber prinzipiell eine „harmonische Gesellschaft ... weder für realistisch noch überhaupt für wünschenswert."[59] Theodor Eschenburg war trotz allem Liebäugeln mit Hegel auch kein Harmonisierer. Er sprach Konflikte und gesellschaftliche Fehlentwicklungen offen an, benannte Missstände und Skandale, unabhängig von Parteilichkeit. Geradezu legendär war auch seine intellektuelle Bindungswirkung in ganz unterschiedliche politische Lager. Beherzt setzte er sich immer wieder für abweichende Auffassungen ein.[60] Klaus von Beyme brachte das in seinem Eschenburg gewidmeten Vorwort zu seinem Buch „Interessengruppen in der Demokratie" zum Ausdruck: „Eschenburg hat mir in einer konfliktreichen Zeit in Tübingen ... gezeigt, dass man unterschiedliche Auf-

54 *Sontheimer, Kurt, Grundzüge des politischen Systems der Bundesrepublik Deutschland, München 1986 (11), S. 110*

55 *Dahrendorf, Ralf, Gesellschaft und Demokratie in Deutschland, München 1965, S. 155*

56 *Vgl. Bracher, Karl Dietrich, Zeit der Ideologien, Stuttgart 1985(2), S. 124*

57 *Otto Kimminich, Staat, in: Gutjahr-Löser, Peter/Hornung, Klaus (Hrsg.), Politisch-Pädagogisches Handwörterbuch, München 1985(2), S. 444-449, hier S. 447*

58 *Baruzzi, Arno, Hegel, in: Rausch, Heinz (Hrsg.), Politische Denker III, München 1981(6), S. 33-59, hier S. 51*

59 *Jesse, Eckhard, Literaturführer: Parlamentarische Demokratie, Opladen 1981, S. 34*

60 *Vgl. Wengst, a.a.O., S. 187ff.*

fassungen in Wissenschaft, Politik und Hochschulpolitik offen und sogar scharf diskutieren und dennoch in Toleranz und Loyalität zusammenarbeiten kann. Eschenburgs Offenheit und Fairneß sind gelebter Pluralismus, der glaubwürdiger ist als die Lippenbekenntnisse vieler Pluralismustheoretiker."

Personalauswahl in der Demokratie

Daneben beschäftigte Eschenburg wiederholt auch die für die Demokratie zentrale Frage nach ihrer Personalrekrutierung. Idealistischen Vorstellungen von der Demokratie als einer „Qualitätsauslese"[61] begegnete er skeptisch. Offen bemerkte er: „hier liegt wirklich einer der großen Mängel der modernen Demokratie, daß es im Grunde eine demokratische Qualitätsauslese der Abgeordneten, aus deren Kreis das Regierungspersonal hervorgeht, nicht gibt."[62] Es gibt das zutreffende Wort, die Achillesferse der Demokratie sei die Personalauswahl. Diese hatte er stets im Blick, wobei weniger bezogen auf die qualitativen Aspekte, sondern vielmehr im Hinblick auf die Unabhängigkeit und Ausgewogenheit des Führungspersonals.[63] Seine immer wieder aufblitzende Strenge in der Beurteilung der politischen Elite der Republik war insbesondere auf die Aspekte „Unabhängigkeit" im Regierungs- und Verwaltungshandeln und Beachtung des „demokratischen Werkzeugkastens des Regierens" ausgerichtet. Ein Patentrezept für die richtige Personalauswahl hatte er nicht anzubieten. Letztlich baute er auf die Einübung der demokratischen Gepflogenheiten sowie Mut und Zivilcourage der Akteure.[64]

Wirkung und Methode

Ohne Zweifel trug Eschenburg auf seine unnachahmlich praktische Art viel dazu bei, der Konkurrenztheorie der Demokratie Farbe und Plausibilität zu verleihen. Einer seiner wichtigen Adepten, Friedrich Karl Fromme von der FAZ urteilte zum 100. Geburtstag: „Eschenburg fasste seine Aufgabe ganz praktisch auf: Er lehrte anschaulich, wie Demokratie funktioniert, nach geschriebenen, aber auch nach von der Praxis immer wieder modifizierten Regeln.[65] Das Katheder verließ er nur zu gerne, um auf öffentlichen Foren, in der Publizistik oder bei Verbands-

61 Eschenburg, Zur politischen Praxis II, a.a.O., S. 77
62 Ebd., S. 78
63 Vgl. Eschenburg, Staat und Gesellschaft, a.a.O., z.B. S. 515, 517, 519, 529
64 Ebd.
65 Fromme, Friedrich Karl, Beamter im Ruhestand wurde er nie, Zum hundertsten Geburtstag von Theodor Eschenburg, in: FAZ Nr. 248/2004, 23.10.2004, S. 36

tagungen für die Mitwirkung von Verbänden und Interessengruppen und ihre Anliegen zu werben.

Zum kritiklosen Missionar von Verbandsstaat und Verbandseinfluss wurde er dabei nie. Bei aller grundsätzlichen Zustimmung zur bedeutsamen Rolle der Interessengruppen im pluralistischen Staat war er ein unablässiger Mahner, benannte Missstände, entwickelte Verbesserungsvorschläge, nahm die Verbände selbst in die Pflicht.

Die Themenpalette dabei war breit, in seiner frischen, plastischen Sprache, verwob er lebensnah Theorie und Praxis. Hans Peter Schwarz bescheinigte beim Erinnerungs-Symposium der Universität Tübingen im Jahre 2000, dass „die junge Bundesrepublik in Theodor Eschenburg den zeitgeschichtlich kundigen, scharf argumentierenden Politologen (besaß), der die neuesten Entwicklungen einschließlich aller Mini-Krisen und Gefährdungen der Bonner Demokratie in die größeren verfassungspolitischen Zusammenhänge zu rücken verstand, der mit präzisem, anschaulich vorgetragenem, selbst erlebtem zeitgeschichtlichen Wissen ausgestattet, institutionelle Empfehlungen aussprach und der bestimmte Politiker heftig kritisierte.“[66]

Die farbige Vielfalt der Argumentation Eschenburgs, die ganz unterschiedliche Fachgebiete fast spielerisch in Vortrag bzw. Text integrierte, machte Eindruck. Der reiche Fundus von Beispiels- und Bezugsfällen aus Antike, früher Neuzeit, dem Kaiserreich oder der Weimarer Republik zeugte von einem breiten historischen Fundament, das ihm als schier unerschöpfliche Fundgrube zur Verfügung stand. Für ihn war Urteilsfähigkeit Voraussetzung jeder Meinungsbildung, und dazu wollte er, der Praeceptor Germanie[67] – wie er später genannt wurde – unermüdlich beitragen.

Theodor Eschenburg schreckte auch der Gang in die „Höhlen der Löwen“ zur Erläuterung seiner Überzeugungen nicht. Berührungsängste sind nicht zu diagnostizieren. Er sprach vor dem Beamtenbund wie vor dem DGB, bei Stiftungen und Parteien, in der Erwachsenenbildung wie bei Preisverleihungen.

66 Schwarz, Hans-Peter, Theodor Eschenburg und die Zeitgeschichte, in : Eberhard-Karls-Universität Tübingen , Symposium zu Ehren von Prof. Dr. Theodor Eschenburg (1904-1999), 27. Oktober 2000, Tübingen 2002, S. 13-24, hier S. 21

67 So auch die Überschrift einer Geburtstagslaudatio von Ralf Dahrendorf, in : Die Zeit vom 26. Oktober 1984 anlässlich seines 75. Geburtstages, abgedruckt in: Theodor Eschenburg (1904-1999), Tübinger Perspektiven, Katalog zur Ausstellung anlässlich seines I 00. Geburtstages, Tübingen 2004, hier S. 97

Aufschlussreich und durch die historische Einordnung sehr typisch für den beherzten Gelehrten ist etwa, was er Kritisches zur ärztlichen Standesorganisation und mancher „Grenzüberschreitung“ beispielsweise im Rückblick auf die dritte Legislaturperiode 1957-1961 des Deutschen Bundestages den Zahnärzten bei einer Tagung 1974 vortrug: „Die Auseinandersetzung um die Reform der Krankenversicherung (war) der am größten angelegte und härteste Kampf eines Standes in der mehr als hundertjährigen deutschen Staatsgeschichte. Die Aktion gegen die Krankenkassenreform mußte als strategische und taktische Meisterleistung eines berufspolitischen Verbandes angesehen werden. Ihre Kompetenzen als öffentlich-rechtliche Körperschaften hatte die kassenärztliche Bundesvereinigung ungehemmt weit überschritten.“[68] Solcherlei ungeschminkten Rückblick unternahm er, um die Mitglieder auf „Maß und Mitte“ in anstehenden Auseinandersetzungen einzustimmen.[69]

Irrtümer und Vorausgedachtes

Nicht verschweigen sollte man freilich, dass manche der Vorschläge, z. T. auch nur ausführlich referierten Diskussionen, Eschenburgs im Rückblick ziemlich anachronistisch und überholt erscheinen: Dazu zählen – demokratietheoretisch höchst problematische – Überlegungen zu einer dritten Kammer zu gelangen (neben Bundesrat und Bundestag), einer „berufsständisch zusammengefasste Körperschaft, die ähnliche Befugnisse wie der Bundestag haben müßte, um verantwortlich mitwirken zu können.“[70]

Das Plädoyer für ein striktes Verbot der Interessensbetätigung über der Verbände „eigentliches Gebiet“ hinaus,[71] gehört ebenso dazu wie Überlegungen zumindest der Ministerialbürokratie im Hinblick auf ihre Unabhängigkeit das passive Wahlrecht zu nehmen.[72] Zu diesen Vorschlägen ist ebenfalls die Anregung zu rechnen, die Beförderung der Beamten der ausschließlichen politischen Entscheidung zu entziehen

68 Eschenburg, Theodor, Die Selbstverwaltung in den Heilberufen – Leistung, Kritik, Reformansätze, in: Rheinisches Zahnärzteblatt, Sondernummer September 1974, S. 16-24, hier S. 20

69 Ebd., S. 24

70 Eschenburg, Staat und Verbände, a. a. O., S.3

71 Eschenburg, Theodor, Interessengruppen im Machtprozess, in: Arbeitsgemeinschaft Selbständiger

Unternehmer ASU (Hrsg.), o .O., 1959, Die Aussprache, S. 361-365, hier S. 364

72 Eschenburg, Zur politischen Praxis II, a. a. O., S. 179

und das diesbezügliche Vorschlagsrecht einem Beamtenkollegium zu übertragen.[73]

Andere Aspekte, die bis heute aktuell sind, teilweise aber selbst jetzt noch nicht ernsthaft erwogen werden, nahm Eschenburg hellsichtig vorweg. So reflektierte er wiederholt über die Möglichkeiten und Erfordernisse zu einer wirksamen Verbandsaufsicht zu gelangen.[74] Angesichts des bürokratischen Aufwands und der schwierigen effektiven Beaufsichtigung in der Praxis agierte er hier jedoch sehr zögerlich.

Für die öffentlich-rechtlichen Rundfunkgremien schwebte ihm eher ein parlamentarisches als das auch heute noch praktizierte, ständisch-politische Aufsichtssystem vor.[75] Besonders weitreichend, detailliert und zeitgemäß erscheinen seine Überlegungen zur Abgeordnetenkontrolle. Er schlug vor im Wahlgesetz für Kandidaten die Registrierpflicht und Offenlegung aller ihrer Verbandszugehörigkeiten, inclusive finanzieller Entlohnungen vorzusehen, die jeweils zu den folgenden Wahlen gegenüber der zuständigen Wahlbehörde zu aktualisieren seien.[76]

Gemeinhin gilt der damalige CDU-Generalsekretär Heiner Geißler in den 70er Jahren in der praktischen Politik[77] als Entdecker der „neuen sozialen Frage."[78] Er warf die Unfähigkeit zur wirksamen Interessenvertretung unorganisierter Minderheiten wie von Behinderten, Alten oder Arbeitslosen auf. Tatsächlich hat Eschenburg schon 1964 auf diesen Sachverhalt hingewiesen: „Es gibt auch manche Interessen, die nicht mit Nachdruck vertreten werden, weil hinter ihnen keine mächtige organisatorische Kraft steht und sie daher vernachlässigt werden."[79]

Einflussnahme auf die Verwaltung

Der Einfluss der Verbände auf die Parteien stimmte Eschenburg weit weniger besorgt als derjenige auf die staatliche Verwaltung, die Bürokratie. Wieder dachte er von der Stabilität des Staates und seiner Institutionen aus. Die Parteien als gegebene Mittler des politischen Betriebs, als Motor und Katalysator, als Bestandteil der Interessenkämpfe sah er

73 *Eschenburg, Herrschaft der Verbände?, a.a.O., S. 55*
74 *Eschenburg, Zur politischen Praxis II, a.a.O., S. 172*
75 *Ebd., S. 175*
76 *Ebd., S. 177*
77 *In der Wissenschaft waren schon in den USA seit den 60er Jahren Fragen nach der Interessenvertretung der Unorganisierten aufgekommen, Vgl. von Alemann/Heinze, a.a.O., S. S. 17ff.*
78 *Vgl. Geißler, Heiner, Die Neue Soziale Frage, Armut im Wohlfahrtsstaat, Die Übermacht der Organisierten, Rentner haben keine Lobby, Freiburg i.Br. 1977 (2)*
79 *Eschenburg, Zur politischen Praxis II, a. a. O., S. 175*

zwangsläufig auch als Interessenorganisationen. Die Wechselwirkungen zwischen Parteien und Interessengruppen schienen ihm unvermeidlich und in der Demokratie zwangsläufig angelegt. Da er Parteien und Staat nie gleichsetzte oder verwechselte, verlief für ihn die Grenze eben gerade nicht bei der Einflussnahme auf die Partei, sondern bei der Einflussnahme auf die Administration.[80] Partei und Verband sah er gleichermaßen als Interessenorganisationen. Die Partei schien ihm jedoch klarer überwacht: „über die Parteitreue jedoch wachen die Fraktionen, der Parteivorstand und die Wahlkreisorganisation, über die Institutionenbewahrung aber wacht praktisch kaum jemand, es sei denn, es handelt sich um eine handgreifliche Verletzung von Verfassung und Gesetz."[81]

Es ist hier nicht der geeignete Platz, um das Bürokratie- und Beamtenbild von Theodor Eschenburgs ausführlich vorzustellen. Im Gegensatz zu anderen Politikwissenschaftlern hat er die Wichtigkeit und Bedeutung der Administration stets hervorgehoben.[82] Einschlägige Publikationen hat er auch dazu verfasst. Ein Aspekt, der maßgeblich für das Gesamtthema ist, kann freilich nicht unerwähnt gelassen werden: Ein steter und besonders ärgerlicher Anstand war ihm die konstante, meist verdeckt wahrgenommene Einflussnahme auf die Verwaltung. Das konnte von der Mitgestaltung der sog. Referentenentwürfe, über die Mitarbeit an Gesetzestexten bis zur Konkretisierung in Ausführungserlassen von Gesetzen reichen. Er benannte gleichermaßen die mitunter rüden Methoden, die Verbände anwendeten, um zum Ziel – wirksamen Verbandseinfluss – zu gelangen.[83]

Die Durchdringung der Bürokratie mit Verbandsvertretern war dann sozusagen die sichtbare „Spitze des Eisbergs". Energisch wehrte sich Eschenburg gegen ein Verflechtungsmodell von Verbands- und Verwaltungsfachschaften, den sog. „Fachbruderschaften", die unter dem Vorzeichen des Experten- bzw. Spezialistentums ihre partikularen Interessen durchzusetzen bestrebt sind. Die Besetzung der Ministerien mit verbandlichen Interessenvertretern, die spiegelbildliche Abbildung der Verbände in Sachgebieten der Ministerien attackierte er. Die Politisierung der Beamtenschaft lehnte er nachdrücklich ab und die politischen

80 Anschaulich dazu: Eschenburg, Staat und Verbände, a. a. O., S. 4

81 Eschenburg, Herrschaft der Verbände?, a. a. O., S. 66

82 Exemplarisch dafür die zustimmende Zitierung von Max Weber, dass Herrschaft des Alltags primär Verwaltung sei, in: Eschenburg, Herrschaft der Verbände, a. a. O., S. 12

83 In einer seltenen Äußerung bescheinigte er den Verbänden freilich auch mit ihren Stäben zur öffentlichen Kontrolle von Bürokratie beizutragen, vgl. Eschenburg, Staat und Gesellschaft, a. a. O., S. 720

Beamten – die jederzeit zu entlassen bzw. in den Ruhestand zu versetzen waren – fanden seine Zustimmung nicht.[84]

Die Verbandsämterpatronage sah er für bedrohlicher an als die Parteiämterpatronage des öffentlichen Dienstes.[85] Das Kernproblem der Patronage wurde auch hier vom Staat her benannt: „Die Ämterpatronage zersetzt außerdem die Staatsgesinnung und Amtshaltung der Staatsbediensteten und veranlaßt die Bevölkerung, der Gerechtigkeit und Objektivität der Verwaltungstätigkeit zu misstrauen. Sie beeinträchtigt also die Staatsautorität."[86]

Eschenburg argumentierte in seinen Vorschlägen zur Eindämmung dieser Patronage-Politik wieder sehr praktisch: Einer seiner Empfehlungen, die Aufgabengebiete von Beamten von Zeit zu Zeit zu ändern, und Rochaden in den Behörden zu veranlassen, ist heute vielfach gängige Verwaltungspraxis geworden.[87]

Im Grunde huldigte er dem britischen Civil-Service-Commission-Modell, also einer fachlich versierten, unparteiischen, dem Staatswohl alleine verpflichteten Beamtenschaft, die das Ganze repräsentiere und unabhängiger Schiedsrichter und Schlichter sowie unparteiischer Berater der jeweils Regierenden sein müsse. Personalveränderungen im Beamtenapparat nach Regierungswechseln unterblieben.[88] Für ihn war dieses Modell der Entpolitisierung der Beamtenschaft nichts weniger als „undoktrinär und phantasievoll eine neue Form der Gewaltenteilung".[89]

Pflege der Institutionen

Sein unbedingter Einsatz, den Staat und seine Repräsentanten zu zähmen, an Verfassung und Recht zu binden, Machtmissbrauch und dessen Folgen zu benennen und zu ahnden, ist eine Konstante seiner wissenschaftlichen, publizistischen und seiner Vortragstätigkeit. Man darf ihm bescheinigen, dass das, was er beanstandete oder zur Verbesserung anmahnte, er zum Schutz bzw. der Immunisierung der jungen Demokratie, unternahm.

84 Eschenburg, Herrschaft der Verbände?, a. a. O., S. 55
85 Eschenburg, Theodor, Ämterpatronage, Stuttgart 1961, S. S. 66ff.
86 Eschenburg, Staat und Gesellschaft, a. a. O., S. 708
87 Eschenburg, Zur politischen Praxis II , a. a. O., S. 179
88 Eschenburg, Theodor, Spielregeln der Politik, Beiträge und Kommentare zur Verfassung der Republik, Stuttgart 1987, S. 309ff.
89 Eschenburg, Herrschaft der Verbände?, a. a. O., S.10f.

Ein verlässliches Regelwerk für die Abläufe und deren Akzeptanz durch die Staatsbürger waren ihm zum Funktionieren der Demokratie ganz unverzichtbar. Hierbei war er sehr formal. Das staatliche Regularium habe sowohl die Regierenden wie die Regierten zu binden. Wo er kritisierte, warnte oder Reformvorschläge unterbreitete, tat er dies nicht zuletzt vor dem Hintergrund der erheblichen Sorge um die Institutionen. In einem prägnanten Nachruf auf Eschenburg, brachte der langjährige Chefredakteur der Zeit Theo Sommer und Eschenburg-Schüler, dies auf den Nenner: „Einerseits verlangte er Treue zu den Institutionen, andererseits pochte er auf die Selbstzucht derer, die sie verwalten. Gerade weil er staatliche Ordnung bejahte, übte er auch Kritik an ihr."[90]

Gleichwohl unterschätzte er nie, dass letztlich das Volk alleine die Idee der Demokratie tragen und befördern müsse. In seinem grundlegenden Buch „Staat und Gesellschaft in Deutschland" bringt er dies auf den Punkt: „Demokratie hat ein starkes Verfassungsbewusstsein des Volkes zur Voraussetzung, d.h. die Bejahung der demokratischen Einrichtungen und Verfahren".[91] Die Pflege der Institutionen und Verfahren sah er als unverzichtbare Hilfsmittel und Stützpeiler der Demokratie, damit sie sich durch die „Kontinuität ihrer Existenz" im „Volksbewusstsein" einprägen könnten.[92] Den demokratischen Mindestkonsens der Parteien und Interessengruppen, die breite Politikvermittlung in die Gesellschaft hinein sowie einen sich mit den Feinden der Demokratie aktiv auseinandersetzenden Staat rechnete Eschenburg zu den Essentials, damit die Bundesrepublik Deutschland erfolgreicher gedeihe als die von ihm erlebte und oftmals beschriebene erste Demokratie.

Resümee:
Wir dürfen gesichert davon ausgehen, dass Theodor Eschenburg das Gelingen des ambitionierten, zweiten deutschen Demokratiemodells vor allem anderen am Herzen lag. Man muss der Generation der „Verstrickten", also der Mitläufer, Rand-, Abseits- und Widerständigen zu Gute halten, dass sie es nach 1945 besser machen und die Bonner Demokratie des Grundgesetzes zum Erfolg führen wollten. Eine normative Beliebigkeit oder auch nur analytische Distanz zu Staat und Demokratie der

90 Sommer, Theo, Gelebte Autorität, Theodor Eschenburg ist gestorben. Mit ihm verstummt eine große Stimme der deutschen Politikwissenschaft Ein Nachruf, in: Die Zeit Nr. 29/1999, 15.7.1999, S.4

91 Eschenburg, Staat und Gesellschaft, a. a. O., S. 282

92 Eschenburg, Herrschaft der Verbände?, a .a. O., S. 85

Bundesrepublik Deutschland wird man gerade ihm nicht unterstellen dürfen. Im Regelwerk der pluralistischen Demokratie haben die Interessengruppen eine spezifische, dem Gemeinwohl wenn nicht untergeordnete, so doch zumindest verträgliche Aufgabe wahrzunehmen und auszufüllen. Nicht mehr, aber auch nicht weniger. Macht man sich dieses klar kommt man dem Verbände-Verständnis Theodor Eschenburgs schon sehr nahe.

Den im heutigen Verbandswesen der Bundesrepublik Deutschland Tätigen kann ein vertiefter Blick auf die theoretischen Grundlagen des Pluralismus dabei helfen, Sachverhalte und Prozesse richtig einzuordnen, vernünftig zu gewichten, historisch zu vergleichen und nicht zuletzt, sich adäquat zu verhalten. Menschen wie Mathias Schwarz erleichtern diesen Weg ungemein.

Bernd Neumann zum 75. Geburtstag

***Aus: Produzentenallianz-Magazin Nr. 23,** Mai 2017*

Politik ist wie Filmproduktion. Banal? Ein an den Haaren herbeigezogener Vergleich? Nicht ganz, jedenfalls wenn man etwas näher hinschaut. Fangen wir mit dem Filmproduzenten an: Er will einen Film machen, einen besonderen, einen, den die Leute sehen wollen, einen, der die Bilder und Geschichten, die vorerst nur in seinem und den Köpfen der Beteiligten existieren und vielleicht in einem Treatment oder Exposé allein mit Worten beschrieben sind, wahr werden lässt. Er muss Menschen davon überzeugen, dabei sein zu wollen. Sie überzeugen, einen Teil ihres Lebens mit diesem Film, der anfangs kaum mehr als eine Idee ist, zu verbringen und ihre Kraft und Kreativität dafür einzusetzen. Andere müssen davon überzeugt werden, Geld, das sie besitzen oder verwalten, für etwas, das noch kaum mehr als eine Idee ist, zu verwenden. Dazu muss der Produzent all diese Menschen kennen, muss wissen, wer genau das Talent für diesen Film hat – und wer in genau diesen Film investieren würde.

Auch Politiker wollen, dass etwas Wirklichkeit wird, was es vorher nicht gegeben hat – oder zumindest, dass etwas besser wird, als es bisher gewesen ist. Auch sie müssen genau jene Menschen kennen, deren Talente und Leidenschaften, ohne die dieses Projekt nicht Wirklichkeit werden kann. Und schließlich müssen auch sie die Mittel erschließen, die für eine Umsetzung notwendig sind.

Dass es hier wie überall talentierte und untalentierte, redliche und unredliche, der Sache oder dem Eigennutz verpflichtete Akteure gibt – geschenkt. Jetzt reden wir von den Guten. Von guten Produzenten, die mit Leidenschaft Geschichten erzählen wollen. Und von guten Politikern, die zum allgemeinen Nutzen ebenso leidenschaftlich eine Sache voranbringen wollen. Von Politikern, wie Bernd Neumann eben einer ist.

Bernd Neumann ist am 6. Januar 2017 75 Jahre alt geworden, was man ja kaum glauben kann. Das ist eine gute Gelegenheit, ihm für das zu danken, was er insbesondere für den deutschen Film getan hat. Ich hoffe, dass es ihn von Herzen freut, von „seinen“ Produzenten ein guter Politiker genannt zu werden. Selbstverständlich eingedenk der realistischen Tatsache, dass er eben kein guter Politiker wäre, wenn er nur etwas für den Film getan und dabei andere Bereiche vernachlässigt hätte, die ihm in seinem Amt als „Beauftragter der Bundesregierung für Kultur und Medien" anvertraut waren.

Davon konnte nicht die Rede sein, was man auch daran sehen kann, dass zum Beispiel in den vielen Artikeln, die anlässlich des Endes seiner aktiven Zeit als Kulturstaatsminister vor dreieinhalb Jahren zwar gelegentlich erwähnt wurde, dass er dem Film zugetan ist, aber immer betont wird, wie er sich allen Bereichen der Kultur verpflichtet fühlt – und diese Pflicht auch erfüllt hat. Außerdem: Weder von Bühnen noch von Bibliotheken, weder von Denkmalschützern noch von Vertretern der anderen kulturellen Felder, die von der Kulturpolitik des Bundes – und damit natürlich auch und vielleicht sogar vor allem von der Kulturförderung – umsorgt werden, waren Klagen zu hören, dass sie sich von Bernd Neumann vernachlässigt fühlten.

Das hat bestimmt auch damit zu tun, dass Bernd Neumann immer dafür gesorgt hat, dass sein Kulturhaushalt auskömmlich ausgestattet war. Sicher, Geld ist nie genug da, aber in seinen beiden Legislaturperioden ist der Kulturhaushalt des Bundes kontinuierlich gewachsen: insgesamt um über 21 Prozent auf am Ende 1,28 Milliarden Euro. Das ist besonders bemerkenswert, weil in dieser Zeit zwischen 2008 und 2011 eine der heftigsten Finanzkrisen der letzten Jahrzehnte zu bewältigen war und die Ausgaben des Bundes insgesamt gesunken waren. Man konnte nicht wie derzeit „aus dem Vollen" schöpfen, und es brauchte einen so leidenschaftlichen wie bestens vernetzten Vollprofi wie Bernd Neumann, um die Mittel – und damit die Gestaltungsmöglichkeiten der Kulturpolitik des Bundes, in jener schwierigen Zeit weiterzuentwickeln.

Bernd Neumann beherrschte das Handwerkszeug der Politik mit seiner langjährigen Erfahrung, der gründlichen Kenntnis der Akteure und dem Blick für das Wesentliche und die Entscheidungsreife perfekt. Im Unterschied zu fast allen seinen Vorgängern war er kein reiner Schöngeist, sondern ein „gelernter Politiker". Die Neigung für das Schöngeistige und ein sicheres Urteil für Qualität und Substanz in Kunst und Kultur traten freilich hinzu. Technokratisch und ohne Herzblut lässt sich das Amt des Staatsministers für Kultur und Medien nicht ausfüllen. Acht Jahre, solange wie kein Vorgänger, versah er das Amt.

Bernd Neumann hatte eben nicht nur die kommunikativen Eigenschaften, sondern besaß auch Gestaltungswillen und Durchsetzungsvermögen. Beides sind ebenfalls Qualitäten eines guten Filmproduzenten. Noch zwei: Leidenschaft und Rastlosigkeit. Deshalb hat sich Bernd Neumann nach dem Ende seiner gut vier Jahrzehnte umspannenden Zeit in der Politik auch nicht zur Ruhe gesetzt. Als Präsident der Filmförderungsanstalt FFA und als Mitglied des Produzentenallianz- Gesamtvorstands stellt er seine „produzentischen Fähigkeiten" weiterhin in den Dienst des deutschen Films.

Was vielleicht nicht beweist, dass die Politik ganz genau wie die Filmproduktion ist. Aber dass Bernd Neumann mit seinen Talenten ein guter Produzent gewesen wäre, steht wohl außer Frage. Es ist anders gekommen. Und damit haben wir Glück gehabt, denn ohne Bernd Neumann stände der deutsche Film heute weiß Gott schlechter da. Danke für alles!

Der Filmproduzent Carl Laemmle

Aus: Bekannt aus Fernsehen, Film und Funk – Laupheimer Gespräche 2016, *März 2017*

In einer bewertenden Beschreibung von Leben und Wirken wird – neben biografischen Stationen – die Bedeutung des charismatischen Filmproduzenten Carl Laemmle für die Etablierung des Berufs des „Filmproduzenten" aufgezeigt. Der Mitgründer Hollywoods aus der schwäbischen Kleinstadt Laupheim wanderte 1884 in die Vereinigten Staaten aus und machte eine eindrucksvolle Karriere, die ihn als Gründer der Universal Studios zu einer der prägenden Gestalten der neu entstehenden amerikanischen Filmproduktionswirtschaft werden ließ. Zeitlebens hielt er engen Kontakt zu seiner Heimat und war vielfältig mäzenatisch tätig. Als bedeutender Produzent von großen Filmen war er ein Pionier der Filmkunst. Die Persönlichkeit Carl Laemmles stößt nach Jahren des Vergessens, insbesondere in Deutschland, wieder auf ein starkes und wachsendes Interesse.

Vorbemerkungen

Es ist erkennbar, dass in Laupheim, aber auch andernorts, die Erinnerung an den großen deutsch-amerikanischen Filmpionier und Produzenten Carl Laemmle stärker wird. Die Sonderausstellung im Haus der Geschichte Baden-Württemberg in Stuttgart ab Dezember 2016 wird nochmals einen richtigen „Bewusstwerdungsschub" auslösen. Deren anspruchsvoller claim „Ein jüdischer Schwabe erfindet Hollywood" hätte dem Marketing-Genie Carl Laemmle sicher gefallen! Zur Bewusstseinsschärfung zählen auch die Laupheimer Gespräche 2016 zum Thema „Bekannt aus Funk, Film und Fernsehen" mit den Einführungsvorträgen zu Carl Laemmle.

Die Bedeutung von Carl Laemmle

Für die Film- und Fernsehproduzenten in Deutschland ist Carl Laemmle eine der markanten Gründerfiguren des Berufsstandes, sicher teilweise auch ein Vorbild.[1] Freilich ist er heute „weit weg" und das Wissen

1 *Aus diesem Grund hat die Allianz Deutscher Produzenten – Film & Fernsehen e. V., Ber-*

um Persönlichkeit und Werk ist nicht sehr verbreitet. Seine Bedeutung scheint in den 20er- und frühen 30er-Jahren in Deutschland hingegen durchaus verstanden worden zu sein. Die nationalsozialistische Verunglimpfung und Verdrängung seines Namens ab 1933 aus dem öffentlichen Bewusstsein – was bekanntlich auch vor seinem Geburtsort Laupheim nicht Halt gemacht hat – relativierte ihn jedoch stark. Nach 1945 hat sich das deutsche, filmische Gedächtnis mit ihm nicht mehr verbunden. Dazu hatte sicher sein Tod 1939, aber vor allem die unternehmerische Abgabe der Universal 1936 beigetragen. Weder Person noch Werk waren somit als Anknüpfungspunkt vorhanden, wenn man denn überhaupt gewollt hätte. Es sind viele Jahrzehnte ins Land gegangen, bevor man begonnen hat, sich der Person Carl Laemmle wieder anzunähern. Die Stadt Laupheim hat hier Verdienste, aber auch der Laupheimer Gymnasiallehrer Udo Bayer, der biographisch substantiell über ihn gearbeitet hat,[2] ebenso wie das Haus der Geschichte Baden-Württemberg.

Wenn wir versuchen, Laemmles Bedeutung richtig einzuordnen, muss zunächst ein Blick auf die Entwicklung des Films zu Beginn des 20. Jahrhunderts zwangsläufig sein. Das „bewegte Bild“ in unterschiedlicher Darstellungsform war erfunden, die Vorführung in besonderen „Lichtspielhäusern“ der noch lange Zeit stummen Bilder begann, sich zu professionalisieren, auch der Filmverleih kam auf. Die Entwicklung verlief in den USA und den großen Ländern Europas nahezu parallel. Die Filmwirtschaft war schon früh eine globale Branche. Diese ganze Branche entstand neu, sie erfand sich selbst. Der Film als „die“ Ausdrucksform des 20. Jahrhunderts war die jüngste der Künste.[3] Seine Grundpfeiler entlang der Wertschöpfungskette Produktion, Verleih, Verwertung, Abspiel haben sich wenig verändert. Natürlich haben zahllose technologische Innovationen das „Filmemachen“ grundlegend revolutioniert, zuletzt war dies die Digitalisierung. Aber die Prinzipien sind die gleichen geblieben.

lin, München, der maßgebliche Interessenverband der deutschen Film- und Fernsehproduktionswirtschaft, beschlossen, jährlich den Carl Laemmle Produzentenpreis für das produzentische Lebenswerk zu vergeben. Erstmalig wird dieser 2017 im 150. Geburtsjahr Laemmles in Laupheim verliehen.

2 *Vgl. Bayer, Udo: Carl Laemmle und die Universal. Eine transatlantische Biographie, Würzburg 2013 und Bayer, Udo: Carl Laemmle. Von Laupheim nach Hollywood, Die Biographie des Universal-Gründers in Bildern und Dokumenten, Berlin 2015.*

3 *Man spricht vom Kino als 7. Kunst, danach kamen Fernsehen (8.) und Comics (9.). Bis Computerspiele als 10. gelten, wird es nicht mehr lange dauern.*

Der Produzent
Und deshalb zunächst ein Blick auf den „Produzenten". Nicht ganz falsch wird Carl Laemmle lange und immer wieder als Filmfabrikant tituliert; noch im Totenschein Laemmles wird er als „Fabrikant" von „Wandelbildern" bezeichnet.[4] Bis heute gilt: Der Produzent steht am Beginn des Entstehungsprozesses eines Films, er ist der Inspirator und Ermöglicher. Natürlich hat er nicht immer die einzelnen Ideen, diese werden häufig von Autoren, Regisseuren, anderen Kreativen an ihn herangetragen. Aber er sichtet, sortiert, bewertet, finanziert, plant und organisiert das Filmgeschehen. Der Produzent steht also am Beginn der Wertschöpfungskette. Und er bleibt das Zentrum des ganzen komplexen Entstehungs- und Verwertungsprozesses. Mögen andere stärker im Fokus stehen: Autor und Regisseur, Kamera – und natürlich die Schauspielerinnen und Schauspieler. Der Produzent hält die Fäden des Werks zusammen. Das Bild des kreativen Wertschöpfers von Filmen ist stark von Laemmle geprägt.[5] Er hatte über lange Jahre für Genres und Sujets die richtige Nase, er spürte Trends auf und gab die Richtung vor.

Man kann zusammenfassen: Die fünf wesentlichen Tätigkeitsmerkmale nach dem heutigen Verständnis des Filmproduzenten sind:[6]

- Kreativer Motor in allen Phasen der Filmherstellung. Von der ersten Idee bis zur Endfertigung.
- Wirtschaftliche Gesamtverantwortung.
- Organisation, Steuerung und langfristige Planung der Filme.
- Teamzusammensetzung und Führung.
- Auswertung und Vermarktung.

Die Bestandteile dieses Berufsbildes hat Carl Laemmle gelebt. Als Leitbild definiert hat er es noch nicht. Ein Vorbild, gar einen Ausbildungsberuf des Filmproduzenten im eigentlichen Sinne gab es nicht. Die Filmpioniere kamen aus den unterschiedlichsten Berufsfeldern: Daran hat sich übrigens bis heute nichts Gravierendes geändert. Für Selfmademen war der Filmbetrieb wie geschaffen. Das neue Medium prägte seine Akteure und diese prägten reziprok das Filmgeschäft. Die Verkürzung der Rolle des Produzenten auf die des Finanziers wertet dessen Bedeutung bewusst ab und ist im Übrigen unzutreffend: „Es sind die Männer, die

4 Bayer, Carl Laemmle. Von Laupheim nach Hollywood, S. 120.

5 Natürlich gibt es an diesem Bild auch Kritik. Immer wieder wird die Rolle (auch) des (frühen) Produzenten relativiert: vgl. Brownlow, Kevin: Pioniere des Films, Basel, Frankfurt am Main 1997 (deutsch), S. 486-491.

6 Vgl. Allianz Deutscher Produzenten Film Fernsehen e. V. (Hg.): Leitbild des Produzenten, Berlin 2011.

den Film auf die Ebene des Geschäfts reduzieren." So wird selbst in einem Standardwerk noch 1997 geurteilt.[7]

Carl Laemmle kann nicht die Etikettierung „erster Filmproduzent der Welt" zugemessen werden. Eine technologische Revolution bricht sich ungestüm und mit hohem Tempo Bahn, an vielen Orten entsteht Gleichzeitiges. Aber zweifellos rechnet er zu den großen Pionieren der Branche. Ich gehe so weit zu sagen: Er war einer der Bedeutendsten. Dafür sind wenigstens drei Gründe ins Feld zu führen:

1. Er hat eine überragende Stellung in der Formierung der Branche als Mitgründer und später unbestrittener Chef der größten Filmproduktionsfirma der USA, Universal. Dazu gehört der Entschluss zum Umzug von der Ost- an die Westküste; der bis heute ungebrochene Mythos „Hollywood" verdankt der Universal und ihrem Chef sehr viel.[8] Das Bild des „US-Filmmagnaten", des allmächtigen Studio-Chefs, ist stark von Laemmle inspiriert.
2. Laemmle kann als der Erfinder des industriell orientierten, sozusagen fabrikmäßigen Produzierens der Massenware Film im Studiobetrieb gelten.[9] Routinierte Abläufe, verbindliche Prozesse, übertragbare Methoden rechnen dazu. Freilich wird auch darauf zu verweisen sein, dass die Filmherstellung gleichwohl nicht mit der industriellen Warenproduktion verglichen werden kann.[10]
3. Er hatte den untrüglichen Instinkt für die Notwendigkeiten des modernen Mediums: Stoffentdeckung, Story-telling, Publicity, moderne PR-Methoden, Spannung, Abwechslung, Stars – das sind Laemmles Bausteine für seinen und der Firma lange anhaltenden Erfolg. Und natürlich die starke Leidenschaft für das Medium Film.[11]

7 Brownlow, Pioniere des Films, S. 486.

8 Seine Biographin Stanca-Mustea, Cristina: Carl Laemmle – Der Mann, der Hollywood erfand, Hamburg 2013, S. 76 bringt das auf folgenden Nenner: „Es war Carl Laemmle, der an dem Ort, der heute weltweit als Hollywood bekannt ist, als erster Filmproduzent ein großes, dauerhaft eingerichtetes Studio eröffnete, indem er die Produktionseinheiten von New York und Chicago an die Westküste verlagerte. Damit gab er den Startschuss, der Hollywood, einen abgelegenen Vorort von Los Angeles in den Santa Monica Mountains, innerhalb von fünf Jahren in eine Filmwelt verwandelte."

9 Aufschlussreich zur „Uniformität" der Filmprodukte und zum Hollywood-System im Sinne Adornos/Horkheimers als kulturindustriellem Massenbetrug ist zum Beispiel der Teil 4 „Die Erzählung Hollywood", S. 271-360, in: Engell, Lorenz: Bewegen Beschreiben. Theorie zur Filmgeschichte, Weimar 1995.

10 Vgl. Engell, Bewegen Beschreiben, S. 294.

11 Was ihm und den anderen Hollywood-Pionieren wie Lasky, Zukor, Fox auch Kritiker bescheinigen. Vgl. Engell, Bewegen Beschreiben, S. 293.

Biographische Stationen

Wie konnte es zu dieser beeindruckenden Karriere kommen? Nichts hatte darauf hingedeutet. Es ist wahrlich die häufig beschriebene Story „vom-Tellerwäscher-zum-Millionär", also die Realisierung des American Dream. Am 17. Januar 1867 in Laupheim,[12] südlich Ulm, in geordnete, aber bescheidene Verhältnisse hineingeboren, wanderte der 17-Jährige im Januar 1884 nach zweijährigem Besuch der Lateinschule und einer kaufmännischen Ausbildung im bayerisch-schwäbischen Ichenhausen in die USA aus.

Die Auswanderung aus Deutschland ist im 19. und frühen 20. Jahrhundert ein Massenphänomen, gerade auch aus dem noch stark landwirtschaftlich geprägten, armen Württemberg.[13] Die jüdische Auswanderung ist dabei ein Vielfaches höher als die christliche. Die Menschen suchten in der neuen Welt Chancen, Wohlstand, Glück. Sich das zu vergegenwärtigen, gerade in der jetzigen Zeit, hilft, aktuelle Entwicklungen besser einordnen zu können.

Carl Laemmle kappte freilich nie die Kontakte zur alten Heimat, bis in die 30er-Jahre besuchte er häufig und intensiv Deutschland und insbesondere Württemberg. Die Bindungen waren stark und besonders hübsch ist, dass er auch in späten Jahren ein noch etwas schwäbisch gefärbtes Englisch gesprochen habe.[14] In den Staaten probierte er sich in unterschiedlichen Berufen, an verschiedenen Orten aus. Er heiratete 1898 Recha, die Nichte seines späteren Chefs Sam Stern. 1901 wurde die Tochter Rosabelle, 1908 der Sohn Julius geboren. Nach dem frühen Tod seiner Frau 1919 vermählte er sich nicht mehr. Zu Kindern, Geschwistern, Neffen, Nichten hatte er zeitlebens ein enges Verhältnis, vielfältig waren die gemeinsamen beruflichen Aktivitäten. Nach allem, was wir wissen: Er war ein aufgeklärter, assimilierter, deutsch-amerikanisch geprägter, durchaus gläubiger Jude.[15] Zu Deutschland bewahrte er ein enges, emotional tiefes Verhältnis. Im Kaiserreich und in der Weimarer Republik war er regelmäßig und über längere Zeiträume im Herkunftsland unterwegs. Sein mäzenatisches Wirken gerade in Laupheim

12 *Laupheim ist seit dem frühen 18. Jahrhundert eine bedeutende landjüdische Gemeinde in Württemberg, die viele eindrucksvolle jüdische Persönlichkeiten hervorbringt. Vgl. Bayer, Udo: Jüdisches aus Laupheim, Prominente Persönlichkeiten einer Landjudengemeinde, Berlin 2015 (Jüdische Miniaturen, Bd. 177).*

13 *Vgl. Weller, Arnold: Sozialgeschichte Südwestdeutschlands, Stuttgart 1979, S. 152 ff.*

14 *Vgl. Bayer, Carl Laemmle und die Universal, S. 79 und S. 164.*

15 *Zur Religiosität Laemmles vgl. zum Beispiel Gabler, Neal: Ein eigenes Reich, Wie jüdische Emigranten Hollywood erfanden, Berlin 2004 (deutsch), S. 387 ff.*

ist bekannt. Ein interessanter Aspekt, zu wenig beachtet: Explizit verstand er sich als Süddeutscher, als Schwabe. Auf den Unterschied zu preußischem Militarismus und kaiserlichem Obrigkeitsstaat wurde selbst in der Firmenzeitschrift der Universal hingewiesen.[16]

Die längsten und umfangreichsten Berufserfahrungen sammelte er in der Textilwirtschaft als Buchhalter und später Geschäftsführer eines Bekleidungshauses in Oshkosh, Wisconsin von 1894 bis 1906. Sein Biograph Udo Bayer urteilt: „Hier entwickelte er die Fähigkeiten als moderner Geschäftsmann mit den entsprechenden Werbetechniken, ohne die sein späterer Aufstieg nicht denkbar gewesen wäre und die uns heute noch verblüffen."[17]

1906 wurde das entscheidende Wendejahr seines Lebens:[18] Er ging nach Chicago, der stark von Deutschen geprägten, dynamischen Großstadt im Norden der Staaten. Mit dem ersparten Startkapital von 3000 Dollar warf er sich in das neu entstandene Filmtheatergeschäft und eröffnete ein sogenanntes Nickelodeon, bald folgte ein zweites. Das Kino war in dieser Frühphase das Theater des kleinen Mannes. Es setzte auf Masse und wollte Kasse machen. Stete Abwechslung im Angebot und Schnelligkeit der Abfolge der Bilder prägten das Geschehen. Man musste sich von der Konkurrenz unterscheiden: Ausstattung und Erscheinungsbild der Häuser hoben sich bald von den Jahrmarktbuden und frühen Verschlägen ab.[19] Laemmle war ein Meister der PR und Vermarktung seiner Abspielorte. Offensiv bewarb er sie: „The Coolest Five Cent Theatre in Chicago." Später baute er zum Beispiel ein eigenes Theater nur für Frauen, damit diese „schicklich" ins Kino gehen konnten.[20] Noch Ende 1906 gründete er den Laemmle Film Service als Verleih, der 1910 bereits der größte Filmverleih der Vereinigten Staaten war.[21] Die Weiterentwicklung des Kinos zum Staunen auslösenden Erlebnispalast einige Zeit später vollzog Laemmle unternehmerisch nicht mehr mit. Denn nun war er in das sich herausbildende Produktionsgeschäft eingestiegen.

Mit den vorausgegangenen Erfahrungen aus der Abspielung von Filmen und dem Verleihgeschäft war die Basis dafür gelegt. Eine wichtige Wegmarkierung, die an dieser Stelle nur knappe Erwähnung finden

16 Vgl. Bayer, Carl Laemmle und die Universal, S. 113.

17 Vgl. ders., S. 25.

18 Vgl. dazu Stanca-Mustea, Carl Laemmle – Der Mann, der Hollywood erfand, S. 37 ff.

19 Vgl. Kaiser, Jürgen: Daheim verkannt – in der Welt bekannt, Wie knitze Schwaben die Welt veränderten, Stuttgart 2016, darin enthalten: Karl Lämmle, S. 75-80, hier S. 76.

20 Ebd.

21 Bayer, Carl Laemmle und die Universal, S. 39.

kann, ist der Kampf gegen die sogenannte Patentgesellschaft, ein US-Monopol (Trust) um den großen Erfinder Thomas Alva Edison herum, das die Kontrolle aller Wertschöpfungsstufen des Filmschaffens mittels Patenten und Lizenzen bezweckte. Carl Laemmle verweigerte die Mitwirkung und führte einen zähen, erbitterten, von marktwirtschaftlichen Überzeugungen geleiteten Kampf gegen dieses allmächtige Monopol, der letztlich erfolgreich war. Die Patentgesellschaft wurde durch politische Intervention der US-Bundesbehörden und höchste Rechtsprechung des Supreme Court zerschlagen.[22] Der unbestreitbare Löwenanteil gehörte Laemmle, der mit Unerbittlichkeit und großem Mut gefochten und die Branche zusammengebracht hatte. Jürgen Kaiser bilanziert in einem jüngst erschienenen Büchlein: „Lämmle gelang es durch geschickte Medienkampagnen, sie alle zu Freiheitskämpfern zu stilisieren und sich selbst zum Anführer der Freiheitskämpfer. Dies kam und kommt immer gut an in den USA."[23] Der Bruch des Monopols war „in den Augen seiner Zeitgenossen ... Laemmles größte Errungenschaft".[24]

Charaktereigenschaften von Carl Laemmle: Leistungen und Schwächen

Die Zeitgenossen und Biographen sind sich über prägende Charaktermerkmale Laemmles in vielem einig. Immer wieder wird er als geradezu arbeitsbesessen und ehrgeizig, erfüllt von seiner unternehmerischen Mission, akribisch und in seinem Handeln durchdacht beschrieben. Laemmle war sparsam und zuverlässig, redlich als Geschäftsmann und am Wohl der ganzen Branche interessiert, so dass ihm in den USA im Laufe der Jahre eine hohe Autorität zuwuchs.

Neal Gabler beschreibt ihn für „Hollywood-Verhältnisse" als „bemerkenswert unaffektiert".[25] Auch wird sein Gerechtigkeitssinn hervorgehoben. Loyalität gegenüber Mitarbeitern und Familienangehörigen[26] zeichnete ihn aus. Der sehr kritische Biograph der Frühzeit des US-Films, Kevin Brownlow, beschreibt Laemmle: „Er war ein weichherziger Mann, der seine Macht genoss und sie gebrauchte, um jungen und

22 *Vgl. ebd., S. 55.*
23 *Kaiser, Daheim verkannt – in der Welt bekannt, S. 77.*
24 *Stanca-Mustea, Carl Laemmle – Der Mann, der Hollywood erfand, S. 48.*
25 *Gabler, Ein eigenes Reich, S. 74.*
26 *Dieser Familiensinn wurde auch kritisiert: „Carl Laemmle, der Chef der Universal wurde zum Gespött der Industrie wegen der Heerscharen von Verwandten, die er beschäftigte. Um 1927 waren es vierzehn." Brownlow, Pioniere des Films, S. 486.*

unerfahrenen Leuten eine Chance zu geben und um wohltätige Zwecke zu unterstützen und Freunden in finanziellen Engpässen zu helfen."[27]

Er spürte Entwicklungen und Trends, roch Gefahren und Fallstricke. Er war der Filmunternehmer par excellence, der die neuartigen Prozesse der Herstellung von Filmen verstand und zu organisieren vermochte. Wir dürfen uns den klein gewachsenen Mann als nimmermüden, emsigen Allrounder, als klassische Gründerfigur mit beträchtlichem Charisma vorstellen.

Thomas Mann widmet ihm, den er 1934 in Zürich kennengelernt hatte[28] und mit dem er später in Kalifornien regen gesellschaftlichen Verkehr pflegte, in seinen Tagebüchern zahlreiche Erwähnungen; in der Regel ist von „old laemmle" wie von einer Institution die Rede.[29]

Der Erfolg war sein treuer Begleiter, zumindest die ersten zwei Jahrzehnte als Filmtycoon Hollywoods: Es war als stehende Redewendung von „Laemmle luck" die Sprache – er selbst verwendete die Begrifflichkeit mit Freude[30] –, der Mann hatte Fortune, starken geschäftlichen und gesellschaftlichen Erfolg. Dabei blieb er freundlich und bodenständig. Der schon zitierte Neal Gabler bringt das auf einen zutreffenden Nenner: „Laemmle war unter den Hollywood-Magnaten der unkomplizierteste."[31]

In der Vermarktung der Firma und deren Produkte war er kaum zu übertreffen. Reklame und PR stellte er ins Zentrum seiner Geschäftspolitik. Die sprichwörtliche Film-Publicity, wie auch die starke Vertriebsorientierung, das heißt vor allem die Orientierung am Zuschauergeschmack, das waren seine Domänen. Strategisch entwickelte er bereits „Kampagnenbücher", die das ganze Arsenal der Instrumente zur Bewerbung von Filmen ausbreiteten.[32] So darf er auch als Protagonist des bis heute wirkungsmächtigen Filmplakats gelten.[33] Zugleich ist er der

27 *Brownlow, Pioniere des Films, S. 487.*

28 *Dabei wurde über eine Verfilmung des Joseph-Stoffes gesprochen. Vgl. Mann, Thomas: Tagebücher 1933-1934, Hg. de Mendelssohn, Peter, Frankfurt am Main 1980, Eintrag vom 21.8.1934, S. 511 (später dazu auch: Mann, Thomas: Tagebücher 1935-1936, Hg. de Mendelssohn, Peter, Frankfurt am Main 1978, 3. Auflage), Eintrag vom 2.7.1936, S. 324 und 31.10.1936, S. 388.*

29 *Vgl. Mann, Thomas: Tagebücher 1937-1939, Hg. de Mendelssohn, Peter, Frankfurt am Main 1980, Eintrag vom 3.4.1938, S. 203, 10.4.1938, S. 205, 21.4.1938, S. 211, 24.7.1938, S. 260 (hier wieder Treffen in Zürich), 26.11.1939, S. 477 mit der Todes-Verzeichnung von Carl Laemmle.*

30 *Bayer, Carl Laemmle und die Universal, S. 156.*

31 *Gabler, Ein eigenes Reich, S. 77.*

32 *Vgl. Stanca-Mustea, Carl Laemmle – Der Mann, der Hollywood erfand, S. 110.*

33 *Vgl. Bayer, Carl Laemmle und die Universal, S. 66.*

Werbepionier, der erstmals Filme in Zügen und Flugzeugen zur Vorführung brachte.[34] Vor allem Carl Laemmle war es, der den Starkult erfunden hat; schon in der Stummfilmära setzte er in großem Stil auf die Bekanntheit und Vermarktung von Stars.[35] Häufig, aber nicht immer lag er richtig. Das Genie Charlie Chaplin beispielsweise sicherte er sich – vielleicht aus schwäbischer Sparsamkeit – nicht für die Universal.[36]

Die technische Seite des Filmemachens hat ihn wohl nicht besonders interessiert,[37] kritisiert wurde er immer wieder für den mitunter geringen künstlerischen Anspruch seiner Produkte. Diese Kritik läuft teilweise ins Leere: Natürlich setzte er auf den Massenartikel Film. Das neue Medium schuf sich seinen Markt. Dieser war und ist nicht primär mit filmästhetischen Maßstäben zu bewerten. Bei Laemmle stand das Publikum im Mittelpunkt der Aufmerksamkeit. Mit Einfallsreichtum, Vielfalt und Innovationen wusste er sich 25 Jahre lang in dessen Gunst zu behaupten.

Der Filmunternehmer

Die Motive für die Schaffung einer eigenen Produktionsgesellschaft mögen im Kampf gegen die Patentgesellschaft und deren krakenhaftem Ausgreifen in alle Zweige der Filmwirtschaft sowie im ausbleibenden „Nachschub" von geeigneten Produktionen für seine Kinos und den Verleih begründet liegen. Nach einer kurzen Zwischenphase mit der Independent Motion Picture Corporation IMP gründete Laemmle mit einigen Kollegen, die gleichermaßen Produktionsgesellschaften besaßen, 1912 die Universal als einen Zusammenschluss bislang unabhängiger Produktionsfirmen. Deren Holding-Präsident wurde er 1913 und nach kurzer Zeit hatte er seinen Einfluss so ausgebaut, dass er in seiner Führungsrolle nicht mehr umstritten war.[38] Die Universal expandierte unter der Sonne Kaliforniens, nahe Los Angeles, in kürzester Zeit sehr stark. Das Universal-Studio, eigentlich eine ganze Stadt, schlug ein neues Kapitel in der Filmgeschichte auf. Schon ein Jahr nach der Gründung, 1913, fanden über 2000 Menschen Beschäftigung.[39] Wie angedeutet war die perfekte organisatorische Abwicklung von Filmen, deren fabrikmäßige Produktion, eine Entwicklung Laemmles. Er war der Begründer

34 Vgl. Stanca-Mustea, Carl Laemmle – Der Mann, der Hollywood erfand, S. 112.
35 Dies., S. 65 ff.
36 Bayer, Carl Laemmle und die Universal, S. 85.
37 Ders., S. 23.
38 Ders., S. 85.
39 Ders., S. 89.

des Studio-Betriebs. Die Universal war nicht die erste Unternehmung nahe Los Angeles, aber rasch die dominierende.

Einige Gründe sind für den schnellen Erfolg in Kalifornien zu nennen: günstige Baulandpreise, perfekte Wetterbedingungen, kein Einfluss von Gewerkschaften, gute Verfügbarkeit von Arbeitskräften, die abwechslungsreichen Landschaften für das Filmschaffen – das alles waren Faktoren für das Aufblühen der US-Filmwirtschaft. 1926 wird die Zahl ihrer Beschäftigten auf 350 000 Menschen geschätzt. 1930 hat sie den dritten Rang der Industrien in den Vereinigten Staaten, nach Schwerindustrie und Fahrzeugbau, noch vor Öl, Chemie, Nahrungsmittelindustrie, eingenommen. Hollywood soll 90 Prozent des Weltfilmmarktes beherrscht haben.[40] Hinzu kommt: Konkurrenz belebt bekanntlich das Geschäft. Ein weltweit einzigartiger Film-Cluster entsteht in Kalifornien. Man spricht keinen Superlativ aus, Hollywood hat ein ganzes Jahrhundert geprägt. „Der Einfluss Amerikas auf die moderne Massenkultur war in allen Bereichen des täglichen Lebens ... bemerkbar. Der allumfassende Charakter dieser neuen Lebensentwürfe aber trat in der Tat im Kino am sichtbarsten und greifbarsten zutage."[41]

Die Studiobetriebe in Hollywood waren Wohn- und Arbeitsstätte, Einkaufsort, Freizeitrefugium der Beschäftigten gleichermaßen. Die Produktion von Nahrungsmitteln, die Erzeugung von Energie erfolgte ebenso auf dem riesenhaften Gelände. Auf die zeitweise weitgehende Autarkie blickte man mit Stolz.

Der output der Company war immens: Unter der Verantwortung von Laemmle sind mehr als 10 000 Filme und Serienfolgen entstanden. Die Universal führte die Genres Wildwest-Film und den klassischen Horrorfilm zu anhaltender Bedeutung. „Frankenstein" und „Dracula", die großen Klassiker der 20er-Jahre, mögen genannt sein. Ein interessantes Detail sei noch erwähnt: Der aus Stuttgart stammende, vom expressionistischen deutschen Film der 20er-Jahre und dem Regietheater Max Reinhardts geprägte Regisseur Paul Leni hat die unverwechselbare „Horrorhandschrift" der Universal gestaltet, das Monster wurde geradezu zum Markenzeichen des US-Films dieser Zeit.[42] Auch die von europäischen literarischen Filmvorlagen inspirierten Handlungsfilme, wie „Das Phantom der Oper" oder „Der Glöckner von Notre Dame", Musik-

40 Zahlen nach Engell, Bewegen Beschreiben, S. 290 f.

41 Hake, Sabine: Film in Deutschland, Geschichte und Geschichten seit 1895, Reinbek bei Hamburg 2004, S. 92.

42 Vgl. Bayer, Carl Laemmle und die Universal, S. 169 f.

filme wie „King of Jazz", wurden von Universal produziert. Diese eindrucksvolle Reihe von Filmstoffen in der Frühphase des Kinos bilanzierend, darf man von einer erstaunlichen Vielfalt der Sujets und Genres sprechen.

Die großen Filme

In diesem Lebensabriss über den Produzenten Carl Laemmle sollen exemplarisch einige wenige seiner bedeutenden Produktionen angesprochen werden.

Das neue Medium Film wurde im Ersten Weltkrieg auf allen Seiten zum Propaganda-Instrument. Als Produzent des stark antideutschen Films „The Kaiser", „The Beast of Berlin", stellte Laemmle seinen Patriotismus zur neuen Heimat 1916 schon vor deren Kriegseintritt im Jahre 1917 unter Beweis. Dieser heute nicht mehr erhaltene Film war Auslöser zahlreicher Anfeindungen gegenüber Laemmle, auch in Württemberg nach 1920.[43] Nicht zuletzt dieses politischen Films wegen hielt das württembergische Innenministerium die Verleihung der Laupheimer Ehrenbürgerschaft 1919 für unstatthaft.[44] Die Auseinandersetzung mit Carl Laemmle hatte in der Weimarer Republik schon früh begonnen. So nennt ihn der nationalistische Filmhistoriker Hans Buchner bereits 1927 einen „Diktator" und agitiert hemmungslos gegen seinen Erfolg und seine Methoden.[45]

Als sein bedeutendster Film darf die Verfilmung von Erich Maria Remarques Anti-Kriegs-Epos[46] „Im Westen nichts Neues" gelten.[47] Dafür erhielt Laemmle gemeinsam mit seinem Sohn 1930 den Oscar. Vom Nationalsozialismus wurde der Film wie das Buch als antideutsch verfemt und attackiert, selbstredend fiel auch das Remarque-Opus 1933 der Bücherverbrennung zum Opfer. Carl Laemmle verstand den Film wie die überwiegende Filmkritik hingegen als Bestärkung einer friedliebenden, sensiblen jungen Generation in Deutschland, die die Kriegsgreuel ebenso wie andere Nationen verabscheute.[48] Für den späteren Propaganda-

43 *Vgl. Buchner, Hans: Im Banne des Films, Die Weltherrschaft des Kinos, München 1927, S. 68.*

44 *Vgl. die eindrucksvolle Darstellung bei Bayer, Carl Laemmle und die Universal, S. 118 ff.*

45 *Vgl. Buchner, Im Banne des Films, S. 174 f.*

46 *Noch heute gilt dieser Film als einer der überzeugendsten Anti-Kriegsfilme der Filmgeschichte. Vgl. Filmklassiker, Beschreibungen und Kommentare, Hg. Koebner, Thomas, Bd. 1, 1913-1946, Stuttgart 2001, 3. Auflage, S. 210-215, hier S. 210.*

47 *Vgl. Remarque, Erich Maria: Im Westen nichts Neues, Berlin 1928.*

48 *Der Vorspruch zur Erstausgabe lautet entsprechend: „Dieses Buch soll weder eine Anklage noch ein Bekenntnis sein. Es soll nur den Versuch machen, über eine Generation zu*

minister Joseph Goebbels war der Kampf gegen die Filmvorführungen ein zentrales Agitationsinstrument, dem er in seinen Tagebüchern große Bedeutung zumisst.[49]

Andere noch heute bekannte Filmklassiker Laemmles sind zum Beispiel der Luis-Trenker-Film „Der Rebell" von 1932 und der berühmte, freilich mit Leni Riefenstahl und Ernst Udet 1932 in Grönland besetzte „S.O.S. Eisberg".

Die Universal in Deutschland

Deutschland war ein wichtiger Markt; nicht nur die familiären Wurzeln des Präsidenten sprachen dafür, in diesem Land präsent zu sein. Bereits nach dem Ende der Einfuhrsperre 1921 wurde die Universal in Deutschland aktiv. Aber auch schon die Vorgängerin der Universal, die IMP, hatte 1911 in Berlin ihr erstes Büro eröffnet.[50] Die Firma avancierte über längere Zeit zum größten US-Anbieter auf dem deutschen Markt.[51] Ein geplantes, gegenseitiges Kooperationsabkommen mit dem bedeutendsten deutschen Filmproduktionsunternehmen, der UFA, scheiterte hingegen spektakulär.[52] Nach der NS-Machtergreifung war man weiterhin von Österreich aus im deutschsprachigen Raum tätig. Dort pflegte Laemmle auch politische Kontakte, so mit dem später von Nationalsozialisten ermordeten Bundeskanzler Engelbert Dollfuß.[53]

Das Beispiel dieser jungen Branche zeigt eindrucksvoll, wie früh das Filmgeschehen international aufgestellt war.

Carl Laemmle und die Politik

Auch die traditionell engen Beziehungen der US-Filmwirtschaft zur Politik scheinen in Carl Laemmle ihr Urbild zu haben. Im Präsidentschaftswahlkampf 1912 setzte er auf den Kandidaten der Demokraten, Woodrow Wilson, dessen trust-feindliche Politik seinen Auffassungen entsprach. Die neue Industrie benötigte in vielfacher Hinsicht (Regulierung, Vertrieb, Promotion) die Politik. Die Präsidenten Hoover und Harding

berichten, die vom Kriege zerstört wurde – auch wenn sie seinen Granaten entkam." Vgl. Remarque, Im Westen nichts Neues, S. 5.

49 Vgl. Goebbels, Joseph: Tagebücher, Bd. 2, 1930-1934, Hg. Reuth, Ralf Georg, München u. a. 1992, Eintrag vom 6.12.1930, S. 542 f.

50 Vgl. Stanca-Mustea, Carl Laemmle – Der Mann, der Hollywood erfand, S. 113.

51 Dies., S. 117.

52 Dies., S. 118 f.

53 Vgl. Bayer, Carl Laemmle. Von Laupheim nach Hollywood, S. 105.

fanden seine Nähe. Mit Präsident Franklin D. Roosevelt suchte er in der späten Phase seines Lebens ein vertrauensvolles Verhältnis.[54]

Laemmle zögerte nicht, politischen Einfluss zu nehmen. Als Person, als Präsident der Universal, als Jude, als Vertreter der US-Filmwirtschaft. Sein Verständnis der amerikanischen Staatszugehörigkeit führte zur vollständigen Identifikation mit dem Land. Über das verdienstvolle Kapitel seiner Bürgschaftserklärungen zur Auswanderung deutscher Juden wird in diesem Buch gesondert geschrieben,[55] so dass der Aspekt nicht hervorgehoben werden muss.

Der Verkauf

Wie vielen bedeutenden Unternehmerpersönlichkeiten in dynamischen Märkten blieb auch Carl Laemmle der unfreiwillige Abschied nicht erspart. Die Gründe sind, wie im Wirtschaftsleben üblich, vielfältig: Der aufkommende Tonfilm und dadurch ein erheblicher Kapitalbedarf Ende der 20er-Jahre veränderten das Produktionsmodell.[56] Konkurrenten hatten aufgeholt, die Methoden und Produktionsprozesse waren im Laufe der vielen erfolgreichen Jahre bei der Universal erstarrt. Der Laemmle gegenüber positiv eingestellte Neal Gabler bilanziert sehr kritisch: „dem Studio [mangelte es] an einer klaren Kontur und Organisation, so dass es am Ende selbst in die Brüche ging".[57] Die vertikale Integration von Kinos in den Konzern war nicht gelungen, Abspielorte an attraktiven Plätzen fehlten. Der Spürsinn für Stoffe und Kassenschlager scheint nicht mehr so stark ausgeprägt gewesen zu sein. Auch wird Laemmle attestiert, zu wenig fähiges Führungspersonal entwickelt und gewonnen zu haben.[58] 1936 mussten Vater und Sohn Laemmle ihr Lebenswerk verkaufen, der Erlös immerhin sicherte der Familie ein bequemes Leben.

Was bleibt?

Carl Laemmle ist ein bedeutender Entrepreneur der jungen Filmindustrie, der Schöpfer des Studiobetriebs und der filmischen Massenproduk-

54 *Dieses wurde (nur) teilweise erwidert. Vgl. Stanca-Mustea, Carl Laemmle – Der Mann, der Hollywood erfand, S. 196.*

55 *Siehe dazu Schimpf, Rainer: Der Retter – Das Engagement von Carl Laemmle gegen die Nazis.*

56 *Vgl. Müller, Corinna: Vom Stummfilm zum Tonfilm, München 2003.*

57 *Gabler, Ein eigenes Reich, S. 290.*

58 *Selbst der Ausdruck „Nepotismus" fällt im Hinblick auf die Personalpolitik Laemmles; vgl. Gabler, Ein eigenes Reich, S. 290 f.*

tion. Ein begnadeter business man mit der goldenen Nase und dem berühmten Händchen, ein schwäbischer Tüftler und Erfinder, ein Pionier der neuen Zeit. Dynamik und Neugier prägten sein Handeln. Eben ein großer Visionär, dessen Leistungen und Innovationen, aber auch dessen philanthropisches Wirken uns noch heute Bewunderung abverlangen. Die Erinnerung an ihn lohnt. Und das Staunen darüber bleibt, was ein Einzelner zu leisten vermag.

Gemeinsam stark: Dokumentarfilmproduzenten in der Produzentenallianz

Aus: Aus kurzer Distanz – Die Macht der Bilder, die Macht der Worte: 25 Jahre Haus des Dokumentarfilms, *Oktober 2016*

Historischer Schulterschluss der zersplitterten Produzentenlandschaft

Vor dem Hintergrund der chronisch schwierigen wirtschaftlichen Lage der deutschen Produzenten kristallisierte sich in der Gründungsphase der Allianz Deutscher Produzenten – Film & Fernsehen e.V. (kurz: Produzentenallianz) die Modernisierung der „Terms of Trade" mit auftraggebenden Fernsehsendern als eine Hauptforderung heraus. Damals noch ohne Dokumentarfilmproduzenten, schlossen sich im Jahr 2008 die Association of German Entertainment Producers, Bundesverband Deutscher Fernsehproduzenten und film20 sowie AG Spielfilm zur Produzentenallianz zusammen, um die jahrzehntelang zersplitterte Interessenvertretung deutscher Film- und Fernsehproduzenten zu überwinden. 2009 folgte der Verein Deutscher Animationsproduzenten (VdAP) und 2011 der Verband deutscher Post- und Werbefilmproduktionen (VDW). Unter dem Dach der Produzentenallianz sind die Produzenten der einzelnen Genres fortan in den Sektionen Kino, Fernsehen, Entertainment, Animation und Werbung organisiert.

Nach Aufnahme von intensiven Gesprächen mit beiden öffentlich-rechtlichen Sendern, konnte die Produzentenallianz bereits im Jahre 2009 richtungsweisende Eckpunkte der Zusammenarbeit mit der ARD[1] sowie ein Jahr später mit dem ZDF[2] erreichen. Diese frühen Eckpunkte stellten dabei einen wichtigen Meilenstein bei der Modernisierung der „Terms of Trade" dar – gleichwohl zunächst nur für fiktionale Produktionen. Dabei zeigte sich auch etwas ganz Entscheidendes: Erstmals wurde deutlich, dass wir mit der Produzentenallianz als neue, schlagkräfti-

1 *http://www.produzentenallianz.de/pressemitteilungen/pressemitteilungen/inhalte-pressemitteilungen/neugestaltung-derbeziehungen-zwischen-produzenten-und-der-ard.html*

2 *http://www.produzentenallianz.de/pressemitteilungen/pressemitteilungen/inhalte-pressemitteilungen/produzentenallianz-und-zdf-vereinbaren-eckpunkte-der-vertraglichen-zusammenarbeit-bei-auftragsproduktionen.html*

ge Interessenvertretung der Produzenten eine ganz andere Verhandlungsmacht als einzelne Verbände in der Vergangenheit haben. Der historische Schulterschluss der bis dato zersplitterten Produzentenlandschaft zeigte Wirkung.

Dokumentarfilmproduzenten stärken die Produzentenallianz

Nach diesen Auftakterfolgen war es folgerichtig, dass sich auch die Dokumentarfilmproduzenten innerhalb der Produzentenallianz organisieren. So wurde im Jahre 2011 die Sektion Dokumentation innerhalb der Produzentenallianz ins Leben gerufen. Der Dokumentarbereich hatte Lobbying auch dringend nötig. Produzenten von dokumentarischen Produktionen berichteten von wachsenden Problemen. Die Budgets der öffentlich-rechtlichen Sender, die Hauptauftraggeber für deutsche Dokumentation, stagnierten. Die Finanzierung wurde zunehmend schwieriger und war fast nur mit mehreren koproduzierenden Sendern möglich. Zudem konnten Dokumentarfilmproduzenten an Erlösen aus den neuen, digitalen Verwertungen durch Mediatheken, Video on Demand oder Wiederholungen auf Digitalkanälen nicht profitieren. Dagmar Biller, bis heute Vorsitzende des Sektionsvorstands Dokumentation und Produzentin/Geschäftsführerin von TANGRAM International GmbH, München, machte damals deutlich um was es geht: Realistische Preise und eine faire Aufteilung der Verwertungsrechte. Als Vorbild dienten die „Terms of Trade" in Großbritannien und Frankreich, bei denen die Produzenten mit den Sendern Verträge schließen, die diesen begrenzte Senderechte zuwiesen, bestimmte Rechte aber bei den Produzenten verblieben, die Werte bilden können.

Nicht unerwähnt bleiben soll die Arbeitsgemeinschaft Dokumentarfilm (kurz: AG DOK), die in den über 30 Jahren ihres Bestehens zweifelsohne verdienstvolle Erfolge im Dokumentarfilmbereich erzielen konnte. Dabei versteht sich die AG DOK qua Anspruch und Satzung als die Interessenvertretung aller, die sich für das dokumentarische Schaffen einsetzen. Neben Filmschaffenden aller Professionen und Sparten wie Regie, Produktion, Autoren, Editoren, Ton- und Kameraleute, sind z.B. auch Redakteure aus dem Dokumentarfilmbereich von Auftraggebern Mitglied. Die AG DOK hat daher mitunter andere Ziele und Schwerpunkte in ihrer Verbandsarbeit und vertritt nicht ausschließlich produzentische Interessen.

Erstmalig Eckpunkte mit ARD und ZDF für Dokumentationsbereich
Befördert durch die neu gegründete Sektion Dokumentation ist es uns Ende 2012 zunächst mit dem ZDF geglückt, die „Eckpunkte der vertraglichen Zusammenarbeit bei vollfinanzierten Dokumentationen"[3] zu erzielen. Mit diesen Eckpunkten konnte die wirtschaftliche Situation auch der Dokumentarfilmproduzenten verbessert werden. Im Bereich kleinerer Produktionsbudgets wurden fortan abhängig vom Produktionsvolumen höhere Handlungskosten anerkannt und Produzenten von Dokumentationen erhielten künftig bei kommerziellen Nachverwertungen eine Erlösbeteiligung. Mitte 2013 ist es uns gelungen, die Gespräche mit der ARD über die „Eckpunkte der vertraglichen Zusammenarbeit für vollfinanzierte dokumentarische Auftragsproduktionen"[4] zu einem erfolgreichen Abschluss zu bringen. Mit diesen Eckpunkten konnte die jahrzehntelange Vertragspraxis der ARD bei dokumentarischen Produktionen aufgebrochen und wesentliche Verbesserungen der Vertragsbedingungen erreicht werden. Insbesondere die Beteiligung von Produzenten am wirtschaftlichen Erfolg ihrer Produktionen stellt ein Novum dar und soll dazu beitragen, Dokumentarfilmproduzenten auf eine stabilere wirtschaftliche Grundlage zu stellen. Mit der Erhöhung der HUs und des Gewinns sowie der Aufnahme weiterer Kalkulationspositionen konnten wir wichtige Erfolge bei der Erreichung unserer Ziele verbuchen.

Hinnehmen mussten wir zum damaligen Zeitpunkt, dass nicht alle unsere Ziele in diesen frühen Eckpunkten bei ARD und ZDF durchsetzbar waren und daher zurückgestellt werden mussten wie z.B. die Anerkennung eines Producers als Kalkulationsposten. Darüber hinaus zeigte sich, dass die Dokumentarfilmproduzenten zwar nunmehr an den Vertriebserlösen beteiligt wurden, aber in der Regel eine Zweitverwertung selbst nicht in die Hand nehmen konnten. Da das Kerngeschäft der Sender die klassische Fernsehausstrahlung ist, nicht aber die weitere Vermarktung und Zweitverwertung, ruht daher der größte Teil des Programmvermögens in Deutschland ungenutzt in den Archiven der Sender. Das „Total-Buy-Out"-Prinzip der sogenannten „vollfinanzierten Auftragsproduktion" muss daher grundlegend überdacht werden. Ein elementares Ziel unserer „Terms of Trade"-Gespräche ist daher, die Pro-

3 *http://www.produzentenallianz.de/pressemitteilungen/pressemitteilungen/inhalte-pressemitteilungen/zdf-und-produzentenallianz-vereinbaren-eckpunkte-der-vertraglichen-zusammenarbeit-fuer-durch-das-zdf-vollfinanzierte-dokumentationen.html*

4 *http://www.produzentenallianz.de/pressemitteilungen/pressemitteilungen/inhalte-pressemitteilungen/terms-of-trade-produzentenallianz-und-ard-einigen-sich-auf-vertragliche-zusammenarbeit-bei-dokumentationen.html*

duzenten endlich in die Lage zu versetzen, Rechte an ihren Produktionen geltend zu machen, um sie selbst verwerten zu können.

Durchbruch mit „ARD-Eckpunkten 2.0"

In den darauffolgenden Jahren wurden die „Terms of Trade"-Gespräche mit ARD und ZDF intensiv fortgesetzt. Bei der ARD führte der intensive zweijährige Gesprächsprozess Ende 2015 zu der weitreichenden Selbstverpflichtungserklärung „Eckpunkte 2.0", die einen wesentlichen Reformschritt in der Fernseh-Auftragsproduktion markieren und zu spürbaren Verbesserungen führen werden. Von den ab Januar 2016 geltenden ARD-Eckpunkten 2.0 werden auch die Dokumentarfilmproduzenten in großem Maße profitieren. Mit den ARD-Eckpunkten 2.0 wurde erstmals eine einheitliche Grundlage geschaffen, die die Genres Fiktion, Unterhaltung und Dokumentation umfasst. Neben vollfinanzierten Auftragsproduktionen finden die neuen Eckpunkte auch bei teilfinanzierten Auftragsproduktionen Anwendung. Als teilfinanzierte Auftragsproduktionen im Sinne dieser Eckpunkte gelten Produktionen, die die jeweilige ARD-Landesrundfunkanstalt oder die Degeto beauftragen und an denen sie im Rahmen der Nettoherstellungskosten einen mehrheitlichen und der Produzent einen eigenen Finanzierungsanteil aufbringen. Dabei orientiert sich die Feststellung des Vorliegens einer Auftragsproduktion in der Regel an dem Merkblatt der VFF zur Definition einer Auftragsproduktion[5]. Im Ausnahmefall und bei einvernehmlicher Festlegung der Parteien kann der Finanzierungsanteil der ARD-Landesrundfunkanstalt – außer bei dokumentarischen Produktionen – auch geringer sein, er wird jedoch mindestens 65 Prozent betragen. Zudem werden in den ARD-Eckpunkten 2.0 die Themenkomplexe Kalkulation und Rechte umfassend neu geregelt. Hervorzuheben ist auch, dass erstmals in der Geschichte der Auftragsproduktion in Deutschland Produzenten bei Teilfinanzierung in größerem Umfang die Möglichkeit erhalten, den Anspruch auf Rechte an ihren Produktionen geltend zu machen, um sie von Anfang an selbst zu verwerten. Außerdem wird eine systematische Erfolgsprämierung für Produzenten geschaffen. Für Dokumentarfilmproduzenten bedeuten die ARD-Eckpunkte 2.0 folgende substantielle Verbesserungen:

1. Kalkulationsrealismus

In der Vergangenheit wurden im Bereich Dokumentation wichtige Berufsbilder wie Producer und bestimmte allgemeine Kosten von der ARD

5 *http://www.vff.org/definition-von-auftragsproduktionen/*

nicht als kalkulationsfähig anerkannt und mussten von den Dokumentarfilmproduzenten finanziert werden. Die ARD-Eckpunkte 2.0 regeln, dass künftig (ab 01.01.2017) für dokumentarische Produktionen auch die folgenden Posten von der ARD als kalkulationsfähig anerkannt werden:

- Produktionsleiter
- Producer (3,5 Prozent der Netto-Fertigungskosten; nur bei besonders aufwendigen Produktionen)
- Filmgeschäftsführung (nur bei besonders aufwendigen Produktionen)
- Heads of Department: Kalkulierbar mit Effektivgagen
- Rechtsberatung (projektbezogen) in Höhe einer 0,5 Rechtsanwaltsgebühr gemäß Rechtsanwaltsvergütungsgesetz bezogen auf die Nettofertigungskosten der Produktion
- Kosten für Archivmaterial und Animationsteile

Abweichend von der Definition von teilfinanzierten Auftragsproduktionen gilt der Kalkulationsrealismus im Bereich Dokumentation auch für Produktionen mit Senderanteil von 65-80 Prozent.

2. Rechte / Schichtenmodell

Die ARD hält am Prinzip der vollfinanzierten Auftragsproduktionen fest, ermöglicht künftig aber verstärkt auch teilfinanzierte Produktionen. Erstmals in der Geschichte der Auftragsproduktion in Deutschland kann der Produzent durchsetzen, durch Mitfinanzierung Rechte zu erwerben, die er selbst verwerten kann. Dafür wurde ein „Schichtenmodell" mit eindeutig definierten „Put-" und „Call-Rechten" entwickelt, mit dem Sender und Produzenten eine faire Aufteilung von Verwertungsrechten an der konkreten Produktion bestimmen können. Während der Sender sogenannten „Put-Rechten" wie zum Beispiel für Pay-TV im deutschsprachigen Raum nach der TV-Erstausstrahlung oder Nebenrechten wie Druck, Phono oder Merchandising usw. explizit zustimmen muss, gibt es eine Reihe von „Call-Rechten", die der Produzent gegen Finanzierungsbeteiligung für sich beanspruchen kann. Dazu gehört zum Beispiel die Auswertung im deutschsprachigen und sonstigen Ausland, VoD-Rechte oder auch Wiederverfilmungsrechte, sogenannte Formatrechte. Das Schichtenmodell erleichtert somit Sendervertretern und Produzenten, sich über die Aufteilung von Nutzungsrechten an einem Projekt zu verständigen.

Das Modell definiert die derzeit am Markt üblichen Verwertungsmöglichkeiten einer TV-Produktion. Die nachfolgende, schematische Darstellung des Schichtenmodells liefert entsprechende Anhaltspunkte. Dabei orientieren sich die prozentual bemessenen Schichten an den jeweiligen Finanzierungsanteilen. Die Bewertung der jeweiligen Rechte bzw. Rechtebereiche bedarf einer realistischen Marktbetrachtung im Einzelfall. Sie ist daher nicht linear anhand des Budgets festzumachen, sondern produktionsbezogen individuell festzustellen und Grundlage einer Vermarktungsund Erlösprognose.

Schematische Darstellung des „Schichtenmodells":

Minimalbeteiligung auftraggebende Landesrundfunkanstalt:	
Pay-TV deutschsprachiger Raum vor TV-Erstausstrahlung	10 %–20 %
7 Jahre deutsches exkl. FreeTV inkl. Online-Angeboten	ab 55 %
= Minimalbeteiligung Landesrundfunkanstalt:	ab 65 %

„Put"-Rechte – auftraggebende LRA muss Abgabe an Produzenten explizit zustimmen:	
ARTE (Frankreich) inkl. Online-Angebote	bis 7 %
3sat-Rechte (Fenster, nicht-exklusiv + nachrangig)	bis 2 %
Pay-TV deutschsprachiger Raum nach TVErstausstrahlung	bis 10 %
Nebenrechte (Druck, Phono, Merchandising usw.)	bis 5 %
Verlängerung deutsches exklusives Free-TV inkl. Online-Angeboten nach 7 Jahren (in der Regel unbefristet, sonst individuell gegen Abschlag auf den Prozentwert zu verhandeln. Wenn Baustein bei Produzent liegt, gilt eine 1st-look/last-refusal-option für auftraggebende Landesrundfunkanstalt)	bis 8 %

„Call"-Rechte – Produzent kann Rechte gegen Finanzierungsbeteiligung für sich beanspruchen:	
Free-TV A, CH, AA inkl. Online-Angebote (Zur exklusiven Nutzung; eine 3sat-Nutzung durch die LRA ist aber möglich, solange der entsprechende Baustein durch sie erworben wurde.)	bis 10 %
Sonstiges Ausland (Verwertungspaket)	bis 10 %
T-VoD (deutschsprachiger Raum) DVD (Europa) EST/DTO (deutschsprachiger Raum)	bis 6 %
S-VoD (deutschsprachiger Raum) A-VoD (deutschsprachiger Raum)	bis 6 %
kommerzielles Klammerteilrecht /Ausschnittrecht	bis 5 %
Wiederverfilmungsrechte / „Format"recht (letzteres nur bezogen auf Unterhaltungsproduktionen)	bis 5 %

GESAMT (maximal)	149 %
Beide Seiten verständigen sich projektindividuell auf eine Bemessung der einzelnen Schichten, die sich in der Regel innerhalb des hier aufgelisteten Rahmens bewegt und in Summe zu 100 % aufaddiert. Jeder Rechtebaustein hat einen prozentual bezifferbaren Wert. Es können aber je nach genre-/projektindividuellen Auswertungsmöglichkeiten auch mehrere Bausteine zusammengelegt und gemeinsam – mit mindestens 1 % – bewertet werden	100 %

3. Erfolgsprämierung durch „Leistungsmodell"

Ebenfalls erstmals in der Geschichte der Auftragsproduktion in Deutschland können die Produzenten künftig am Erfolg ihrer Werke teilhaben. Dafür enthalten die neuen Eckpunkte ein systematisches Leistungsmodell, das einerseits herausragende und prestigeträchtige Auszeichnungen und Nominierungen honoriert und gleichzeitig die programmliche Nutzung – also Wiederholungen – auf den verschiedenen ARD-Plattformen berücksichtigt. Für die jeweils genrespezifisch besten zehn Produktionen eines Jahres wird es einen neuen zweckgebundenen Entwicklungsvertrag für ein neues ARD-Projekt geben. 20 der insgesamt 70 Prämien sind für Dokumentarfilme bzw. Dokumentationen festgesetzt. Das Gesamtvolumen beträgt 3,2 Mio. Euro pro Jahr.

Prämien:

Anzahl	Kategorie	Prämie	Gesamt
10 x	Spiel-/Fernsehfilm	60.000,- €	600.000,- €
10 x	Dokumentarfilm (ab 60 Min.)	40.000,- €	400.000,- €
10 x	Dokumentation	20.000,- €	200.000,- €
10 x	Serie (mind. 6 Folgen)	100.000,- €	1.000.000,- €
10 x	„große" Unterhaltung (ab 46 Min.)	60.000,- €	600.000,- €
10 x	„kleine" Unterhaltung (bis 45 Min.)	20.000,- €	200.000,- €
10 x	Kinder/Animation	20.000,- €	200.000,- €
70	**Prämien pro Jahr**	**Gesamtvolumen**	**3.200.000,- €**
280	**Prämien in der Laufzeit 2017–20**	**Gesamtvolumen**	**12.800.000,- €**

Das Verfahren sieht vor, dass für jede Ausstrahlung einer Produktion diese Punkte vergeben werden. Für bestimmte Festivalpreise oder -nominierungen einer Produktion können ebenfalls Punkte gesammelt werden. Die Punkte müssen in einem Zeitraum von max. 2 Jahren ab Free-TV-Erstausstrahlung angesammelt worden sein. Vor Free-TV-Erstausstrahlung gewonnene Festivalpreise oder -nominierungen werden zusätzlich angerechnet.

Punktetabelle: Programmliche Nutzungen Dokumentarfilm (Länge ab 60 Min.)

Das Erste (ARD)	1 Ausstrahlung einschließlich Servicewiederholungen (2 x innerhalb von 48 Stunden bzw. 72 Stunden bei WE und Feiertag)	7.500 Punkte
Ein 3. Programm	1 Ausstrahlung einschließlich Servicewiederholungen (2 x innerhalb von 48 Stunden bzw. 72 Stunden bei WE und Feiertag)	1.200 Punkte
Einsfestival	1 Einbringung (beliebig oft in 6 Monaten)	700 Punkte
Phoenix	1 Einbringung (bis zu 5 x innerhalb von einem Monat)	700 Punkte
arte	1 Einbringung (2 x plus 2 Wiederholungen)	700 Punkte
3sat	1 Ausstrahlung	700 Punkte

Punktetabelle: Programmliche Nutzungen Dokumentation (Länge bis max. 60 Min.)

Das Erste (ARD)	1 Ausstrahlung einschließlich Servicewiederholungen (2 x innerhalb von 48 Stunden bzw. 72 Stunden bei WE und Feiertag)	5.000 Punkte
Ein 3. Programm	1 Ausstrahlung einschließlich Servicewiederholungen (2 x innerhalb von 48 Stunden bzw. 72 Stunden bei WE und Feiertag)	800 Punkte
Einsfestival	1 Einbringung (beliebig oft in 6 Monaten)	500 Punkte

Phoenix	1 Einbringung (bis zu 5 x innerhalb von einem Monat)	500 Punkte
Tagesschau24	1 Ausstrahlung	
arte	1 Einbringung (2 x plus 2 Wiederholungen)	500 Punkte
3sat	1 Ausstrahlung	500 Punkte

Beispiel Bepunktung Festivalpreise und -nominierungen für Dokumentarfilm/Dokumentation bei DOK Leipzig:

	Dokumentarfilm		Dokumentation	
DOK Leipzig	Nominierung / Silberne Taube	Preis / Goldene Taube	Nominierung	Preis
Bester Film	20.000	40.000	15.000	30.000
Beste Kamera	20.000	40.000	15.000	30.000

4. Ausschreibungen

Ein vierter Aspekt, der erstmals geregelt wurde, betrifft Ausschreibungen bzw. Pitches der ARD. Mit den „7 Regeln für einen guten Pitch" werden nunmehr ein transparentes Procedere, Ideenschutz, Anzahl der Teilnehmer sowie die Erstattung von Pitching-Kosten geregelt. Die Regeln bringen deutlich mehr Sicherheit für die teilnehmenden Produzenten.

5. Schiedsstelle

Die ARD-Eckpunkte 2.0 sind ein recht komplexes Regelwerk. Dafür, dass sie nicht an Anwendungsfragen scheitern, wurde eine Schiedsstelle eingerichtet, die paritätisch mit Vertretern der ARD-Landesrundfunkanstalten und der Produzentenseite besetzt ist. Für die Position der neutralen Vertrauensperson haben sich ARD und Produzentenallianz auf den sehr erfahrenen langjährigen Hamburger Produzenten Ulrich Lenze verständigt. Die Schiedsstelle greift nicht in laufende Verhandlungen ein, sondern befasst sich ex post mit konkret benannten grundsätzlichen Anwendungsfragen der Eckpunkte. Dazu können Produzenten und ARD-Landesrundfunkanstalten Probleme und grundsätzliche Fragen bei der Vertrauensperson einreichen, die den Vorgang vor der Befassung in der Schiedsstelle anonymisiert und abstrahiert.

„Baustelle" Erlösbeteiligung
Noch nicht ganz zufriedenstellend ist die neue Regelung zur Beteiligung der Produzenten an den Erlösen, die der Auftraggeber mit ihren Werken macht. Nach der bisherigen Beteiligung von 50 Prozent an den Nettoerlösen sollen den Produzenten jetzt 16 Prozent der Bruttoerlöse zustehen. Wir sind der Überzeugung, dass diese Aufteilung nicht sachgerecht ist. Deshalb gilt diese Regelung zunächst nur für ein Jahr und wird zum 1.1.2017 neu evaluiert.

Größter Reform-Schritt in der Fernseh-Auftragsproduktion
Für Dokumentarfilmproduzenten, wie für Fiktion- und Entertainmentproduzenten gleichermaßen, stellen die ARD-Eckpunkt 2.0 den größten Reform-Schritt in der Fernseh-Auftragsproduktion in Deutschland dar. Mit diesen neuen Eckpunkten besteht erstmals für die teil- und vollfinanzierten ARD-Auftragsproduktionen der Genres Fiktion, Unterhaltung und Dokumentation eine einheitliche Grundlage.

Mit den weitreichenden Verbesserungen auch im Bereich der dokumentarischen Auftragsproduktionen trägt die ARD dem hohen Stellenwert des dokumentarischen Schaffens umfassend Rechnung. Als öffentlich-rechtlicher Rundfunk hat die ARD die Aufgabe, durch ihr Programm auch Diskussionen anzustoßen, gesellschaftliche Probleme aufzuzeigen und den Blick der Zuschauer zu schärfen. Insbesondere Dokumentationen und Dokumentarfilme stellen hierbei geeignete Formen dar, um differenzierte Perspektiven für den Zuschauer aufzubereiten. Dadurch leisten dokumentarische Formate einen wichtigen Beitrag zur individuellen und öffentlichen Meinungsbildung und tragen so zu einem funktionierenden demokratischen Gemeinwesen bei. Dokumentarische Produktionen stellen somit das eigentliche „Herzstück" des öffentlich-rechtlichen Rundfunks dar. Mit den ARD-Eckpunkten 2.0 wurden nun neue Standards geschaffen, die die Beauftragung von dokumentarischen Produktionen auf ein deutlich besseres Fundament stellt.

Grundsätzlich ist hervorzuheben, dass indem die Produzenten künftig Rechte selbst verwerten können, sie in eine dynamische, unternehmerische Rolle kommen können. Mit den ARD-Eckpunkten 2.0 verbinden wir die Hoffnung, dass sie dem deutschen Auftragsproduktionsmarkt eine Wachstumsperspektive eröffnen, eine Marktdynamik entfalten und unternehmerisches Denken der Produzenten endlich belohnen.

Bleibt zu ergänzen, dass wir erfreulicherweise auch mit dem ZDF Anfang 2016 wieder konstruktive Gespräche zur Fortentwicklung der

„Eckpunkte“ aufnehmen konnten. Wir hoffen, dass auch beim ZDF die Einsicht gedeiht, dass der Sender von einer verlässlichen und tragfähigen Partnerschaft mit Produzenten profitiert. Es ist niemandem damit gedient, wenn die wirtschaftliche Existenzbasis der Produzenten, der Dokumentarfilmproduzenten im Besonderen, immer schmaler und schwieriger wird.

Fernseh-Auftragsproduktion in Deutschland: Die ARD-Eckpunkte 2.0

Aus: MedienWirtschaft Nr. 1/2016, *Mai 2016*

Seit Jahren führt die deutsche TV-Produktionswirtschaft Klage, dass ihre finanziellen Bedingungen geradezu als katastrophal zu bezeichnen sind. Es reiche „vorne und hinten nicht", und eine Mitgliederbefragung der Produzentenallianz im Herbst 2015 habe ergeben, dass die Zahl der defizitär wirtschaftenden Fernsehproduzenten drastisch zugenommen hat. Vor diesem Hintergrund bezeichnet es der Geschäftsführer der Produzentenallianz als hoch erfreulich, dass sich die ARD zu einer Selbstverpflichtung entschlossen hat, die den Titel „Eckpunkte für ausgewogene Vertragsbedingungen und eine faire Aufteilung der Verwertungsrechte" trägt. Dies sei der bisher größte Reformschritt für die gesamte FernsehAuftragsproduktion in Deutschland, so sein Votum.

„Magna Carta" der Fernseh-Auftragsproduktion in Deutschland

Vor dem Hintergrund der chronisch schwierigen Lage der deutschen Fernsehproduzenten hat die Produzentenallianz vor zwei Jahren begonnen intensive Gespräche mit der ARD über die Geschäftsbedingungen bei Fernseh-Auftragsproduktionen zu führen, aus denen Anfang dieses Jahres die Eckpunkte 2.0 bzw. „Eckpunkte für ausgewogene Vertragsbedingungen und eine faire Aufteilung der Verwertungsrechte" als Selbstverpflichtungserklärung der ARD hervorgingen.1 Die Eckpunkte 2.0 markieren einen wesentlichen Reformschritt in der Fernseh-Auftragsproduktion und werden zu spürbaren Verbesserungen für die Produzenten führen.

Schwierige Ausgangslage: Rundfunkanstalten unter Spardruck

Wer die schwierige Lage der deutschen Produzenten verstehen will, muss sich zunächst die Lage der wichtigsten Auftraggeber in Deutsch-

1 *„Eckpunkte für ausgewogene Vertragsbedingungen und eine faire Aufteilung der Verwertungsrechte", Online abrufbar: http://www.produzentenallianz.de/eckpunkte_2-0*

land – der öffentlich-rechtlichen Rundfunkanstalten – vor Augen führen. Die Einnahmen der öffentlich-rechtlichen Sender sind seit 2009 nicht gestiegen. Daran hat auch die Umstellung der Rundfunkgebühr auf den sogenannten „Rundfunkbeitrag" nichts geändert. Die Sender müssen also sparen. Sie sparen aber vorrangig nicht beim Personal, nicht bei den Pensionen und auch nicht bei den eigenen Technikparks, da hierbei meist langfristige Verpflichtungen oder gesetzliche Regelungen dem entgegen stehen. Es wird also gespart, wo es am leichtesten ist, beim Programm. Bei dem Budgetposten, der das Zentrum ihres gesetzlichen Auftrags und der Grund ihrer Existenz ist. Ein prominentes Beispiel: 2004 wurden für einen „Tatort" durchschnittlich 1,43 Mio. Euro ausgegeben, 2011 waren es nur noch 1,27 Mio. Euro.2 Die Kosten für Gagen oder Technik und Ausstattung sind natürlich gestiegen. Dazu hat der Euro allein durch die jährliche Inflation seit 2004 zusätzlich – ganz grob gerechnet – rund 15 Prozent seines Wertes verloren. Unterm Strich liefern die Produzenten also einen „Tatort" für etwa 75 Prozent des Budgets acht Jahre früher. Inzwischen soll sich die Lage etwas gebessert haben. Laut ARD kostet ein „Tatort" aktuell durchschnittlich rund 1,4 Mio. Euro und damit fast so viel wie vor 10 Jahren. Andere Produktionen, insbesondere Dokumentationen, Kinderfilme und Kino-Koproduktionen, sind von der Verknappung noch weit stärker betroffen als der „Tatort", der bei den Sendern als „Leuchtturm des deutschen Fernsehfilms" gilt.

Die öffentlich-rechtlichen Sender haben ein großes Problem – und mit ihnen alle, deren Beruf und Berufung die Herstellung der Programme ist: die Autoren und Regisseure, die Schauspieler und all die Filmschaffenden – vom Produktionsfahrer bis zum Kameramann. Und natürlich die Produzenten, die für die Sender das Programm erfinden, herstellen und zudem dafür verantwortlich sind, dass alle Beteiligten vernünftig bezahlt und Urheber angemessen vergütet werden.

Produzenten ohne Spielraum für Innovation

Die Produktionswirtschaft klagt seit Jahren, dass es vorne und hinten nicht reicht: Die letzte Mitgliederbefragung3 der Produzentenallianz im Herbst 2015 hat ergeben, dass sich die Zahl der defizitär wirtschaften-

2 *Produzentenstudie 2012: Daten zur Film- und Fernsehwirtschaft in Deutschland 2011/2012, Zusammenfassung online abrufbar: http://www.produzentenallianz.de/produzentenstudie*

3 *Pressemitteilung zur „Herbstumfrage 2015": http://www.produzentenallianz.de/pressemitteilungen/pressemitteilungen/inhalte-pressemitteilungen/produzentenallianz-herbstumfrage-2015-immer-mehr-produzenten-machen-verluste.html*

den Fernsehproduzenten im Vergleich zum Vorjahr von acht auf 22 Prozent fast verdreifacht hat: fast jedes vierte Unternehmen schreibt derzeit Verluste. Und das in einer Zeit, in der gerade bei den audiovisuellen Medien Innovationen immer wichtiger werden. Das althergebrachte System des linearen Fernsehens wird von neuen Programmanbietern wie Netflix und Amazon aufgebrochen. In Zukunft werden die Zuschauer ihre Programme immer mehr auf den verschiedensten Online-Plattformen finden. Für die Produzenten bedeutet das, neue Erzähl- und Präsentationsformen entwickeln und immer aufwändiger herstellen zu müssen. Das Bewährte einfach fortzuschreiben, reicht nicht mehr aus. Aber Unternehmen, die systembedingt kaum Rücklagen bilden können, mit denen experimentiert, probiert und Neues erfunden werden kann, können in diesem immer internationaler werdenden Wettbewerb nicht bestehen.

Überholtes „Total-Buy-Out"-Modell

Daraus folgt, dass sich das System der Fernseh-Auftragsproduktion in Deutschland grundlegend ändern muss. Das vorherrschende Modell entstand vor rund 50 Jahren in einer Zeit, in der die Entwicklung der Stoffe bei den Sender-Redaktionen lag und der Produzent lediglich für die Herstellung beauftragt wurde. In dieser Zeit hat sich das Modell der „vollfinanzierten Auftragsproduktion" etabliert und ist bis heute Standard in Deutschland geblieben. Dabei kalkuliert der Produzent alle Kosten der Produktion – von den Gagen für Cast und Stab bis zu Studiomieten, Gerätekosten und Gebühren für Drehgenehmigungen. Die vom Auftraggeber anerkannten Kalkulationsposten ergeben das Budget, auf das der Produzent Gemeinkosten, sogenannte „Handlungskosten" („HU") und einen Gewinnaufschlag erhält. Das Problem dabei: Nicht alle Positionen wurden vom Auftraggeber anerkannt, zum Beispiel Entwicklungskosten, manche Berufsbilder, Rechtsberatung, Überstundenzuschläge oder die übertarifliche Bezahlung bestimmter Stabmitglieder. Diese Differenz muss der Produzent aus seinem Gewinn- und HU-Anteil decken. Hinzu kommt, dass nur die Herstellungskosten gedeckt sind – als würde sich der Wert eines Gemäldes nur aus den Kosten für Farbe und Leinwand zusammensetzen. Denn die sogenannte „vollfinanzierte Auftragsproduktion" folgt dem „Total-Buy-Out"-Prinzip: Der Produzent gibt alle Rechte für alle Zeiten an den Auftraggeber ab, der die Produktion dafür beliebig verwerten kann. Das mag damals kein Nachteil gewesen sein, schließlich konnten die Produktionen ohnehin nur in den drei Fernsehkanälen ausgewertet werden. Daneben gab es praktisch keine Verwertungsmöglichkeiten.

Heute ist das anders: Neben der Explosion der Zahl der Kanäle, Vertriebswege und Verwertungsmöglichkeiten und neben dem Erscheinen neuer Akteure und Wettbewerber stehen die Sender unter einem enormen Spardruck. Diesen Druck geben sie an die Produzenten weiter: Heute ist eine „vollfinanzierte Auftragsproduktion" nicht mehr tatsächlich vollfinanziert. Insbesondere Kosten für die Entwicklung von Drehbüchern oder Formatideen oder die erheblich gestiegenen Verwaltungskosten der Produzenten werden durch die HU- und Gewinnpauschalen längst nicht mehr abgedeckt. Die Folge: Ausweislich der Produzentenstudie4 arbeiteten 2011 mehr als die Hälfte der Filmhersteller im Bereich kritischer Umsatzrenditen, seitdem hat sich die Lage weiter verschärft. Das überkommene System setzt damit auch die falschen Anreize. Es konzentriert die Aufmerksamkeit auf die Frage, wie viel bestimmte Werkteile kosten dürfen, nicht aber auf die Frage, wie erfolgreich eine Produktion sein kann und wie man dies erreichen könnte. Kurzum, das Modell führt dazu, dass wir immer besser darin werden, immer mehr mit immer geringerem Aufwand herzustellen. In anderen Ländern wird der Produzent hingegen belohnt, wenn er weltweit erfolgreiche Produktionen wie „Breaking Bad" oder „Game of Thrones" herstellt.

Abgesehen davon, dass es für Produzenten höchst frustrierend ist, zunehmend sozusagen mit angezogener Handbremse produzieren zu müssen, ist diese Entwicklung auch für die Sender am Ende sehr gefährlich. Ihre Akzeptanz bei den Beitragszahlern, die das öffentlich-rechtliche System mit weit mehr als 200 Euro jährlich finanzieren, würde unter einen kritischen Wert sinken. Dann wäre die Politik gezwungen, sich Gedanken über eine Reduzierung auf das Notwendige zu machen. Es ist deshalb überlebenswichtig, angemessen ausgestattete Qualitätsinhalte auch bei Fiktion und Unterhaltung zu zeigen. Und da sie diese nicht mehr vollständig finanzieren können, müssen die Produzenten die Möglichkeit bekommen, die aus der Unterfinanzierung entstehende Lücke durch eigene Verwertungen im Zweitverwertungsmarkt auszugleichen. Dies ist ihnen derzeit nicht möglich, weil die Sender auch heute noch alle Verwertungsrechte beanspruchen. Zwar werden die Produzenten seit den früheren Eckpunkten, die die Produzentenalli-

4 *Produzentenstudie 2012: Daten zur Film- und Fernsehwirtschaft in Deutschland 2011/2012, Zusammenfassung online abrufbar: http://www.produzentenallianz.de/produzentenstudie*

anz in den Jahren 2009 bis 2013 mit ADR und ZDF vereinbart hat, an den Vertriebserlösen beteiligt – beim ZDF sogar schon früher –, aber eine Zweitverwertung selbst in die Hand nehmen, konnten sie im Normalfall nicht. Und weil das Kerngeschäft der Sender das Senden ist, nicht aber die weitere Vermarktung und Zweitverwertung, ruht der größte Teil des Programmvermögens in Deutschland ungenutzt in den Archiven. Das „Total-Buy-Out"-Prinzip der sogenannten „vollfinanzierten Auftragsproduktion" muss also grundlegend überdacht werden.

Durchbruch mit neuen ARD-Eckpunkten 2.0

Die Eckpunkte 2.0, zu denen sich die ARD nun verpflichtet hat, bedeuten einen Quantensprung für die Geschäftsbedingungen zwischen ARD und den deutschen Produzenten. Sie sind das hoch erfreuliche Ergebnis aus über zwei Jahre lang geführten, intensiven, teilweise auch kontroversen aber immer konstruktiven Gesprächen zwischen der ARD und der Produzentenallianz. Die Eckpunkte 2.0 decken erstmals alle Genres, nämlich Fiction, Unterhaltung und Dokumentation in einer Selbstverpflichtung ab. Die ARD bekräftigt mit den neuen Eckpunkten ihren Anspruch, als Partner der Produzenten für innovative Ansätze bei der Programmproduktion einzutreten. Hierzu zählen insbesondere das sogenannte „Schichtenmodell", wichtige Erweiterungen im Bereich der kalkulationsfähigen Positionen (Kalkulationsrealismus) sowie das neue Leistungsmodell.

Schichtenmodell

Erstmals in der Geschichte der Auftragsproduktion in Deutschland kann der Produzent jetzt durchsetzen, durch Mitfinanzierung Rechte zu erwerben, die er selbst verwerten kann. Dafür wurde ein „Schichtenmodell" mit eindeutig definierten „Put-" und „Call"-Rechten entwickelt, mit dem Sender und Produzenten eine faire Aufteilung von Verwertungsrechten an der konkreten Produktion bestimmen können. Während der Sender sogenannten „Put-Rechten" wie zum Bespiel für Pay-TV im deutschsprachigen Raum nach der TV-Erstausstrahlung oder Nebenrechten wie Druck, Phono oder Merchandising usw. explizit zustimmen muss, gibt es eine Reihe von „Call-Rechten", die der Produzent gegen Finanzierungsbeteiligung für sich beanspruchen kann. Dazu gehört zum Beispiel die Auswertung im deutschsprachigen und sonstigen Ausland, VoD-Rechte oder auch Wiederverfilmungsrechte, sogenannte Formatrechte.

Das Schichtenmodell erleichtert somit Sendervertretern und Produzenten, sich über die Aufteilung von Nutzungsrechten an einem Projekt zu verständigen. In der Verständigung über ein neues Projekt wird zunächst eine Kalkulation vom Produzenten erstellt, durch den Sender geprüft und beidseitig abgestimmt (in der Regel in Form einer Kalkulationsverhandlung). Die prozentuale Netto-Beteiligung beider Partner (Sender und Produzent) an den Netto-Gesamtherstellungskosten (inklusive HU und Gewinn) dient als Ausgangspunkt zur Verständigung über die Aufteilung der Verwertungsrechte. Dazu einigen sich die Partner auf der Basis des Schichtenmodells über eine projektindividuelle prozentuale Bemessung der Verwertungsbausteine, deren Summe 100 Prozent ergibt. Die Aufteilung der Nutzungsrechte erfolgt dann im Verhältnis der Finanzierungsbeteiligung.

Das Modell definiert die derzeit am Markt üblichen Verwertungsmöglichkeiten einer TV-Produktion. Die nachfolgende, schematische Darstellung des Schichtenmodells liefert entsprechende Anhaltspunkte. Dabei orientieren sich die prozentual bemessenen Schichten an den jeweiligen Finanzierungsanteilen. Die Bewertung der jeweiligen Rechte bzw. Rechtebereiche bedarf einer realistischen Marktbetrachtung im Einzelfall. Sie ist daher nicht linear anhand des Budgets festzumachen, sondern produktionsbezogen individuell festzustellen und Grundlage einer Vermarktungsund Erlösprognose.

Kalkulationsrealismus

Wie eingangs ausgeführt, wurden in der Vergangenheit bei der Auftragsproduktion diverse Kalkulationsposten wie wichtige Berufsbilder und bestimmte allgemeine Kosten senderseitig nicht anerkannt und mussten von den Produzenten finanziert werden. Die Eckpunkte 2.0 regeln, dass künftig (ab 01.01.2017) auch die nachfolgenden Kalkulationsposten von der ARD als kalkulationsfähig anerkannt werden:

Im fiktionalen Bereich:

- Anteiliger Herstellungsleiter (Wochengage 1/3 über Produktionsleiter)
- Producer (in der Regel 1 Prozent der Netto-Fertigungskosten)
- Headautor (Bei Serien (ab 6 Folgen)
- Assistenz der Filmgeschäftsführung
- Motiv-Aufnahmeleiter

Tabelle 1: Schematische Darstellung des „Schichtenmodells“

Minimalbeteiligung auftraggebende Landesrundfunkanstalt:	
Pay-TV deutschsprachiger Raum vor TV-Erstausstrahlung	10 %–20 %
7 Jahre deutsches exkl. FreeTV inkl. Online-Angeboten	ab 55 %
= Minimalbeteiligung Landesrundfunkanstalt:	ab 65 %

„Put“-Rechte – auftraggebende LRA muss Abgabe an Produzenten explizit zustimmen:	
ARTE (Frankreich) inkl. Online-Angebote	bis 7 %
3sat-Rechte (Fenster, nicht-exklusiv + nachrangig)	bis 2 %
Pay-TV deutschsprachiger Raum nach TVErstausstrahlung	bis 10 %
Nebenrechte (Druck, Phono, Merchandising usw.)	bis 5 %
Verlängerung deutsches exklusives Free-TV inkl. Online-Angeboten nach 7 Jahren (in der Regel unbefristet, sonst individuell gegen Abschlag auf den Prozentwert zu verhandeln. Wenn Baustein bei Produzent liegt, gilt eine 1st-look/last-refusal-option für auftraggebende Landesrundfunkanstalt)	bis 8 %

„Call“-Rechte – Produzent kann Rechte gegen Finanzierungsbeteiligung für sich beanspruchen:	
Free-TV A, CH, AA inkl. Online-Angebote (Zur exklusiven Nutzung; eine 3sat-Nutzung durch die LRA ist aber möglich, solange der entsprechende Baustein durch sie erworben wurde.)	bis 10 %
Sonstiges Ausland (Verwertungspaket)	bis 10 %
T-VoD (deutschsprachiger Raum)	bis 6 %
DVD (Europa)	bis 6 %
EST/DTO (deutschsprachiger Raum)	bis 6 %
S-VoD (deutschsprachiger Raum)	bis 5 %
A-VoD (deutschsprachiger Raum)	bis 5 %
kommerzielles Klammerteilrecht /Ausschnittrecht	bis 5 %
Wiederverfilmungsrechte / „Format“recht (letzteres nur bezogen auf Unterhaltungsproduktionen)	bis 5 %

GESAMT (maximal)	**149 %**
Beide Seiten verständigen sich projektindividuell auf eine Bemessung der einzelnen Schichten, die sich in der Regel innerhalb des hier aufgelisteten Rahmens bewegt und in Summe zu 100 % aufaddiert. Jeder Rechtebaustein hat einen prozentual bezifferbaren Wert. Es können aber je nach genre-/projektindividuellen Auswertungsmöglichkeiten auch mehrere Bausteine zusammengelegt und gemeinsam – mit mindestens 1 % – bewertet werden	100 %

Tabelle 2: Prämien für die zehn besten Produktionen eines Jahres

Anzahl	Kategorie	Prämie	Gesamt
10 x	Spiel-/Fernsehfilm	60.000,- €	600.000,- €
10 x	Dokumentarfilm (ab 60 Min.)	40.000,- €	400.000,- €
10 x	Dokumentation	20.000,- €	200.000,- €
10 x	Serie (mind. 6 Folgen)	100.000,- €	1.000.000,- €
10 x	„große" Unterhaltung (ab 46 Min.)	60.000,- €	600.000,- €
10 x	„kleine" Unterhaltung (bis 45 Min.)	20.000,- €	200.000,- €
10 x	Kinder/Animation	20.000,- €	200.000,- €
70	Prämien pro Jahr	Gesamtvolumen	3.200.000,- €
280	Prämien in der Laufzeit 2017–20	Gesamtvolumen	12.800.000,- €

Im Unterhaltungsbereich:
- Anteiliger Herstellungsleiter (Wochengage 1/3 über Produktionsleiter)
- Zusätzlicher Koordinierungsaufwand beim Produktionsleiter

Bei dokumentarischen Produktionen:
- Produktionsleiter
- Producer (3,5 Prozent der Netto-Fertigungskosten; nur bei besonders aufwändigen Produktionen)
- Filmgeschäftsführung (nur bei besonders aufwändigen Produktionen)
- Kosten für Archivmaterial und Animationsteile

Zudem erklärt sich die ARD künftig bereit, für die „Heads of Department" (Stabgagen wie z.B. Kamera, Schnitt, Szenenbildner), die in aller Regel übertariflich vergütet werden, zukünftig mit den effektiven Gagen zu kalkulieren. Ebenso entfallen bei Honoraren zum Beispiel für Schauspieler künftig Kappungsgrenzen, und auch die Mehrkosten für zwei Überstunden pro Tag und Feiertags- und Nachtzuschläge werden künftig kalkulierbar. Ebenfalls kalkulationsfähig sind Rechtsberatungskosten (projektbezogen) in Höhe einer 0,5 Rechtsanwaltsgebühr gemäß Rechtsanwaltsvergütungsgesetz bezogen auf die Netto-Fertigungskosten der Produktion

Tabelle 3: Beispiel: Programmliche Nutzungen für Spiel-/ Fernsehfilm

Das Erste (ARD)	1 Ausstrahlung einschließlich Servicewiederholungen (2 x innerhalb von 48 Stunden bzw. 72 Stunden bei WE und Feiertag)	20.000 Punkte
Ein 3. Programm	1 Ausstrahlung einschließlich Servicewiederholungen (2 x innerhalb von 48 Stunden bzw. 72 Stunden bei WE und Feiertag)	3.000 Punkte
Einsfestival	1 Einbringung (beliebig oft in 6 Monaten)	1.600 Punkte
KiKa	1 Einbringung (bis zu 5 x innerhalb von einem Monat)	1.600 Punkte
arte	1 Einbringung (2 x plus 2 Wiederholungen)	1.600 Punkte
3sat	1 Ausstrahlung	1.600 Punkte

Leistungsmodell

Ebenfalls erstmals in der Geschichte der Auftragsproduktion in Deutschland können die Produzenten künftig am Erfolg ihrer Werke teilhaben. Dafür enthalten die neuen Eckpunkte ein systematisches Leistungsmodell, das einerseits herausragende und prestigeträchtige Auszeichnungen und Nominierungen honoriert und gleichzeitig die programmliche Nutzung – also Wiederholungen – auf den verschiedenen ARD-Plattformen berücksichtigt. Für die jeweils besten zehn Produktionen eines Jahres in den Genres Spiel-/Fernsehfilm, Dokumentarfilm (ab 60 Min.), Dokumentation, Serie (mindestens 6 Folgen), „große" Unterhaltung (ab 46 Min.), „kleine" Unterhaltung (bis 45 Min.) und Kinder/Animation wird es Prämien zwischen 10.000 Euro und 100.000 Euro für einen neuen zweckgebundenen Entwicklungsvertrag für ein neues ARD-Projekt geben. Das Gesamtvolumen beträgt 3,2 Mio. Euro pro Jahr.

Das Verfahren sieht vor, dass für jede Ausstrahlung einer Produktion diese Punkte vergeben werden. Für bestimmte Festivalpreise oder -nominierungen einer Produktion können ebenfalls Punkte gesammelt werden. Die Punkte müssen in einem Zeitraum von max. 2 Jahren ab Free-TV-Erstausstrahlung angesammelt worden sein. Vor Free-TV-Erstausstrahlung gewonnene Festivalpreise oder -nominierungen werden zusätzlich angerechnet.

Tabelle 4: Beispiel Festivalpreise/Nominierungen für Spiel-/ Fernsehfilm beim Deutschen Fernsehpreis

	Spiel- / Fernsehfilm	
Deutscher Fernsehpreis	Nom.	Preis
Bester Film	40.000	80.000
Bestes Buch	40.000	80.000
Bester Hauptdarsteller/in	80.000	160.000

Ausschreibungen

Ein vierter Aspekt, der erstmals geregelt wurde, betrifft Ausschreibungen der ARD („Pitches"). Mit den „7 Regeln für einen guten Pitch" aus den Eckpunkten 2.0 werden ein transparentes Procedere, Ideenschutz, Anzahl der Teilnehmer sowie die Erstattung von Pitching-Kosten geregelt. Die Regeln bringen deutlich mehr Sicherheit für die teilnehmenden Produzenten.

Schiedsstelle

Die Eckpunkte 2.0 sind ein komplexes und differenziertes Regelwerk, berücksichtigen Besonderheiten und müssen nun in allen Facetten gelebt werden. Dafür, dass sie nicht an Anwendungsfragen scheitern, wird eine Schiedsstelle eingerichtet, die paritätisch mit Vertretern der ARD-Landesrundfunkanstalten und der Produzentenseite besetzt ist. Für die Position der neutralen Vertrauensperson haben sich ARD und Produzentenallianz auf den sehr erfahrenen langjährigen Hamburger Produzenten Ulrich Lenze verständigt. Die Schiedsstelle greift nicht in laufende Verhandlungen ein, sondern befasst sich ex post mit konkret benannten grundsätzlichen Anwendungsfragen der Eckpunkte. Dazu können Produzenten und ARD-Landesrundfunkanstalten Probleme und grundsätzliche Fragen bei der Vertrauensperson einreichen, die den Vorgang vor der Befassung anonymisiert und abstrahiert.

„Baustelle" Erlösbeteiligung

Noch nicht ganz zufriedenstellend ist die neue Regelung zur Beteiligung der Produzenten an den Erlösen, die der Auftraggeber mit ihren Werken macht. Nach der bisherigen Beteiligung von 50 Prozent an den Nettoerlösen, sollen den Produzenten jetzt 16 Prozent der Brutto-Erlöse zustehen. Die Produzentenallianz ist der Überzeugung, dass diese Aufteilung nicht sachgerecht ist. Deshalb gilt diese Regelung zunächst nur für ein Jahr und wird zum 1.1.2017 neu evaluiert.

Fazit

Die „Eckpunkte für ausgewogene Vertragsbedingungen und eine faire Aufteilung der Verwertungsrechte“ der ARD sind der bisher größte Reformschritt für die gesamte Fernseh-Auftragsproduktion in Deutschland, denn sie gelten nicht nur für Mitglieder der Produzentenallianz sind, sondern für alle Produzenten. Indem deutsche Produzenten künftig Rechte selbst verwerten können, kommen sie endlich in eine dynamische, unternehmerische Rolle. Die durch die Eckpunkte 2.0 „deutlich verbesserte Rechteposition“ bestätigte jüngst auch Bavaria-Chef Dr. Christian Franckenstein in Blickpunkt:Film 8/16 und betonte, dass „wenn es nun noch gelingt, die Rechte an den Programmen zu mobilisieren, dann müssten perspektivisch auch im für unser deutschsprachiges Programm so wichtigen Binnenmarkt Wachstumsperspektiven entstehen.“ Die Eckpunkte 2.0 werden dem seit langem gesättigten und damit stagnierenden deutschen Auftragsproduktionsmarkt endlich eine Wachstumsperspektive eröffnen, eine Marktdynamik entfalten und unternehmerisches Denken der Produzenten endlich belohnen.

Die „Eckpunktevereinbarung" aus Sicht der Produzenten

Ein Quantensprung

***Aus: epd medien Nr. 9/2016**, Februar 2016*

An praktisch jedem Tag sind die von deutschen Fernsehproduzenten hergestellten Programme die meistgesehenen in diesem Land. Zwar werden die quotenstarken Sportereignisse nicht in diesem Sinne „produziert", und Nachrichtensendungen und Magazine sind Eigenproduktionen der Sender. Aber all die Dauerhits – von „Tatort" und „Polizeiruf 110" über „In aller Freundschaft" bis zu „Gute Zeiten, schlechte Zeiten", von „Ich bin ein Star, holt mich hier raus" über „Wer wird Millionär" bis „Bauer sucht Frau" – sind Produkte der heimischen Produktionswirtschaft, von den „Einzelstücken" ganz zu schweigen.

Auch die Sendungen, die für die Öffentlich-Rechtlichen durch ihren Programmauftrag entscheidender Teil ihrer DNA sind, kommen zum größten Teil von deutschen Produzenten: von populären Doku-Formaten wie „Terra X" über Dokumentarfilme zur Vertiefung fiktionaler Events oder Themenschwerpunkte bis hin zu hintergründigen politischen Dokumentationen.

Dafür wird viel Geld ausgegeben: 2014 haben allein die ARD-Landesrundfunkanstalten und die Degeto 707 Millionen Euro in Auftragsproduktionen investiert. Und doch klagt die Produktionswirtschaft seit Jahren, dass es vorne und hinten nicht reicht – was stimmt: Die letzte Mitgliederbefragung der Produzentenallianz im Herbst 2015 hat unter anderem ergeben, dass sich die Zahl der defizitär wirtschaftenden Fernsehproduzenten im Vergleich zum Vorjahr von acht auf 22 Prozent fast verdreifacht hat: fast jedes vierte Unternehmen schreibt derzeit Verluste. Und das in einer Zeit, in der gerade bei den audiovisuellen Medien Innovationen immer wichtiger werden.

Das althergebrachte System des linearen Fernsehens wird von neuen Programmanbietern – Stichwort Netflix & Co. – aufgebrochen, in Zukunft werden die Zuschauer ihre Programme immer mehr auf den verschiedensten Online-Plattformen finden. Für die Produzenten bedeutet das, neue Erzähl- und Präsentationsformen entwickeln und immer aufwendiger herstellen zu müssen. Das Bewährte einfach fortzuschreiben, reicht nicht mehr aus. Aber Unternehmen, die systembedingt kaum

Rücklagen bilden können, mit denen experimentiert, probiert und Neues erfunden werden kann, können in diesem immer internationaler werdenden Wettbewerb nicht bestehen.

Warum aber können Fernsehproduzenten in Deutschland bislang kaum Rücklagen bilden, kein Investitionsvolumen schaffen? In anderen Branchen, die ebenfalls innovationsgetrieben sind, sind deutsche Unternehmen ja nicht nur national, sondern auf der ganzen Welt führend. Und schließlich ist der deutsche Fernsehmarkt einer der weltweit größten. Der Grund ist nur historisch zu erklären.

„Vollfinanzierte Auftragsproduktion"

In der Frühzeit des deutschen Fernsehens ab Anfang der 50er Jahre gab es nur eines, mit dem Zweiten Deutschen Fernsehen ab 1963 zwei Fernsehprogramme, deren Sendebetrieb am frühen Abend begann und oft vor Mitternacht endete. Vormittags gab es noch Schulfunk, ansonsten wurde ein Testbild gesendet, insgesamt vielleicht zwölf, vierzehn Stunden Fernsehen am Tag.

Anfangs produzierten die Sender alles selbst, zunehmend wurden aber auch Aufträge an externe Produzenten gegeben. Während heute der Produzent auch maßgeblich für die Stoffentwicklung zuständig ist, lag die Entwicklung der Stoffe in der Frühzeit bei den Redaktionen der Sender; beauftragt wurde damals nur die Produktionsdurchführung. In dieser Zeit hat sich das Modell der „vollfinanzierten Auftragsproduktion" etabliert und ist bis heute Standard in Deutschland geblieben. Dabei kalkuliert der Produzent alle Kosten der Produktion – von den Gagen für Cast und Stab bis zu Studiomieten, Gerätekosten oder Gebühren für Drehgenehmigungen.

Die vom Auftraggeber anerkannten Kalkulationsposten ergeben das Budget, auf das der Produzent Zuschläge für Gewinn und Gemeinkosten (HU) erhält.

Das Problem dabei: Nicht alle Positionen wurden vom Auftraggeber anerkannt, zum Beispiel Entwicklungskosten, manche Berufsbilder, Rechtsberatung, Überstundenzuschläge oder die übertarifliche Bezahlung bestimmter Stabmitglieder. Diese Differenz muss der Produzent aus seinem Gewinn- und HU-Anteil decken. Und: Gedeckt sind nur die Herstellungskosten – als würde sich der Wert eines Gemäldes nur aus den Kosten für Farbe und Leinwand zusammensetzen.

Die sogenannte vollfinanzierte Auftragsproduktion (die, wie wir gesehen haben, gar nicht vollfinanziert ist) folgt – noch ein Fachbegriff –

dem „Total-Buy-Out"-Prinzip: Der Produzent gibt gegen die Beauftragung der Produktion alle Rechte für alle Zeiten an den Auftraggeber ab, der die Produktion dafür beliebig verwerten kann. Das war in der Anfangszeit kein großer Nachteil, schließlich gab es nur sehr wenig Sendezeit und ansonsten höchstens noch die Möglichkeit, die Produktion gelegentlich ins Ausland zu verkaufen.

Sendezeit ist kein knappes Gut mehr

Heute sieht die Medienwelt bekanntlich anders aus: Seit der Einführung des Dualen Rundfunksystems in den 80er Jahren des 20. Jahrhunderts, durch die Verbreitung über Kabel und schließlich die Digitalisierung ist die Zahl der Sender explodiert. Seit den 80er Jahren gibt es für Privathaushalte zudem die Möglichkeit, Filme auszuleihen oder zu kaufen – zuerst auf Videokassetten, dann auf DVD und jetzt auch auf Blu-Ray-Discs. Mit Hunderten Millionen verkaufter Datenträger war das sozusagen das erste Kapitel der Relativierung des linearen Fernsehens.

Prognosen, nach denen das lineare Fernsehen über kurz oder lang ganz verschwinden wird, sind sicher überzogen, aber die Online-Verbreitung audiovisueller Medien steht bei den jüngeren Zuschauern schon heute mindestens gleichberechtigt daneben und wird dies mittelfristig auch bei den Älteren tun.

Sendezeit ist also heute, anders als vor 70 Jahren, kein knappes Gut mehr, allein über DVB-T können über 40 Sender empfangen werden, bei digitalen Kabel- oder Glasfaseranschlüssen geht die Zahl der Programme in die Hunderte, die Zahl der Sendestunden in die Tausende. Pro Tag. Und dazu kommen noch die Online- Abrufdienste, deren schon heute recht starke Nutzung bis 2020 um das siebenfache auf eine halbe Milliarde Abrufe steigen soll.

Dadurch ist notwendigerweise auch die Nutzung der Inhalte explodiert, die sich Rechteinhaber teuer bezahlen lassen können. Die deutschen Produzenten sind aber in der Regel keine Rechteinhaber. Sie mussten, um den Produktionsauftrag überhaupt zu bekommen, auf alle Rechte verzichten und können diese folglich weder als Sicherheit für Kredite einsetzen noch bilanziell abbilden oder sich gar auf eigene Rechnung um zusätzliche Erlöse kümmern. Zwar sind sie es, die die Filme, Serien, Dokumentationen und Shows meistens initiieren und immer herstellen, Vermögenswerte hingegen können sie damit genauso wenig schaffen wie eine gerade für innovative und kreative Entwicklungen unabdingbare Eigenkapitaldecke.

Verschwendung von Programmvermögen

Immerhin werden die Produzenten seit den früheren Eckpunkten, die die Produzentenallianz in den Jahren 2009 bis 2013 mit ARD und ZDF vereinbart hat, an den Vertriebserlösen beteiligt – beim ZDF sogar schon früher -, aber eine Zweitverwertung selbst in die Hand nehmen konnten sie im Normalfall nicht. Und weil das Kerngeschäft der Sender das Senden ist, nicht aber die weitere Vermarktung und Zweitverwertung, ruht der größte Teil des Programmvermögens in Deutschland ungenutzt in den Archiven. Welch eine Verschwendung!

Mit den „Eckpunkten für ausgewogene Vertragsbedingungen und eine faire Aufteilung der Verwertungsrechte", zu denen sich die ARD jetzt verpflichtet hat, wird es für Produzenten in Zukunft sehr viel leichter, mit Rechten an der eigenen Produktion Werte zu schaffen und sich damit in die Lage zu versetzen, im Fernsehmarkt der Zukunft ein starker Akteur zu sein. Daneben passt sie die kalkulationsfähigen Berufsbilder und andere Kostenpositionen den Erfordernissen der Gegenwart an. Deshalb sind die „Eckpunkte 2.0" ein Quantensprung für die Geschäftsbedingungen der deutschen Fernsehproduzenten.

Der endgültigen Formulierung dieser „Eckpunkte 2.0" sind über einen Zeitraum von mehr als zwei Jahren intensive, schwierige, teilweise kontroverse aber immer konstruktive Konsultationen zwischen der ARD und der Produzentenallianz vorausgegangen, die, wie wir heute sehen können, am Ende erfolgreich waren. Ohne die Verhandlungsführung von MDR-Intendantin Karola Wille, assistiert von der stellvertretenden WDR-Intendantin Eva-Maria Michel und Degeto-Geschäftsführerin Christine Strobl sowie fachlich engagiert unterstützt von Helfried Spitra (WDR) und Michael Reusch (SWR) wäre es nie zu dieser neuen Magna Carta der Fernseh- Auftragsproduktion in Deutschland gekommen.

Die Eckpunkte 2.0 stellen die Rahmenbedingungen der Auftragsproduktionen für die ARD-Landesrundfunkanstalten und die Degeto auf eine neue Basis. Sie gelten für die Genres Fiktion, Unterhaltung und Dokumentation und umfassen im Wesentlichen alle Programme der ARD – insbesondere auch die Dritten.

Wachstumsperspektive

Erstmals in der Geschichte der Auftragsproduktion in Deutschland kann der Produzent jetzt durchsetzen, durch Mitfinanzierung Rechte zu erwerben, die er selbst verwerten kann. Dafür wurde ein „Schichtenmodell“ mit eindeutig definierten „Put“- und „Call“-Elementen entwickelt, mit dem Sender und Produzenten anhand eines einheitlichen Katalogs Korridore für eine faire Aufteilung von Verwertungsrechten an der konkreten Produktion bestimmen können. Während der Auftraggeber „Put-Rechten“ wie zum Beispiel für Pay-TV im deutschsprachigen Raum nach der TV-Erstausstrahlung oder Nebenrechten wie Druck, Phono oder Merchandising usw. explizit zustimmen muss, gibt es eine Reihe von „Call-Rechten“, die der Produzent gegen Finanzierungsbeteiligung für sich beanspruchen kann. Dazu gehört zum Beispiel die Auswertung im deutschsprachigen und sonstigen Ausland, Video-on-Demand-Rechte oder auch Wiederverfilmungsrechte, sogenannte Formatrechte.

Das Vorgehen: Beide Seiten verständigen sich projektindividuell auf eine Bemessung der einzelnen Schichten, die einzeln oder kombiniert sein können. Am Ende ergibt sich daraus der Mitfinanzierungsanteil des Produzenten, für den übrigens nicht relevant ist, aus welchen Quellen er stammt. So kann die Mitfinanzierung auch aus Vertriebsgarantien oder Eigenmitteln gespeist werden. Die Aktivierung des Schichtenmodells wird dem seit langem gesättigten und damit stagnierenden deutschen Auftragsproduktionsmarkt endlich eine Wachstumsperspektive eröffnen, neue Marktkräfte entfalten, Verwertungsdynamik entfesseln, unternehmerisches Denken belohnen und eine Partizipation an neuen Märkten national und international ermöglichen.

Die Eckpunkte 2.0 regeln auch, dass die ARD künftig zahlreiche Kalkulationsposten anerkennen wird, die bislang von den Produzenten selbst finanziert werden mussten. Rund zehn neue Berufsbilder wie beispielsweise Producer, Headautor bei fiktionalen Serien oder Datawrangler bei dokumentarischen HD-Produktionen sowie etwa projektbezogene Rechtsberatung und Archivarbeit werden damit kalkulationsfähig. Zudem erklärt sich die ARD künftig bereit, für die „Heads of Department“ (Stabgagen wie Kamera, Schnitt, Szenenbildner), die in aller Regel übertariflich vergütet werden, zukünftig mit den effektiven Gagen zu kalkulieren. Ebenso entfallen bei Honoraren zum Beispiel für Schauspieler künftig Kappungsgrenzen, und auch die Mehrkosten für zwei Überstunden pro Tag und Feiertags- und Nachtzuschläge werden künftig kalkulierbar.

Dazu kommt, dass die Eckpunkte 2.0 ein systematisches Leistungsmodell enthalten. Das honoriert einerseits herausragende und prestigeträchtige Auszeichnungen und Nominierungen bei nationalen und internationalen Film- und Fernsehfestivals oder Filmpreisen. Gleichzeitig zählt auch die programmliche Nutzung – also die Wiederholungen – auf den verschiedenen ARD-Plattformen: Produzenten werden also erstmals für den Programmerfolg ihrer Filme honoriert. Für die jeweils besten zehn Produktionen eines Jahres in den Genres Spiel-/Fernsehfilm, Dokumentarfilm (ab 60 Minuten), Dokumentation, Serie (mindestens 6 Folgen), „große" Unterhaltung (ab 46 Minuten), „kleine" Unterhaltung (bis 45 Minuten) und Kinder/Animation wird es Prämien zwischen 10.000 Euro und 100.000 Euro für einen neuen zweckgebundenen Entwicklungsvertrag für ein neues ARD-Projekt geben. Das Gesamtvolumen beträgt 3,2 Mio. Euro pro Jahr.

Ein vierter Themenkomplex, der erstmals geregelt wurde, betrifft Ausschreibungen („Pitches"). Beteiligt sich ein Produzent an so einer Ausschreibung, erzeugt das bei ihm Kosten häufig im fünfstelligen Bereich, Kosten, auf denen er sitzenbleibt, wenn er den Pitch nicht gewinnt. Die „7 Regeln für einen guten Pitch" aus den Eckpunkten 2.0 regeln neben der Erstattung von Pitchingkosten die Zahl der Teilnehmer, ein transparentes Prozedere und den Ideenschutz.

Erhebliche Mehrkosten

Nicht ganz zufriedenstellend ist die neue Regelung zur Beteiligung der Produzenten an den Erlösen, die der Auftraggeber mit ihren Werken macht. Nach 50 Prozent an den Nettoerlösen sollen den Produzenten jetzt 16 Prozent der Bruttoerlöse zustehen. Wir meinen, dass diese Aufteilung nicht sachgerecht ist. Deshalb gilt diese Regelung zunächst nur für ein Jahr und wird zum 1. Januar 2017 neu evaluiert.

Durch die Eckpunkte 2.0 entstehen nicht unerhebliche Mehrkosten für die ARD: etwa 50 Millionen Euro pro Jahr, die derzeit in keinem Programmtopf zur Verfügung stehen und erst von der Kommission zur Ermittlung des Finanzbedarfs der Rundfunkanstalten (KEF) anerkannt werden müssen. Daher wurden sie von der ARD im Paket für die nächste Gebührenperiode (2017–2020) bei der KEF angemeldet: 200 Millionen Euro. Aus diesem Grund gelten die entsprechenden Regelungen erst ab 2017 und unter dem Vorbehalt, dass die KEF diese Bedarfsanmeldung auch berücksichtigt. Hinzu kommt die lineare Steigerung der Rundfunk-Teuerung von gut 2 Prozent um rund 15 Millionen Euro pro Jahr, die die ARD ebenfalls bei der KEF angemeldet hat. Wir sind sehr zuversichtlich und vernehmen Signale, dass die Programm-Mehraufwendungen akzeptiert werden.

Umwidmung von Programmmitteln

Ein wichtiges Thema im Zusammenhang mit der Bedarfsanmeldung bei der KEF bleibt, dass in Zukunft keine Umwidmung von Programmmitteln für andere Bereiche mehr erfolgen darf. Im 19. KEF-Bericht von Februar 2014 hatte die Kommission festgestellt, dass die ARD in der Gebührenperiode 93,4 Mio. Euro und das ZDF sogar 142,2 Mio. Euro, die für Programm genehmigt wurden, anderweitig verwendet hatten. In der Protokollerklärung zum 19. Rundfunkänderungsstaatsvertrag, heißt es jetzt: „Die Länder erwarten von ARD und ZDF, dass sie die von ihnen bei der KEF angemeldeten und von der KEF anerkannten Mittel für die Kategorie Programmaufwand auch für diesen Zweck einsetzen." Die Produzentenallianz wird im Dialog mit Politik, KEF und Rundfunkanstalten alles dafür tun, dass bewilligte Programmmittel auch für das Programm zur Verfügung stehen.

Die Eckpunkte 2.0 sind ein komplexes und differenziertes Regelwerk, berücksichtigen Besonderheiten und müssen nun in allen Facetten gelebt werden. Dafür, dass sie nicht an Anwendungsfragen scheitern, wird eine Schiedsstelle eingerichtet, die paritätisch mit Vertretern der ARD-Landesrundfunkanstalten und der Produzentenseite besetzt wird. Für die Position der neutralen Vertrauensperson haben sich ARD und Produzentenallianz auf den sehr erfahrenen langjährigen Hamburger Produzenten Ulrich Lenze verständigt. Die Schiedsstelle greift nicht in laufende Verhandlungen ein, sondern befasst sich ex post mit konkret benannten grundsätzlichen Anwendungsfragen der Eckpunkte. Dazu können Produzenten und ARD-Landesrundfunkanstalten Probleme und grundsätzliche Fragen bei einer neutralen Vertrauensperson einreichen, die den Vorgang vor der Befassung anonymisiert und abstrahiert.

Die „Eckpunkte für ausgewogene Vertragsbedingungen und eine faire Aufteilung der Verwertungsrechte" der ARD sind der bisher größte Reform-Schritt für die gesamte Fernseh-Auftragsproduktion in Deutschland, denn selbstverständlich gelten die Eckpunkte 2.0 nicht nur für Unternehmen, die Mitglied der Produzentenallianz sind, sondern für alle. Die ARD hat sich damit unter den Sendern in Deutschland bei der Modernisierung der Terms of Trade in die Pole-Position gebracht.

Wettbewerb um die besten Produzenten

Im zweiten Schritt hoffen wir, dass sich die entsprechenden Gespräche mit dem Zweiten Deutschen Fernsehen ebenso fruchtbar entwickeln und wir auch hier zu einer Regelung kommen, durch die das ZDF mit starken Produzenten auch in Zukunft das bestmögliche Programm beauftragen kann.

Bei den privaten Sendergruppen ProSiebenSat.1 und Mediengruppe RTL Deutschland ist praktisch noch keine Bewegung bei den Terms of Trade mit den Produzenten zu erkennen. Vielleicht glauben diese wegen ihrer derzeit noch anhaltenden Profitabilität, zeitgemäße allgemeine Geschäftsbedingungen mit den Produzenten nicht so nötig zu haben. Nur Cash abzuholen, ist zu wenig – gerade die Privaten werden auf die Abwanderung der Werbe-Etats ins Netz reagieren müssen, indem sie in Qualität und den besten Content investieren. Der Markt wird sich ändern, es wird immer stärker ein Wettbewerb um die besten Produzenten entstehen, die pfiffigsten Ideen, die Akzeptanz beim Zuschauer. Darauf hat sich die ARD bereits jetzt eingestellt. Chapeau!

Aus: MMR – Multimedia und Recht, *Februar 2015*

„Man kann kein großes System über zwölf Jahre mit dem gleichen Geld versorgen und glauben, es könnte weiterhin das Gleiche leisten“: Jörg Schönenborn, Fernsehdirektor des WDR und Fernsehfilmkoordinator der ARD, hat im Gespräch mit dem medienpolitischen Magazin *promedia* (Ausgabe 01/2015) die aktuelle Lage der Finanzierung des öffentlich-rechtlichen Rundfunks in Deutschland auf dem Punkt gebracht. Die Einnahmen der Sender sind seit 2009 nicht gestiegen. Und es ist der Wille der Politik, dass das auch bis mindestens 2020 so bleibt. Daran ändern auch die seit der Umstellung der Rundfunkgebühr auf den sogenannten „Rundfunkbeitrag“ entstehenden Mehreinnahmen – manche rechnen mit bis zu 1 Mrd. Euro pro Jahr – nichts. Lieber senkt man den Beitrag um symbolische 48 Cent.

Die Sender müssen also sparen. Also sparen sie. Aber nicht beim Personal, nicht bei den Pensionen, nicht bei den eigenen Technikparks. Sondern da, wo es am leichtesten ist, bei dem Budgetposten, der das Zentrum ihres Auftrags und der Grund ihrer Existenz ist: dem Programm. Und das nicht erst seit 2009.

Ein prominentes Beispiel: 2004 wurden für einen „Tatort“ durchschnittlich 1,43 Mio. Euro ausgegeben, 2011 waren es nur noch 1,27 Mio. Euro. Die Kosten für Gagen oder Technik und Ausstattung sind natürlich gestiegen. dazu hat der Euro allein durch die jährliche Inflation seit 2004 zusätzlich – ganz grob gerechnet – rund 15 Prozent seines Wertes verloren. Unterm Strich liefern die Produzenten also einen „Tatort“ für etwa 75 Prozent des Budgets acht Jahre früher. Inzwischen soll sich die Lage etwas gebessert haben. Laut ARD kostet ein „Tatort“ aktuell durchschnittlich rund 1,4 Mio. EUR und damit fast so viel wie vor 10 Jahren. Andere Programme, insbesondere Dokumentationen, Kinderfilme und Kino-Koproduktionen, sind von der Verknappung noch weit stärker betroffen als der „Tatort“, der bei den Sendern als „Leuchtturm des deutschen Fernsehfilms“ gilt.

Bei den privaten Sendern sieht es anders aber beileibe nicht besser aus. Nach dem Einbruch des Werbemarktes in 2008 wurden radikal die Budgets gekürzt, Ausstattungen gestrichen, Mitarbeiter für geringere

Gagen beschäftigt, teure Genres durch kostengünstigere ersetzt. Aus der Auftragsproduktion von Fiction-Programmen und damit von langfristig werthaltigen, international verwertbaren Programmen haben sich die kommerziellen Anbieter fast komplett zurück gezogen. Riskantere Programminnovationen gibt es immer weniger. Es zählt nur noch die kurzfristige Gewinnperspektive. Dies mag einen – ebenfalls in dieser zeitlichen Perspektive denkenden – Anleger erfreuen, die Erwartungen der Politik und der Gesellschaft bzgl. Programmvielfalt und Beitrag zum Produktionsstandort Deutschland werden jedenfalls zunehmend enttäuscht.

Auf der anderen Seite sind die Anforderungen gewachsen, ist das Publikum anspruchsvoller geworden. Nicht zuletzt durch die Aufwertung, die anspruchsvolle und teuer produzierte internationale Fernsehserien in den letzten Jahren erfahren haben. Und: Die Konkurrenz ist größer geworden. Es sind nicht mehr nur wenige Fernsehkanäle, auf denen audiovisuelle Inhalte verbreitet werden. Durch die digitale Revolution bei den Vertriebswegen kann man sich rund um die Uhr mit den großartigsten Serien, Filmen und Dokumentationen versorgen, ohne auch nur im Entferntesten in die Nähe eine linearen Fernsehsenders zu kommen.

Man übertreibt also nicht, wenn man feststellt: Die Sender haben ein großes Problem. Und mit ihnen alle, deren Beruf und Berufung die Herstellung der Programme ist: die Autoren und Regisseure, die Schauspieler und all die Filmschaffenden – vom Produktionsfahrer bis zum Kameramann. Und die Produzenten, die für die Sender das Programm erfinden und herstellen. Und andererseits dafür verantwortlich sind, dass alle Beteiligten vernünftig bezahlt und Urheber angemessen vergütet werden.

Die Sender werden auf längere Sicht nur überleben, wenn sie Inhalte anbieten, die denen ihrer Konkurrenten im Wettbewerb um die Aufmerksamkeit und Zeit des Publikums ebenbürtig sind. Nur können sie diese Inhalte nicht mehr bezahlen.

Daraus folgt, dass sich das System der Programmzulieferung in Deutschland grundlegend ändern muss. Das alte System heißt „vollfinanzierte Auftragsproduktion" und funktioniert so: Der Sender übernahm die Produktionskosten und zahlte dem Produzenten „Handlungsunkosten" („HUs") in Höhe von 6 Prozent der Herstellungskosten und einen Gewinnaufschlag von 7,5 Prozent. Dafür musste der Produzent sämtliche Nutzungsrechte an der Produktion abgeben („Total Buy-

Out“), was vor 50 Jahren, als das System entstand, irrelevant war: Die Filme konnten ohnehin nur in den drei Fernsehkanälen ausgewertet werden. Daneben gab es praktisch keine Verwertungsmöglichkeiten.

Heute ist alles anders: Neben der Explosion der Zahl der Kanäle, Vertriebswege und Verwertungsmöglichkeiten und neben dem Erscheinen neuer Akteure und Wettbewerber stehen die Sender unter einem für sie ungewohnten Spardruck. Diesen Druck haben sie an die Produzenten weitergegeben: Heute heißt eine „vollfinanzierte Auftragsproduktion“ nur noch so, sie ist aber längst keine mehr. Insbesondere Kosten für die Entwicklung von Drehbüchern oder Formatideen oder die erheblich gestiegenen Verwaltungskosten der Produzenten werden durch die HU- und Gewinnpauschalen längst nicht mehr abgedeckt. Die Folge: Ausweislich der Produzentenstudie arbeiteten 2011 mehr als die Hälfte der Filmhersteller im Bereich kritischer Umsatzrenditen, seitdem hat sich die Lage weiter verschärft. Das überkommene System setzt damit auch die falschen Anreize. Es konzentriert die Aufmerksamkeit der Beteiligten auf die Frage, wie viel bestimmte Werkteile kosten dürfen, nicht aber auf die Frage, wie viel erfolgreich eine Produktion sei kann und wie man dies erreichen könnte. Kurzum, das Modell führt dazu, dass wir immer besser darin werden, immer mehr mit immer geringerem Aufwand herzustellen. In anderen Ländern wird der Produzent hingegen belohnt, wenn er weltweit erfolgreiche Produktionen herstellt, Serien wie z.B. „Breaking Bad“, „Game of Thrones“, „Lillyhammer“, „24“, zum Beispiel.

Abgesehen davon, dass es für Produzenten höchst frustrierend ist, zunehmend sozusagen mit angezogener Handbremse produzieren zu müssen, statt mit kreativen Inhalten zu begeistern, ist diese Entwicklung auch für die Sender am Ende sehr gefährlich. Ihre Akzeptanz bei den Beitragszahlern, die das öffentlich-rechtliche System mit weit mehr als 200 Euro jährlich finanzieren, würde unter einen kritischen Wert sinken. Dann wäre die Politik gezwungen, sich Gedanken über eine Reduzierung auf das Notwendige zu machen.

Es ist deshalb überlebenswichtig, angemessen ausgestattete Qualitätsinhalte auch bei Fiction und Unterhaltung zu zeigen. Und da sie diese nicht mehr vollständig finanzieren können, müssen die Produzenten die Möglichkeit bekommen, die aus der Unterfinanzierung entstehende Lücke durch eigene Verwertungen im Zweitverwertungsmarkt auszugleichen. Dies ist ihnen derzeit nicht möglich, weil die Sender auch heute noch alle Verwertungsrechte beanspruchen.

Das „Total-Buy-out"-Prinzip der sogenannten „vollfinanzierten Auftragsproduktion" muss also grundlegend überdacht werden. Die Alternative ist das Lizenzmodell. Danach erwirbt der Sender die Rechte nur für eine bestimmte Zeit und nur für die Rechte, die er selbst braucht. Die Auswertung der Produktion im Ausland und die der Nebenrechte (z.B. Merchandising, Home Video) übernimmt der Produzent selbst. An den Erlösen wird der Sender wiederum mit 50 Prozent beteiligt. Für die verschiedenen Sendeplätze und Formatformen müssten gleichzeitig Preiskorridore definiert werden, die etwa dem entsprechen, was die Sender heute für entsprechende Programme ausgeben.

Im Unterschied zum heutigen „Total Buy-Out"-Modell erhält damit derjenige die Nutzungsrechte, der sich motivierter und intensiver darum kümmert. Zudem werden mit dem System die besseren Anreize gesetzt: in Richtung eigene kreative Verantwortung des Produzenten, in Richtung umfassender Auswertung der Programmvorräte, in Richtung internationaler Wettbewerbsfähigkeit. Dies sind die Kernelemente des Lizenzmodells.

Das „Total Buy-Out"-Modell ist ein Relikt aus der Fernsehsteinzeit mit ihren äußerst limitierten Vertriebswegen und wenigen Programmanbietern. In den großen Fernsehmärkten, wie den USA, Frankreich und Großbritannien wurde es abgeschafft und durch das Lizenzmodell ersetzt. In allen drei Ländern wurden die Erwartungen nicht nur erreicht sondern übertroffen.

In Großbritannien zum Beispiel haben sich die Umsätze aus dem Ausland nach Einführung des Lizenzmodells sich innerhalb von sieben Jahren verdreifacht, die Steigerung der Erlöse aus der Inlandsverwertung lag bei 160 Prozent, und die Umsatzrendite der Produzenten war doppelt so hoch. Die englische Produktionswirtschaft wird heute weltweit als dynamisch, innovativ und wettbewerbsfähig eingestuft; britische Produktionen gewannen an Emmys und Zuschauergunst auf eigenen und auf ausländischen Märkten. Wirtschaftlicher Erfolg und kulturelle Vielfalt gingen Hand in Hand.

Davon haben auch die TV-Sender profitiert. Ihre Programmausgaben blieben stabil, konnten zwischen 2008 und 2012 sogar teilweise sinken, ohne dass ihr Programmbedarf reduziert werden musste. Sie verfügen über Programmvermögen, das höheren Wert hat als früher und mehr Wiederholungen erlaubt. Außerdem sind ihre Einnahmen aus ihren Beteiligungen an den Nettoerlösen der Produzenten heute größer als zu

Zeiten, als sie die Auswertung ihrer Auftragsproduktionen allein kontrollierten.

ZDF-Intendant Thomas Bellut hat beim CSU-Filmgespräch im Januar 2014 die Bereitschaft, sich für das Lizenzmodell zu öffnen, bekundet: „Wenn der Wunsch besteht: warum nicht? Wir sind da partnerschaftlich ausgerichtet." Und der SWR-Intendant Peter Boudgoust hat auf die Frage nach den von den Sendern beanspruchten Verwertungsrechten einmal geantwortet: „Wir sollten uns auf unser Kerngeschäft konzentrieren und dann auch souverän das Geschäft, das nicht unsere Kernkompetenz ist, denen überlassen, die das besser können." Besser kann man es nicht ausdrücken.

Über das „Goldene Zeitalter der Serie" und warum es in Deutschland (noch) nicht angebrochen ist

Erzählnotstand im deutschen Fernsehen?

***Aus: Produzentenallianz-Magazin Nr. 15**, April 2014*

Während in den USA das „Goldene Zeitalter der Serie" ausgerufen wird, ist die Diskussion um die Qualität im deutschen Fernsehen im vollen Gange. Von „Erzählnotstand" und „Kreativitätsverhinderung" ist zu lesen, wobei vornehmlich die Schwarz-Weiß-Schablone angesetzt wird: Dort die mutigen US-Sender, die sich erfolgreich an neue Erzählformen wagen und hierzulande die vorsichtigen Senderredaktionen und Produzenten, die sich schlicht nichts trauen würden. Die gern genannten „Quality TV Series" aus den USA wie „Breaking Bad" und „Homeland" oder die erste Produktion für den VOD-Provider Netflix, „House of Cards", sind unbestritten großartig geschriebene und inszenierte Serien. Doch die Kritik schießt übers Ziel hinaus, denn sie übergeht die verschiedenen ästhetischen Wurzeln und auch Mentalitätsunterschiede. Dies zeigte sich zuletzt bei der Serie „House of Cards", die bei Sat.1 aufgrund nachlassender Quoten in den späten Abend verschoben wurde. Es geht also darum, eigene, deutsche Geschichten zu finden. Deutsche Produzenten und Redakteure sind gewiss nicht ängstlich. Ganz im Gegenteil, sie suchen und entwickeln vergleichbar funktionierende Geschichten und Themen für Deutschland. Es gehört immerhin zu den herausforderndsten Disziplinen, eine gute Serie zu erfinden. Als jüngste Beispiele für großartige deutsche Serien seien die zuschauerstarke und von der Kritik hochgelobte Serie „Weissensee" oder die unkonventionelle Serie „Der Tatortreiniger" genannt. Darüber hinaus sind zu den herausragenden Serien der letzten Jahre natürlich „Im Angesicht des Verbrechens", „Mord mit Aussicht", „Doctor's Diary", „KDD" und „Türkisch für Anfänger" zu rechnen.

Fernsehfilme, die Stärke des deutschen Fernsehens

Fiktionales aus Deutschland ist besser als sein Ruf. Aber woran liegt es, dass das „Goldene Zeitalter der Serie" noch nicht im deutschen Fernsehen angekommen ist? Liegt es daran, dass sich in deutschen Serien einfach zu wenig zeitgeschichtlicher Themen angenommen wird, wie es z.B. bei „Homeland“ oder „House of Cards“ grandios angegangen wurde? Man könnte erwidern, dass dies mit einer Besonderheit des deutschen Fernsehens zusammenhängt: Hier werden zeitgeschichtliche Themen traditionell eher in hochwertigen Fernsehfilmen oder Mehrteilern als in Serien aufgearbeitet. Aktuelle Beispiele sind „Auslandseinsatz“ oder „Eine mörderische Entscheidung“, die sich mit unterschiedlichen Ansätzen – Spielfilm und Dokudrama – aber gleichermaßen eindringlich mit dem Afghanistan-Krieg auseinandersetzen. Deutsche Fernsehfilme und Mehrteiler zeigen die hohe Qualität der deutschen Fernsehproduktion, die auch international mithalten kann.

Gleichzeitig zeigt sich dabei, dass deutsche Sender bei Fernsehfilmen bereit sind, mehr investieren als bei Serien. Zudem muss beim Vergleich mit US-Serien auch gesehen werden, dass ein US-Produzent einer der oben genannten Serien über ein vielfach höheres Budget verfügt. Allein ein US-Pilotfilm kann schon mal mit einem Budget ausgestattet sein, mit dem ein deutscher Produzent eine ganze Serie bestreiten muss. Ein Unterschied, der natürlich sichtbar ist. Das ungleich höhere Budget erklärt sich zunächst dadurch, dass in der Weltsprache Englisch gedrehte Serien den klaren Vorteil haben, dass sie auf dem internationalen Markt deutlich besser zu verkaufen sind. Wobei zuletzt der Mehrteiler „Unsere Mütter, unsere Väter“ mit Verkäufen in über 90 Länder unter Beweis gestellt hat, dass auch hochwertige deutsche Produktionen durchaus eine Chance auf dem Weltmarkt haben.

Mangelnde Innovationsfreudigkeit für Serien

Doch was hindert die deutschen Sender daran, mehr Innovation im Serienbereich zu wagen? ZDF-Intendant Dr. Thomas Bellut argumentiert, dass Zuschauer bei Fernsehfilmen bereit sind, sich auch auf Experimente einzulassen, hingegen Serien meist etablierte Langläufer seien, bei denen es schwer sei, neue Erzählformen auszuprobieren. Letztendlich bedeutet das für den deutschen Produzenten, dass er für eine Serie kein vergleichbares Budget bekommt – würde es doch für den Sender in der Konsequenz bedeuten, Abstriche bei wichtigen fiktionalen Formaten wie dem Fernsehfilm und Mehrteiler machen zu müssen. Allerdings scheint inzwischen ein Umdenken einzusetzen, folgt man der Äußerung der BR-Fernsehdirektorin Bettina Reitz beim Fernsehfilmfestival Baden-Baden 2013, in der sie die Frage in den Raum stellt, ob der Fernsehfilm möglicherweise ein Auslaufmodell werden wird. Doch bisher scheint noch keiner imstande zu sein, eine Serie mit einem hohen Produktionsniveau wie bei dem „Unsere Mütter, unsere Väter" zu wagen. Dabei würde man vereinfacht gesagt, bei der Gesamtminutenzahl von „Unsere Mütter, unsere Väter" bereits auf eine sechsteilige Serie kommen können. Wobei eine derartige Geschichte sich sicher auch zu einer vollwertigen zwölfteilige Serie ausbauen ließe – was unbestritten wiederum ein höheres Budget erfordern würde. Ein derartiges Wagnis sollte jedoch auch im Interesse eines Senders liegen, bedenkt man, welch hohe identitätsstiftende Wirkung eine hochwertige und langlaufende Serie für einen Sender bietet. Langlaufende Geschichten und sich permanent weiterentwickelnde Figuren binden den Zuschauer an den Sender.

Neue Sendepätze für neue Serien

In der aktuellen Diskussion wird mitunter damit argumentiert, dass Deutschland einfach keine Serientradition wie andere Länder habe – was nicht so ganz stimmt: Dafür sprechen außerordentlich erfolgreiche und langlaufende Serien wie „Um Himmels Willen", „Gute Zeiten, schlechte Zeiten" und „Lindenstraße". An Tradition fehlt es also nicht. Zudem gab es darüber hinaus immer wieder außergewöhnliche Serienexperimente – bei denen sich allerdings die Frage stellt, ob dafür auch immer die passenden Sendeplätze eingeräumt wurden. Da ist zum Beispiel die zehnteilige Serie „Im Angesicht des Verbrechens" zu nennen. Nach der Berlinale-Premiere 2010 in der Presse hochgelobt, schien die ARD beim Sendeplatz der Mut zu verlassen und die Serie wurde letztendlich freitags spät abends ausgestrahlt. Ähnlich erging es der Serie „Der Tatortreiniger", die 2011 mit ihrem frischen Ansatz im Nachtprogramm des NDR fast unentdeckt geblieben wäre. Aufgrund des im Internet ausgelösten Hype und nicht zuletzt der Grimme-Preis Nominierung, entschied der NDR, die Ausstrahlung weiterer Folgen zumindest vorzuziehen. Doch auch bei einem prominenten Sendeplatz bleibt fraglich, ob „Der Tatortreiniger" mit seinen zunächst nur vier produzierten Folgen überhaupt die Chance gehabt hätte, sich zu etablieren. Neue Serien brauchen Zeit, um ihre Charaktere und ihre Welt zu entfalten – vor allem wenn sie ungewöhnlich sind und etwas Neues wagen. Zu einer mutigen Serienentwicklung gehört auch, der neuen Serie ausreichend Zeit zuzugestehen. Realität bei einer neuen deutschen Serie sind derzeit unter acht Folgen. Dabei zeichnen sich die genannten US-Serien auch durch ihre horizontale Erzählweise über eine lange Laufzeit aus.

Orientierung an internationalen Maßstäben

Eine mindestens zwölfteilige Primetime-Serie mit dem Niveau von „Unsere Mütter, unsere Väter“ scheint derzeit die Risikobereitschaft der öffentlich-rechtlichen wie privaten Sender zu übersteigen. Gleichzeitig ist anzuerkennen, was das ZDF bei „Unsere Mütter, unsere Väter“ oder „Das Adlon“, die man auch als Miniserien bezeichnen könnte, bereits viel gewagt hat – und wie zum Beweis auch belohnt wurde. Es bleibt zu hoffen, dass die starken Quoten und der internationale Erfolg zu mehr Mut führen. Noch mehr Mut zu hochwertigen Produktionen mit ungewöhnlichen Geschichten und unkonventionellen Charakteren. Wenn sich dazu das Umdenken durchsetzt, dass man sich einer horizontalen Erzählweise wie bei „Breaking Bad“ nicht länger verschließen kann, kann das gelingen, was dänische Produzenten mit „Borgen“ bereits vorgemacht haben: Dass es auch diesseits des Atlantiks sehr wohl gelingen kann, eine hochwertige und erfolgreiche Serie nach internationalem Maßstab zu realisieren. Dabei fällt auf, dass der produzierende dänische Sender DR bei der Entwicklung neuer Serien längst auf das US-Konzept des „Writers' Room“ setzt, auf das auch die genannten US-Serien zurückzuführen sind. Hier sind es mehrere Autoren, geführt von einem „Showrunner“, die gemeinsam in einem Raum intensiv eine Serie erarbeiten. Hierzulande gibt es diesbezüglich bereits hoffnungsvolle Signale in der Autorenausbildung: Programme wie „Serial Eyes“ der Deutschen Film- und Fernsehakademie Berlin oder das „TV Drama Series Lab“ des Erich Pommer Instituts vermitteln für die Serienentwicklung bereits den Ansatz des „Writers' Room“. Auch bei den öffentlich-rechtlichen Sendern ist Bewegung in den Serienbereich gekommen: Bettina Reitz erklärt, dass sich innerhalb der ARD eine „Serien-AG“ der Thematik annehmen werde. ZDF-Programmdirektor Dr. Norbert Himmler bekräftigt, eine hochwertige Serie in der Art von „Breaking Bad auf Deutsch“ zu beauftragen. Es bleibt zu wünschen, dass die Sender es schaffen, auf den Zug aufzuspringen. Es wäre zu schade, wenn das „Goldene Zeitalter der Serie“ am deutschen Fernsehen spurlos vorübergehen würde.

INTERVIEWS

„Eine ganz neue Dynamik"

***Aus: Blickpunkt:Film Nr. 38**, September 2017*

Auch wenn die Bundesregierung nicht in allen Bereichen direkten Einfluss nehmen kann: Schon zu Beginn der neuen Legislaturperiode stehen wichtige filmpolitische und filmwirtschaftliche Weichenstellungen an. Wir sprachen dazu mit Christoph Palmer, Geschäftsführer der Allianz Deutscher Produzenten – Film & Fernsehen.

Wie fällt aus Ihrer Sicht die filmpolitische Bilanz der Bundesregierung in der vergangenen Legislaturperiode aus?
Vorausschicken möchte ich, dass wir mit allen im Bundestag vertretenen Parteien gut zusammengearbeitet haben. Tatsächlich sehen wir einen parteiübergreifenden politischen Konsens hinsichtlich des Stellenwerts einer nachhaltigen und auch international wahrnehmbaren Filmförderung. Nicht nur im Bund, sondern auch auf Ebene der Länder. Aus Sicht der Produzentenallianz war diese Legislaturperiode natürlich besonders erfreulich. 2016 ging nicht nur der German Motion Picture Fund an den Start, sondern die Mittel für die kulturelle Filmförderung der BKM wurden um 15 Mio. Euro massiv erhöht. Wenn jetzt auch noch die angekündigte Aufstockung des bereits im laufenden Jahr mit 25 Mio. Euro an den Start gebrachten DFFF II auf 75 Mio. ab 2018 Realität wird – worauf nicht zuletzt angesichts des eben beschriebenen Konsens alles hindeutet – dann sprechen wir von einer glatten Verdoppelung der Fördermittel des Bundes. Angesichts dieser Entwicklung kann sich auch eine filmpolitische Lobby zufrieden zeigen. Zwar gibt es international gesehen trotzdem noch einiges an Hausaufgaben zu erledigen. Aber man muss zumindest konstatieren, dass wir nach dieser Legislaturperiode auch an dieser Stelle von einer ganz neuen Dynamik sprechen. Dafür gilt mein Dank vor allem Kulturstaatsministerin Monika Grütters.
Geht mit der Erhöhung der beiden DFFF-Töpfe auf insgesamt 125 Mio. Euro nicht aber auch die Absage an den eigentlichen Wunsch der Filmwirtschaft einher? Dem nach einem breiter angelegten, nicht gedeckelten Anreizsystem, das Kino- wie TV-Produktionen gleichermaßen offen steht?
So würde ich das nicht interpretieren. Die Koalitionäre einer neuen

Bundesregierung werden sich aber in der Tat darüber verständigen müssen, wie Förderung in Zukunft strukturiert sein soll. Dabei wird es nicht zuletzt um die Frage gehen, ob der GMPF als separates Instrument fortgeführt werden sollte. Die Allianz jedenfalls tritt dafür ein, DFFF und GMPF zu überarbeiten, um am Ende zu einer konsistenten, verlässlichen und vor allem planbaren automatischen Förderung aus einem Guss zu gelangen.

Die Bündelung der Fördermaßnahmen des Bundes bei einem einzigen Ressort wäre also jedenfalls der richtige Schritt?

Lassen Sie es mich so sagen: Der GMPF wurde ja als eine Art „Hilfsmaßnahme" des damaligen Bundeswirtschaftsministers Sigmar Gabriel geboren, der damit auf die Kürzungen beim DFFF zu Beginn der Legislaturperiode reagiert hat. Das war eine sehr beherzte Reaktion, mit der man am Ende insofern Akzente setzte, als die Maßnahme insbesondere auch hochkarätigen TV-Produktionen zugutegekommen ist. Nicht zuletzt aus diesem Grund hat sich der GMPF aus dem Stand zu einem Renner entwickelt, bei dem die Nachfrage die vorhandenen Mittel klar übersteigt. Wenn man also eine Bündelung von Fördermaßnahmen ins Auge fassen sollte, wäre es sehr wichtig, die Erfahrungen mit dem GMPF in ein neues Instrument einfließen zu lassen – was natürlich vor allem auch die Adressaten dieser Fördermaßnahme anbelangt. Aus unserer Sicht ist die Ressortfrage nicht prioritär. Worauf es ankommt, sind die konkreten Elemente einer künftigen Förderung.

Zumindest Kulturstaatsministerin Monika Grütters hat dem Gedanken, von der strikten Kinofilm-Fokussierung des DFFF abzurücken, zuletzt wieder eine sehr klare Absage erteilt.

Ich denke und hoffe, dass sich gute Argumente am Ende durchsetzen. Das deutsche High-End-Drama hat in den vergangenen Jahren enorme Erfolge gefeiert – und das weit über die Landesgrenzen hinaus. Auch außerhalb der Produktionswirtschaft sind sich die Experten einig, dass im Bereich der hochwertigen TV-Serien enormes Potenzial liegt, gerade in der internationalen Vermarktung. Warum sollte man auf dieses Potenzial verzichten? Wichtig wäre mir an dieser Stelle übrigens der Hinweis, dass man den Blick nicht auf Kinofilme und High-End-Serien beschränken darf. Dokumentationen und Animation/VFX müssen selbstverständlich ihren Platz in einem nachhaltigen Förderinstrument haben.

Geht man mit der aktuellen DFFF-Richtlinie denn insbesondere hinsichtlich des Bereichs Animation/VFX den richtigen Weg?

Die grundsätzliche Weichenstellung ist jedenfalls richtig. Aber nach unserem Verständnis ist auch hier das letzte Wort noch nicht gesprochen. Vonseiten der BKM erreichen uns vielfältige Signale, dass man dort die Bedeutung einer wirksamen VFX-Förderung klar erkannt hat. Das wiederum beinhaltet, keine unrealistischen Einstiegsschwellen zu setzen. Allerdings machen die europarechtlichen Vorgaben die konkrete Ausgestaltung der Richtlinien alles andere als einfach. Zudem wünschen wir uns generell, dass nationale wie internationale Produktionen, unabhängig von der Höhe des Budgets, vom DFFF einheitlich mit 25 Prozent gefördert werden können. Im Rahmen der ab 2018 potenziell verfügbaren Mittel wäre das durchaus darstellbar.

In einem Gespräch mit dem „Tagesspiegel" wurden Sie mit den Worten „Filmförderung ist zunächst Kunstförderung" zitiert. Eine auf den ersten Blick womöglich überraschende Aussage, gerade hinsichtlich einer Anreizförderung wie dem DFFF.

Was ich auch dort klar gemacht habe, ist, dass wir stets von Kultur- wie Wirtschaftsförderung gleichermaßen sprechen. Filmförderung wird sich nur rechtfertigen können, wenn sie eine kulturfördernde Agenda beinhaltet. Deshalb tun wir gut daran, den kulturellen Wert dessen zu betonen, was wir schaffen. Dass Film in erheblich höherem Maße als manche andere Kunstform eine genuin wirtschaftliche Bedeutung hat, steht auf einem anderen Blatt. Aber wenn wir uns rein auf das Thema Standort- bzw. Wirtschaftsförderung reduzieren ließen, würden wir in einem ungleich höheren Maß Akzeptanz- und Argumentationsprobleme haben.

Werden die neuen FFA-Leitlinien einem solchen Anspruch gerecht?

Grundsätzlich besteht zwischen uns und dem FFA-Vorstand kein Dissens hinsichtlich der Feststellung, dass es Ziel sein sollte, nachvollziehbar erfolgreich zu produzieren. Auch bekennen sich die Leitlinien durchaus zum „künstlerischen Erfolg" als ein mit dem FGG in Einklang stehendes Postulat. Was wir ablehnen, ist die Fixierung auf bestimmte Budget- und Zuschauergrenzen. Diese erachten wir als zu starr, zumal die Potenziale in der absoluten Mehrzahl der Fälle im Vorfeld nicht halbwegs konkret abschätzbar sind. Unsere Sorge ist daher, dass die Leitlinien an dieser Stelle zu reglementierend wirken könnten. Wenn aber alle Beteiligten, vor allem jene in den Kommissionen, vom Bewusstsein getragen sind, dass innovative und unkonventionelle Projekte nicht verhindert werden sollen, fallen die Folgen der Leitlinien in der Praxis vielleicht nicht so schwerwiegend aus. Das gilt es jetzt zu beobachten.

Wie aber fällt die Position der Allianz zur Frage einer Überproduktion im Kinobereich aus, der mit den Leitlinien begegnet werden soll?
Zunächst einmal muss man die Situation differenziert betrachten. Denn die Anzahl der rein deutschen Spielfilme ist nur in sehr überschaubarem Maße gewachsen. Wo wir deutliche Zuwächse verzeichnen können, ist – erfreulicherweise! – bei den deutschen Beteiligungen an internationalen Koproduktionen. Auch die Zahl der Dokumentationen hat sicherlich zugenommen, aber gerade in diesem Bereich sprechen wir ja von einer sehr konkreten Ausrichtung. Viele der Filme, die angeblich eine sogenannte „Schwemme" auslösen, wenden sich an ein ganz spezifisches Publikum und können innerhalb ihrer „Nische" erfolgreich sein. Dass durch sie Leinwände verstopft würden, stimmt nicht. Ganz entscheidend ist, dass die Zunahme von Projekten mit deutscher Beteiligung, die wir im vergangenen Jahrzehnt beobachten konnten, mit einem markanten Anstieg des deutschen Marktanteils verbunden war. Natürlich gab es da gelegentliche Dellen, aber der Trend ist ganz klar positiv. Ich plädiere anstelle von Pauschalurteilen daher für einen ausgewogenen Blick. Denn dann kommt man schnell von dem Vorwurf an die Produzenten weg, sie würden über Bedarf und an den Erwartungen vorbei produzieren.
Wäre es nicht im Sinne der Kinoproduzenten, für eine deutlich stärkere Abspielförderung einzutreten – womöglich auch in Form eines Kino-Entwicklungsfonds?
Die Allianz hat sich stets für eine adäquate Kinoförderung ausgesprochen und z.B. auch die massive Unterstützung mitgetragen, die Bund und Länder den Kinos im Zuge der Digitalisierung zukommen ließen. Wir haben ein existenzielles Interesse am Erhalt der Kinolandschaft. Sollte sich zeigen, dass die Betreiber tatsächlich nicht mehr in der Lage sind, die dafür notwendigen Investitionen aus eigener Kraft zu stemmen, kann man sicherlich darüber nachdenken, zusätzliche Mittel zu Verfügung zu stellen. Allerdings wenden wir uns dagegen, der Produktionsförderung, und damit dem genuinen Auftrag der FFA, immer weitere Mittel zu entziehen. Diesen Weg sollten wir nicht gehen, schließlich leitet die FFA ihre Legitimation primär aus der Förderung der Filmproduktion als ihrer Kernaufgabe ab.
Während die Bundesregierung zuletzt für gute Nachrichten in Sachen Film- und Fernsehbranche zuständig war, bereitet längst nicht nur den Produzenten das Geschehen auf europäischer Ebene Kopf-

zerbrechen. Droht schon im Herbst der GAU für die territoriale Lizenzierung?
Sie haben recht, wenn Sie die ursprünglichen Pläne der EU-Kommission als GAU bezeichnen. Denn für uns steht ohne jeglichen Zweifel fest, dass die faktische Abschaffung der Möglichkeit, Inhalte territorial zu lizenzieren, bestehende Finanzierungsmodelle zerstören würde. Die Folge? Produktionen wären kaum noch zu realisieren, die kulturelle Vielfalt würde massiv reduziert. Das kann doch auch nicht im Sinne der Kommission sein! Allerdings steht zu hoffen, dass deren fehlgeleitete Initiative nicht zuletzt dank des beeindruckend geschlossenen Auftretens der europäischen Filmwirtschaft abgewandt werden kann. Wichtige Ausschüsse des EU-Parlaments jedenfalls haben sich mit überwältigender Mehrheit gegen die Pläne der Kommission ausgesprochen und auch im EU-Rat gibt es dafür keine Mehrheit. Hilfreich war sicherlich, dass sich u.a. Frankreich und Spanien klar im Sinne der Filmwirtschaft positioniert haben. In Deutschland hat das vor allem die Kulturstaatsministerin getan. Im Bundesjustizministerium hat man sich dagegen zurückhaltend gezeigt, weil man sich von europaweiten Lizenzierungen Vorteile für die Verbraucher versprach. Die Beeinträchtigung der kulturellen Vielfalt hat man dort offenbar nicht ausreichend bedacht.
Wie geht es auf EU-Ebene nun weiter?
Im Rahmen des sogenannten trilateralen Verfahrens müssen sich Kommission, Parlament und Rat nun verständigen. Der Ball liegt jetzt bei der Kommission. Sie ist aufgerufen, bis Herbst einen neuen Vorschlag vorzulegen. Aufgrund der eindeutigen Positionierung von Parlament und Rat sind wir eigentlich zuversichtlich, was dessen Inhalt anbelangt, Entwarnung kann aber beileibe noch nicht gegeben werden. Wir werden das weitere Prozedere sehr genau beobachten und hoffen natürlich, dass auch eine neue Bundesregierung mit vollem Einsatz für unsere Belange eintritt.
Auch jenseits der Frage nach einer Ausweitung des Herkunftslandprinzips nimmt das Thema „Mediatheken“ im Rahmen der anstehenden Neubestimmung des Telemedienauftrags derzeit vermutlich breiten Raum in Ihrer Tätigkeit ein.
Das kann man ohne jegliche Übertreibung so sagen, zumal es sich nicht nur um ein enorm wichtiges, sondern auch sehr komplexes Feld handelt, bei dem wir vier Kategorien unterscheiden müssen: die vollfinanzierten Auftragsproduktionen, die teilfinanzierten Produktion, die Kino-Koproduktionen und die reinen Lizenzankäufe. Die sprichwörtliche

Musik spielt vor allem bei den teilfinanzierten Produktionen. Denn wenn ein Produzent ein Werk mitfinanziert, hegt er die berechtigte Erwartung, im Gegenzug Rechte zu erhalten, mittels derer er die Chance hat, sein Investment zu refinanzieren. Und die werthaltigsten Rechte sind einerseits die Auslandsrechte per se, andererseits die VoD-Rechte in ihren verschiedenen Ausprägungen. Mit der ARD sind wir im Wege einer Clusterung innerhalb eines sogenannten Schichtenmodells zumindest schon einmal zu einer grundsätzlichen Bewertung gelangt. Für SVoD und TVoD werden hier jeweils bis zu sechs Prozent der Produktionskosten zugrunde gelegt. Die Fragen sind aber noch nicht annähernd abschließend besprochen, auch bei der ARD ist noch völlig offen, wie die Rechte zum Beispiel je nach Aufenthaltszeit in den Mediatheken konkret zu bewerten wären. Dennoch wäre das Schichtenmodell auch in den Gesprächen mit dem ZDF ein guter Ansatz. Dort haben wir indes auf anderem Gebiet bereits 2016 Neuland beschritten.

In welcher Form?

Für eine längerfristige Online-Nutzung von vollfinanzierten Auftragsproduktionen in den Telemedienangeboten des ZDF wurde ein zusätzlicher Gewinnaufschlag eingeführt. Mit der ARD sind wir an dieser Stelle noch nicht so weit. Eine wichtige Frage stellt sich bei den Teilfinanzierungen übrigens auch hinsichtlich der Exklusivität der Rechte: Inwieweit darf ein mitfinanzierender Produzent Inhalte, die in einer Mediathek von ARD oder ZDF stehen, an andere Plattformen lizenzieren? Bei den Kino-Koproduktionen laufen nach Kündigung der Eckpunkte die Verhandlungen zwischen den Produzenten – Allianz, VDFP und der Produzentenverband NRW agieren hier gemeinsam – auf der einen und den öffentlich-rechtlichen Sendern auf der anderen Seite. Hier gibt es noch keinen Konsens, die Gespräche sind jedoch konstruktiv und gehen in der zweiten Oktoberhälfte in die nächste Runde. Was wiederum das aktuelle Verbot der Einstellung von reinen Lizenzankäufen in die Mediatheken betrifft, würde dessen Abschaffung im Rundfunkänderungsstaatsvertrag Einstimmigkeit unter den Ländern erfordern. Das wird, denke ich, eher schwierig. Man wird sehen. Aktuell jedenfalls führen wir unzählige Einzelgespräche mit den Ländern. Wir können von ihnen zwar nicht erwarten, dass sie gezielte Einzelvorgaben für den Bereich der teilfinanzierten Produktionen machen. Aber wir hätten doch sehr gerne ihre Unterstützung, um mit ARD und ZDF in einen strukturierten Verhandlungsprozess zu kommen, der alle Bereiche abdeckt.

Wo stehen die Produzenten denn im Ringen um angemessene Budgets?

Ich denke, es ist ein ganz wesentlicher Teil der Erfolgsgeschichte der Produzentenallianz, dass es uns gelungen ist, für die laufende Gebührenperiode eine öffentlich-rechtliche Sonderfinanzierung Programm in der Größenordnung von 150 Mio. Euro zu erreichen – für Produzenten und Kreative. Neben dieser Programmoffensive ist es auch gelungen, mit ARD und ZDF Eckpunkte zu vereinbaren, die zu deutlichen Budgeterhöhungen für die jeweiligen Einzelproduktionen geführt haben. Das lässt sich seit 30. August nun auch beim ZDF völlig transparent über deren Portal nachvollziehen, wo nicht nur Produktionsvolumina, auch nach Genres, sondern auch Minutenpreise gelistet sind. Und es zeigt sich z.B., dass der durchschnittliche 90-Minüter um rund 100.000 Euro höher angesetzt ist, als noch vor zwei bis drei Jahren. Es kommt also tatsächlich etwas an, die Budgets weiten sich aus. Natürlich besteht immer wieder Justierungsbedarf, aber die Eckpunkte unterliegen ja einem laufenden Evaluierungsprozess. Nichtsdestoweniger bleiben wir natürlich weiterhin unter erheblichem Kostendruck. Dem wird man auch in den anstehenden Tarifverhandlungen mit ver.di Rechnung tragen müssen.

Zumindest außerhalb der Branche stoßen Sie mit der Forderung nach einer Anhebung des Rundfunkbeitrags nicht unbedingt auf Gegenliebe. Entspräche sie denn überhaupt noch der Nutzungsrealität?

Ganz grundsätzlich gesagt: Gerade mit Blick auf die Macht internationaler Großkonzerne und anonymer Strukturen im Netz kommt ARD und ZDF zur Erhaltung unserer Demokratie eine dramatische wachsende Bedeutung zu. Wir benötigen Berichterstattung, wie sie in dieser Breite und Verlässlichkeit nur ein unabhängiges, öffentlich-rechtliches Rundfunksystem bieten kann. Eine Finanzierung, die dessen Aufgaben gerecht werden soll, wird auf Dauer nicht ohne eine maßvolle Erhöhung auskommen. Das läuft über ein geregeltes Verfahren, das der Einflussnahme durch die Politik weitgehend entzogen ist. An der Objektivität der KEF, der auch Vertreter von Rechnungshöfen angehören, gibt es wohl kaum einen Zweifel. Die KEF wird einen Vorschlag unterbreiten – und aktuell gibt es Hinweise, dass sie nach zwölf Jahren eine leichte Anhebung empfehlen wird. Diese muss dann natürlich auch gut begründet sein, aber davon ist auszugehen.

Eine Absage an notwendige Reformen stellt das Eintreten für eine Erhöhung aber nicht dar?
Nein, ganz im Gegenteil. Wir wollen ja nicht, dass nur in Renten investiert wird, in Sportrechte oder in Technik. Es geht um die Finanzierung hochwertigen, relevanten Programms. Eine Vermeidung von Doppelstrukturen und der Abbau von absoluten Nischenangeboten müssen nach wie vor auf der Agenda stehen. Daher halten wir die Bemühungen zur Effizienzsteigerung, die die Länder unter dem Begriff „Beitragsstabilität" diskutieren, für richtig und unterstützen sie.
Um nur einen der Kommentare als repräsentatives Beispiel zu zitieren, mit denen Ihre Vorstellungen zu Förderung und Beitrag im Tagesspiegel quittiert wurden: „Eine kleine Clique macht sich auf unser aller Kosten die Taschen voll." Muss die Film- und TV-Wirtschaft gegen ein Imageproblem ankämpfen?
Nein, im Gegenteil. Film fasziniert die Menschen ungebrochen, das zeigen auch die Zahlen. Das bewegte Bild hat nichts von seiner Relevanz verloren, ganz egal, ob man es nun im linearen Fernsehen oder über ein Streamingportal sieht; ob man ins Kino geht oder sich ein Heimkino einrichtet. Dass über unsere Branche diskutiert wird, ist auch in unserem Sinne – und kritische Stimmen gehören in einer Demokratie notwendigerweise dazu. Wir stellen uns der Debatte jedenfalls gerne – und tun das mit großem Selbstbewusstsein.

Produzentenallianz fordert „zeitgemäße und wirkungsvolle" Unterstützung der audiovisuellen Produktionswirtschaft

„Besucherpotentiale werden oft falsch eingeschätzt"

***Aus: promedia – Das medienpolitische Magazin**, August 2017*

Mit Blick auf die Bundestagswahl 2017 hat auch die Produzentenallianz ihre filmpolitischen Forderungen erhoben, mit denen sie sich sowohl an die neu zu wählende Bundesregierung wie auch an die Länderregierungen wendet. Sie fordert diese auf, ein klares Bekenntnis zur Förderung der Film- und Fernsehwirtschaft abzugeben. Die in dem Positionspapier aufgeführten 12 Punkte zielen darauf ab, die deutschen Produzenten als kreativen Motor der Filmwirtschaft zu stärken, auch und gerade im Zeitalter des digitalen Wandels für eine angemessene Förderung und die Erhaltung funktionierender Finanzierungsmodelle zu sorgen, die Wettbewerbsfähigkeit deutscher Produktionen auf hart umkämpften internationalen Märkten zu erhalten und auszubauen und damit die Zukunftsfähigkeit der deutschen Filmindustrie als bedeutenden Wirtschaftsfaktor zu sichern. Fragen an Dr. Christoph E. Palmer, Geschäftsführer der Produzentenallianz, zu den film- und medienpolitischen Druckpunkten der Vereinigung von 250 deutschen Produktionsunternehmen.

Herr Palmer, in Ihrem 12-Punktepapier fordern Sie von dem im Herbst neu zu wählenden Parlament und der neuen Bundesregierung ein klares Bekenntnis zur Förderung der Film und Fernsehwirtschaft. Die Förderung wurde innerhalb der vergangenen zwei Jahre mehrfach erhöht, 2018 stehen mit den Förderungen der Länder 400 Millionen Euro zur Verfügung. Welches Bekenntnis fordern Sie denn noch?
Förderungen sind leider nie in „Stein gemeißelt". Die seinerzeitige überraschende Absenkung im Jahr 2015 des DFFF von 70 über 60 auf 50 Millionen Euro zeigt dies anschaulich auf. Für eine international wettbewerbsfähige, nachhaltige Filmförderung beim Bund und in den Ländern einzutreten, ist eine Daueraufgabe. Das „Janus-Gesicht" des Films, einerseits Kulturgut und andererseits Wirtschaftsgut zu sein, erfordert von den Verantwortlichen aktiven Einsatz und immer auch

Überzeugungsarbeit und Erklärung. Die Produzentenallianz hat die Ankündigungen der Bundesregierung und des Parlaments, ab 2018 zu einer massiven Aufstockung des DFFF zu gelangen, sehr begrüßt und darauf hingearbeitet. Es gilt, die Filmförderung in der nächsten Legislaturperiode zu einem effektiven Förderinstrument weiter zu entwickeln, das auch für deutsche high-end- Dramen, hochwertige TV-Serien und VFX und Animationsarbeiten zur Verfügung steht. Alle Genres des Filmschaffens müssen im Blick behalten werden.

Sollen in die Bewegtbildförderung für die audiovisuelle Produktionswirtschaft, der DFFF und der GMPF integriert werden?

Es gilt, die gesamte audiovisuelle Produktionswirtschaft in Deutschland gegenüber den internationalen Wettbewerbern konkurrenzfähig zu halten oder zu machen. Dafür mag es unterschiedliche Töpfe und Ansätze geben. Nach der Bundestagswahl wird mit den Koalitionspartnern darüber zu diskutieren sein, ob die verschiedenen Förderwege zu integrieren und zu stärken sind, quantitativ und qualitativ. Für die Branche kommt es auf eine konsistente, automatische und verlässlich planbare Förderung an, die international bestehen kann.

Ist damit Ihre Forderung einer steuerbasierten Förderung gestorben?

Wir haben uns nie auf ein konkretes Modell festgelegt. Es kommt viel stärker auf den Umfang der Filmförderung des Bundes und ihre Verlässlichkeit an. Die Verantwortlichen müssen erkennen, dass ein Industrie-und Kulturland wie Deutschland, das in der Welt eine so bedeutsame Rolle spielt, auch eine zeitgemäße und wirkungsvolle Unterstützung seiner gesamten audiovisuellen Produktionswirtschaft benötigt, die mit den besten Förderungen weltweit Schritt hält.

Die FFA hat die neuen Leitlinien beschlossen, gegen die sich zahlreiche Produzenten gewandt haben. Was hat sich mit diesen Leitlinien bei der Förderung der FFA verändert?

In ihrem Ansatz, erfolgreiche Filme fördern zu wollen, haben wir keinen Dissens mit den Leitlinien. Auch die in der Allianz vertretenen Produzenten wollen erfolgreiche Filme produzieren, die ein möglichst breites Publikum erreichen. Und diese Idee, erfolgversprechende Filme unterstützen zu wollen, wird sicher auch von den Mitgliedern der Vergabekommission geteilt. Dass auch künstlerischer Erfolg ein mit dem FFG im Einklang stehender „Erfolg“ sein kann, gestehen zudem ja auch die Leitlinien zu. Wogegen wir uns gewandt haben, ist die Fixierung auf bestimmte Budget und Zuschauergrenzen, die die Vergabekommission zu stark binden können. Wir befürchten, dass starre Zahlenvorgaben interessanten und innovativen Filmprojekten den Weg zu Projektfilmförderung durch die FFA verwehren könnten. Wir haben schon allzu oft erlebt, wie falsch Besucherpotentiale von Filmen eingeschätzt wurden. Ein „Algorithmus" ist schon oft angekündigt, aber bislang nicht erfolgreich vorgestellt worden. Nicht nur die Produzenten der Filme, sondern auch die Verleiher und die Filmtheater täuschen sich immer wieder. Obwohl Letztere ihre Einschätzungen oft nicht schon im Projektstadium, sondern sehr viel später, häufig sogar erst, wenn der Film schon fertig ist, abgeben müssen.

Das ist natürlich auch den Verwertern bekannt, die in der Vergabekommission ja jeweils die Mehrheit der Mitglieder stellen. Wir befürchten deshalb, dass es bei den Entscheidungen der FFA künftig zu einer Verengung auf die vermeintlich sicheren Titel kommen könnte. Das sind bestimmt nicht die mutigeren, innovativen und neuartigen Filme, die sich nach ihren eigenen Aussagen die Filmtheater für ihr Publikum wünschen. Der deutsche Film ist schon einmal in den 60iger Jahren mit einer zu engen Ausrichtung auf die vermeintlich publikumswirksamen Filme an den Rand der Existenzkrise geraten, aus der er bekanntlich erst durch junge und innovative Filmemacher gerettet werden konnte.

Wie werden Sie nun damit leben können?

Unsere Produzenten werden damit leben müssen. Man wird sich bemühen, in dem Antrag der FFA und der Vergabekommission klarzumachen, dass auch ein Projekt, das nicht gängigen Erwartungen entspricht, das neue Wege beschreitet, das sich von anderen Filmen absetzt, eine Chance beim Publikum hat. Hierzu gibt es aus jüngster Vergangenheit mit „Victoria" und „Toni Erdmann" gute Präzedenzfälle. Wenn dann die Filme ins Kino kommen, die unter der Geltung der Leitlinien gefördert wurden, werden wir mit Interesse beobachten, ob es der Mehrheit der Verwerter in der Vergabekommission tatsächlich gelungen ist, einen breiten Genre Mix von Kinofilmen mit erfreulichen Kinoerfolgen auszuwählen, oder ob es ein Förder-Einerlei ist. Vielleicht ist dann der Moment gekommen, an dem es uns gelingt, deutlich zu machen, dass es den Produzenten nicht darum geht und nie darum ging, Filme zu realisieren, die keine Chance auf ein Kinopublikum haben, dass es ihnen auch nicht darum geht, von der Filmförderung zu leben (was schon wegen der in der Regel erforderlichen Rückstellungen nicht gelingt) und schon gar nicht darum geht, die Filmförderung als „Sozialhilfe-Ersatz" zu nutzen, wie dies unlängst polemisch formuliert wurde.

Die Kinos leisten inzwischen 47 Prozent der Einzahlungen der FFA. Es hat den Eindruck, dass die Produzenten kein Verständnis dafür haben, dass die Kinobetreiber vor allem wirtschaftlich erfolgreiche Filme fordern...

Doch, dafür haben wir totales Verständnis. Wir sind uns nur aus den vorstehend genannten Gründen nicht sicher, dass der Kinoerfolg mit den formalen Kriterien der Leitlinien vorhergesagt werden kann. Mit der Projektfilmförderung der FFA wurden auch in der Vergangenheit nicht 150 oder gar 250 deutsche Filme gefördert, sondern es waren allenfalls 50. Diese 50 oder zuletzt 45 Filme waren aber schon immer – auch frühere Vergabekommissionen hatten ja durchgehend ein gutes Gespür – überdurchschnittlich erfolgreich. Die Auswertung der Zahlen des Jahres 2016 zeigt zudem, dass der relativ schlechte Marktanteil des deutschen Films des Jahres 2016 nicht auf eine große Zahl totaler „Underperformer", sondern auf die deutlich gesunkene durchschnittliche Besucherzahl der besten zehn bzw. zwanzig deutschen Filme zurückzuführen ist. Gerade für diese muss es gelten, Bedingungen zu schaffen, die das Produzieren wirklich publikumsattraktiver Filme erleichtern. Dazu gehört auch – und auch insoweit besteht durchaus Konsens – eine bessere Ausstattung des Topfs, der in der FFA für die Projektfilmförderung zur Verfügung steht. Denn nur mit ausreichend budgetierten Filmen kann es gerade im Bereich der Mainstream Filme gelingen, den amerikanischen oder internationalen Großproduktionen etwas entgegen zu setzen.

Welche Konsequenzen haben die FFA Leitlinien für andere Förderinstitutionen wie BKM oder auch in den Ländern?

Wir sehen die Gefahr einer unguten „Schubladisierung", bei der alle kommerziell angehauchten Filme der FFA Förderung zugeordnet und alle für künstlerisch eingeschätzten Filme der BKM Filmförderung zugeteilt werden. Das läuft unseren Bemühungen zuwider, deutlich zu machen, dass auch künstlerisch anspruchsvolle, innovative Filme ein Zuschauerpotential haben können (und sollten), andererseits aber auch kommerziell vielversprechende Filme (die z. B. auf einem erfolgreichen literarischen Werk oder einer animierten Figur beruhen) künstlerisch wertvoll und förderungswürdig sein können. Ob sich Auswirkungen auch auf die Förderpolitik in den Ländern ergeben können, kann heute noch nicht abgeschätzt werden. Hier bleibt die Entwicklung abzuwarten.

Was halten Sie von der Forderung der Kinofilmproduzenten einen neuen Kino-Fördertopf aufzulegen?

Von einer Forderung der Kinofilmproduzenten nach einem neuen Kino Fördertopf ist mir nichts bekannt. Wir kennen jedoch die Forderung des HDF Kino; einen Standort-Kino-Entwicklungs- Fonds einzurichten. Wir unterstützen die Kinos aus ganzem Herzen und in fester Überzeugung in ihrem Bemühen, die Kinos als Begegnungsstätten in Stadt und Land fortzuentwickeln und im Bestand zu sichern. Ob es dazu der Einrichtung von „digitalen Walls oder 360° Kinos" (Dr. Thomas Negele) bedarf und ob es dafür dann auch Filme gibt, die man darauf abspielen kann, können die Kinos vermutlich besser beurteilen, als wir das können. Kurzfristig wichtiger erscheint uns jedenfalls, dass sich die Kinos um mehr Verständnis und eine bessere Durchdringung der Vorlieben und Interessen ihrer Besucher kümmern und die dabei gewonnenen Daten für eine bessere Ansprache und einen engeren Kontakt mit ihrem Publikum nutzen. Dies stellt auch eine Herausforderung für unsere Produzenten dar, die sich natürlich ebenfalls mit den Bedürfnissen und Wünschen eines sich ständig wandelnden und erneuernden Publikums auseinandersetzen müssen. Wir können uns deshalb einen intensivierten und sehr fruchtbaren Dialog auch zwischen Produzenten, Verleihern und Kinos zu dieser Thematik vorstellen. Sollten die Kinos allerdings der Auffassung sein, Mittel aus der FFA zur Finanzierung des von ihnen vorgeschlagenen Standort-Kino-Entwicklungs- Fonds aufzuwenden, müssten wir uns dem schon mit dem Hinweis auf die Zielrichtung des FFG, der nämlich in der Förderung des deutschen Kinofilms liegt, widersetzen.

Die Sperrfristenregelung für die Auswertung in den Kinos soll schon bis Mitte 2019 überprüft werden. Was erwarten Sie von der Prüfung?

Wir stellen fest, dass die Entwicklung bei den Auswertungsfolgen und alternativen auf der ganzen Welt rasant verläuft. Deshalb haben wir uns bei den Sperrfristen für eine gewisse Flexibilisierung eingesetzt, um in Deutschland bei geförderten Produktionen nicht völlig von der Entwicklung, die draußen auf den Weltmärkten stattfindet, abgekoppelt zu werden. Gleichzeitig haben wir aber natürlich auch Verständnis für die Sorgen der Filmtheater vor einer zu weitgehenden Aufweichung ihrer Exklusivität. Es wird deshalb auch 2019 eine diffizile Aufgabe sein, hier einen verträglichen Kompromiss zu finden. Immer nur auf hergebrachten Mustern zu beharren und sich auch probeweisen Lockerungen zu widersetzen, die geeignet wären, mit anderen Verwertungsideen Erfahrungen zu sammeln, kann jedoch nicht die Alternative sein.

Der HDF Kino rechnet bei verkürzten Fristen mit rückläufigen Einnahmen und damit auch weniger Umsätzen für Verleiher und Produzenten...

Auch unsere Produzenten von Kinofilmen wünschen sich in allererster Linie die Präsenz ihrer Filme im Kino und den Erfolg ihrer Filme beim Kinopublikum. In der Breite der Kinofilme werden die Plattformen (anders als möglicherweise bei den Serien) das Kinogeschäft und die Attraktivität, die Filme über eine Kinoauswertung gewinnen können, nicht ersetzen können. Gleichzeitig stellen Lizenzen für die Vergabe von Verwertungsrechten auf Plattformen aber natürlich eine interessante Möglichkeit dar, bei sinkenden DVD Umsätzen und geringer werdenden TV Lizenzen zusätzliche Einnahmen zu generieren. Bei einer größeren zeitlichen Nähe der Plattformverwertung zum Kinostart könnten wechselseitig Synergien genutzt werden. Diese würden möglicherweise eher zu geringeren Ausgaben für Werbemaßnahmen, als zu deutlich höheren Einnahmen führen. Aber auch das wäre ja schon ein Gewinn. Hier wird es also darum gehen, tatsächlich herauszufinden, welche Schutzfristen Kinos, die sich zu attraktiven Begegnungsstätten gemausert haben, wirklich brauchen, um ihren USP zu sichern, und welche Vorteile von einer aufeinander abgestimmten Verwertung erwartet werden können.

Eine Verkürzung soll auch eine schnellere Präsenz im TV bedeuten. Glauben Sie, dass die TV Sender dafür mehr bezahlen würden?

Bei den TV Sendern geht es – leider – schon seit längerem nicht mehr darum, ob sie mehr bezahlen, sondern darum, ob sie sich im Projektstadium überhaupt an einem Kinofilm beteiligen. Und hier wird uns auch von ARD und ZDF immer wieder gesagt, dass der Kinofilm für sie aufgrund der langen Sperrfristen die dazu führen können, dass vom Zeitpunkt der Zusage des Senders bis zum Ausstrahlungstermin drei oder gar vier Jahre vergehen können, von nur geringem Interesse sei. Bei erfolgreichen Produktionen halten wir diese langen Fristen dennoch für angemessen und fordern ja sogar, dass diese so ausgestaltet sein müssen, dass vor der Free TV Verwertung auch eine Pay-TV Verwertung realistisch möglich bleibt. Bei weniger erfolgreichen Produktionen könnte aber durchaus die Frage zu stellen sein, ob über die im FFG vorhandenen Möglichkeiten zur Verkürzung der Sperrfristen hinaus noch weitergehende Lockerungen möglich sind, die sich auch nicht zum Nachteil der Kinos auswirken würden.

Die Länder wollen den Telemedienauftrag im September novellieren. Haben Sie mit dieser Neuregelung ein Problem?
Die vorgeschlagene Regelung zu Verweildauern im Referentenentwurf ist leider aus Sicht der Produzenten bislang nur zugunsten der Rundfunkanstalten ausgestaltet: Auftragsproduktionen könnten je nach Telemedienkonzept viele Monate, ja Jahre unentgeltlich in der Mediathek angeboten werden. Diese Verweildauern können nach dem Entwurf sogar noch weiter verlängert werden, ohne dass diese Änderung durch einen 3-Stufen-Test muss, wenn der Sender die Änderung für nicht „wesentlich" hält. Die von Ihnen angesprochene Vier-Wochenbzw. 30-Tage-Frist soll künftig für bisher angekaufte (fiktionale) Filme und Serien aus Europa gelten. Bisher durften die fiktionalen Kaufproduktionen gar nicht in die Mediathek eingestellt werden. Die Folge ist: US-Produktionsunternehmen können ihre Produktionen weiterhin ohne Probleme auch iTunes, Netflix & Co. anbieten, weil diese keine Angst vor der „Umsonst-Konkurrenz" der Mediatheken haben müssen. Deutsche und europäische Produzenten haben diesen Schutz hingegen nicht. Dies erscheint uns unausgewogen und nicht fair.
Was würden Sie als faire Lösung für die deutschen Produzenten empfinden?
Aus unserer Sicht sollten fiktionale Kaufproduktionen generell auch weiterhin nicht in Mediatheken angeboten werden dürfen. Außerdem sollte klargestellt werden, dass dieses Verbot auch für Koproduktionen und erhebliche Teilfinanzierungen durch den Produzenten gilt, bei denen er gerade auf eine kommerziell erfolgreiche Home Entertainment in seinem Heimatland angewiesen ist. Man sollte sich überlegen, warum nur fiktionale Produktionen in den Genuss dieses Schutzes kommen und nicht auch non-fiktionale. Und schließlich sollten die Länder die Anstalten auffordern, im Bereich der vollfinanzierten Auftragsproduktionen die durch die langen Verweildauern entstehenden finanziellen Verluste fair auszugleichen.
Sie fordern in Ihren 12 Punkten: „Die Bundesregierung sollte die Vorschläge des Europäischen Parlaments zur Anhebung der Quote für europäische Programme in Video-on-Demand Angeboten unterstützen und für eine wirksame Kontrolle der Quotenregelungen in Deutschland und in der EU Sorge tragen." Die Bundesregierung hat sich bereits dafür ausgesprochen. Und wie soll die Kontrolle aussehen?
Für die Kontrolle der Einhaltung des Rundfunkstaatsvertrags sind die

Landesmedienanstalten zuständig. So sollte es hier auch sein. Es kann ja wohl nicht angehen, dass die TV-Sender gegenüber der Bundesregierung selbst angeben, ob sie die Quoten einhalten. So ist es aber derzeit.

Es ist noch immer nicht entschieden, ob das Territorialprinzip innerhalb Europas abgeschafft werden soll. Wo wird es nachweisliche Nachteile für die deutsche Filmbranche geben?

Wir haben immer wieder auf die Gefahren hingewiesen, die sich bei einer noch weitergehenden Lockerung des Territorialitätsgrundsatzes für die Finanzierbarkeit von nicht ausschließlich vom Sender bezahlte Produktionen ergeben würden. Der Markt für europäische Lizenzvergaben ist traditionell territorial abgegrenzt. Lizenznehmer in den einzelnen Lizenzgebieten verlangen für sich Exklusivität als Voraussetzung dafür, das Risiko der Zahlung einer Minimumgarantie und der Vorfinanzierung der Herausbringungskosten einzugehen. Wenn diese Exklusivität durch die Geltung des sogenannten Herkunftslandprinzips auch für VoDDienste und damit z. B. auch für die Mediatheken der Sender gerade in dem Zukunftsmarkt der VoD-Angebote nicht mehr gewährleistet werden kann, werden ausländische Lizenznehmer nicht mehr bereit sein, Filme überhaupt oder jedenfalls gegen Zahlung einer Lizenzgebühr zu erwerben. Das wird, wie auch sorgfältig erstellte Studien vorhersagen, dazu führen, dass viele Produktionen nicht mehr realisiert werden können. Für die Konsumenten bedeutet dies, dass der versprochene Zuwachs an Vielfalt sich ganz im Gegenteil als ein Verlust an Vielfalt auswirken wird.

Das Angebot der EU Kommission, individualvertraglich in den Verträgen mit dem Sender die Zulässigkeit eines grenzüberschreitenden Angebots wiederum auszuschließen, ist demgegenüber ein stumpfes Schwert, denn die Erfahrung zeigt, dass sich ein Großteil der kleinen und mittelständischen Produzenten gegen weitergehende Forderungen der Sender nicht wird zur Wehr setzen können.

Aber mittlerweile scheinen unsere Argumente ja auf einen fruchtbaren Boden in Europa zu fallen. Das Europäische Parlament und der Europäische Rat bewegen sich in unsere Richtung, die EU-Kommission wird an dieser Meinungsbildung nicht vorbeigehen können.

Auch die öffentlich-rechtlichen Sender sind für Änderungen beim Territorialprinzip..

Die Sender sehen in den Mediatheken einen zunehmend wichtigen Ausspielkanal für die von ihnen finanzierten Programme. Sie sind deshalb auf allen Ebenen bemüht, ihre Handlungsfreiheiten in Bezug auf die

Mediatheken zu erweitern. Das gilt auf nationaler Ebene für die Ausweitung der Verweildauern in gleicher Weise wie international für die für den gesamten europäischen Raum erhobene Forderung nach Aufhebung der Territorialität von Lizenzen. Dass damit gerade für kleine und mittlere Produzenten das Überleben massiv gefährdet wird, scheint in der Tat noch nicht in das Bewusstsein der Verantwortlichen vorgedrungen zu sein. Genauso wenig wie die für die Sender vermutlich noch größere Gefahr, dass sie dadurch – es steht zu befürchten unbewusst – den internationalen Giganten (Netflix, Amazon und Co.), die künftig allein noch in der Lage sein werden, an den Produktionen, die sie wirklich interessieren, Rechte für ganz Europa zu erwerben, den Weg für eine dominante Position auch in Europa ebnen.

Die neue Regelung soll aber auch Vorteile haben, wie eine höhere Reichweite und damit auch möglicherweise einen höheren Preis für Lizenzen. Liegt hier nicht eine Chance?

Unsere Hoffnungen, bei Aufhebung des Territorialitätsgrundsatzes von den Sendern höhere Ko-Produktionsbeiträge oder Lizenzzahlungen zu erhalten, sind nicht hoch. Wir sehen schon heute voraus, dass die Sender argumentieren werden, dass die (angeblich wenigen) Nutzer, die aus dem Ausland Zugriff auf die Mediathek nehmen werden, ja nur Zuschauer substituieren, die die gleichen Programme früher über Satellit empfangen und angesehen hätten. Mit diesem Argument der kommunizierenden Zuschauerröhren wurde schon in der Vergangenheit immer wieder unseren Forderungen nach einer Kompensation für die erweiterten Nutzungsmöglichkeiten entgegengetreten. Dass mit einer Zugriffsmöglichkeit aus dem Ausland aber Auslandsmärkte insgesamt stark beeinträchtigt werden, ist den Sendern nach unserer Erfahrung bislang entweder noch nicht klar geworden oder wird von ihnen als für sie nicht relevant eingeschätzt.

„Laemmle ist uns noch heute ein Vorbild"

***Aus: 150 Jahre Carl Laemmle – Von Laupheim nach Hollywood, Sonderveröffentlichung der Schwäbischen Zeitung Laupheim**, März 2017*

„Überlegungen, einen solchen Preis ins Leben zu rufen, gab es in unseren Reihen schon länger", sagt Dr. Christoph E. Palmer, Vorsitzender der Geschäftsführung der Allianz Deutscher Produzenten – Film und Fernsehen. Im Gespräch mit Roland Ray schildert er, wie der Carl-Laemmle-Produzentenpreis zustande kam und wie wichtig ein erfolgreicher Auftakt auch für Laupheim ist.

Herr Palmer, Sie gehören zu den „Geburtshelfern" des Carl-Laemmle- Produzentenpreises. Wie ist es zu dieser neuen Auszeichnung gekommen?
In Deutschland fehlte bisher ein eigenständiger, repräsentativer Preis, um das Lebenswerk eines Produzenten oder einer Produzentin zu würdigen und die besondere Leistung der Produzenten im kreativen und wirtschaftlichen Prozess des Filmschaffens herauszustellen. Das haben wir von der Produzentenallianz als Mangel empfunden. Überlegungen, einen solchen Preis ins Leben zu rufen, gab es in unseren Reihen schon länger. Als ich vor zwei Jahren auf Einladung des Freundeskreises des Museums zur Geschichte von Christen und Juden einen Vortrag in Laupheim hielt, machte mich Oberbürgermeister Rainer Kapellen auf Carl Laemmles 150. Geburtstag im Jahr 2017 aufmerksam. Das war ein wichtiger Impuls. Wir haben dann Gespräche mit der Stadt Laupheim geführt und es hat sich gefügt, dass wir das Laemmle-Jubiläum nun mit der erstmaligen Verleihung eines Preises verknüpfen können, der Bezug nimmt auf einen der Urväter der Filmproduktionswirtschaft
Ist Laemmle als Namensgeber für den Produzentenpreis die Idealbesetzung?
Ja. Er verkörpert geradezu idealtypisch das Leitbild unseres Verbands, wonach der Produzent nicht nur für die Finanzierung eines Films sorgt und die wirtschaftliche Verantwortung trägt, sondern auch kreativer Motor und Ermöglicher in allen Phasen ist, von der ersten Idee über die Entwicklung des Drehbuchs und die Auswahl der Mitwirkenden bis hin

zur Endfertigung und Vermarktung des Films. In all diesen Belangen ist uns Carl Laemmle noch heute ein Vorbild.

Für die neu geschaffene Auszeichnung waren die Mitglieder der Produzentenallianz, wie zu hören ist, sofort Feuer und Flamme. Gilt das auch für Laupheim als Ort der Preisverleihung?

Es hat ein wenig Überzeugungsarbeit gekostet, die Gala nicht in einer Filmmetropole wie Berlin oder München auszurichten, sondern in Laupheim. Das war zunächst erklärungsbedürftig.

Welche Argumente pro Laupheim haben letztlich verfangen?

Zum einen, dass es zweifellos Charme hat, an den genius loci anzuknüpfen und den Preis in der Geburtsstadt des Hollywood-Pioniers zu übergeben. Beeindruckt hat zudem, mit welcher Begeisterung viele in Laupheim die Idee aufgreifen und wie tatkräftig die örtliche Wirtschaft den Car1-Laemmle-Produzentenpreis finanziell unterstützt. Auch bei der Auftaktveranstaltung in der Landesvertretung Baden-Württemberg im Rahmen der Berlinale hat die Stadt Laupheim mit einem Informationsstand bestmöglich für sich geworben.

Das hat Neugier geweckt und die Skeptiker erst einmal verstummen lassen. Aber wir sind jetzt gefordert: Die Feuertaufe steht an, die Gala am 17. März muss sitzen.

Mit anderen Worten: Der Preis ist ein Selbstläufer, Laupheim als Ort der Preisverleihung nicht?

So könnte man es sagen, aber ich betone: Laupheim hat seine Chance schon nach Kräften genutzt. Der Veranstaltungsreigen im Laemmle-Jahr 2017 macht Eindruck, die Mobilisierung der Kräfte vor Ort, die Gründung des Carl-Laemmle-Fördervereins ...

Mit Roland Emmerich als Preisträger ist dem Carl-Laemmle-Produzentenpreis internationale Aufmerksamkeit gewiss. Dass die Wahl auf ihn fiel, ist das auch aus Ihrer Sicht der „Knaller", der eine Premiere beflügelt?

Ein solch klangvoller Name sollte uns Auftrieb geben. In den Folgejahren wird der Preisträger wohl nicht immer einen derartigen Bekanntheitsgrad haben. Produzenten stehen nun mal nicht so im Scheinwerferlicht wie Schauspieler und Regisseure.

Der Produzentenpreis 2017 wird gemeinsam finanziert von der Produzentenallianz, der Stadt Laupheim und der hiesigen Wirtschaft – ein Modell mit Zukunft?

Das wäre zu hoffen. Wichtig ist: Zum richtigen Zeitpunkt – Laemmles 150. Geburtsjahr – sind wir gut aus dem Startblock gekommen. Jetzt muss auch der Lauf klappen, aber wir sind ja ins Gelingen verliebt. Drei Jahre sind zunächst verabredet, und wir stehen in der Pflicht, drei gelungene Preisverleihungen hinzubekommen. Die organisatorischen Voraussetzungen dafür hat die Produzentenallianz mit der Gründung einer Unternehmergesellschaft geschaffen. Momentan ist das eine 100-prozentige PA-Tochter. Wir würden uns freuen, wenn die Stadt Laupheim der Gesellschaft als Partner auf Augenhöhe beitritt. Auch das würde dazu beitragen, dass der Preis auf Dauer in Laupheim verliehen wird.

Selbstverpflichtung des ZDF für die Zusammenarbeit mit den Produzenten unterscheidet sich vom ARD-Eckpunktepapier

„Wir lagen bei der Rechtefrage weit auseinander"

***Aus: promedia – Das medienpolitische Magazin**, Februar 2017*

Nach ersten „Eckpunkten der Zusammenarbeit" von ARD (2009) und ZDF (2010) und weiterreichenden „Eckpunkten 2.0" der ARD 2016 hatte sich im Dezember 2016 nach umfassenden und intensiven Konsultationen mit der Produzentenallianz auch das ZDF zu verbesserten „Rahmenbedingungen einer fairen Zusammenarbeit" mit den Fernsehproduzenten verpflichtet. Die neuen ZDF-Rahmenbedingungen gelten während der nächsten KEF-Gebührenperiode 2017–2020 für vollfinanzierte und – neu: – auch für teilfinanzierte Auftragsproduktionen aller Genres.

Herr Palmer, kurz vor Jahresende 2016 wurde mit dem ZDF ein neues Rahmenabkommen unterzeichnet. Welche wesentlichen Unterschiede gibt es zu dem Eckpunktepapier der ARD?
Die „Rahmenbedingungen einer fairen Zusammenarbeit", die das ZDF Ende 2016 vorgelegt hat, sind kein „Abkommen", sondern – wie auch schon die „Eckpunkte 2.0" der ARD – eine Selbstverpflichtung des Senders. Folglich wurde auch nichts unterzeichnet. Allerdings hat das ZDF seine neuen Rahmenbedingungen in einem langen und intensiven Konsultationsprozess mit der Produzentenallianz erarbeitet. Dass sich die ZDF-Rahmenbedingungen von den ARD-Eckpunkten unterscheiden, ist keine Überraschung. Wichtig für die Produzenten war allerdings, dass die Selbstverpflichtung des ZDF auf Augenhöhe mit der der ARD sein würde, was die Summe der Verbesserungen unter dem Strich betrifft. Das ist gelungen, trotz der Unterschiede in den Details. Während die ARD-Eckpunkte 2.0 mit dem Schichtenmodell bei der Mitfinanzierung durch den Produzenten Rechte und ihre Werthaltigkeit in Korridoren klar identifiziert und damit gleichsam einen Anwendungs- Leitfaden enthalten, erklärt das ZDF, dass der Produzent bei teilfinanzierten Projekten entsprechend seiner Beteiligung an den Herstellungskosten Rechte zur eigenen Verwertung erhält; der Umfang wird individualvertraglich verhandelt. Die Innovationsförderung, die auch dem ZDF sehr

wichtig ist, setzt andere Akzente. Das entsprechende Leistungsmodell der ARD regelt ja, auf welche Weise eine Produktion durch künstlerische Anerkennung wie Festivalerfolge oder Fernsehpreise sowie intensive programmliche Nutzung – Wiederholungen – Punkte sammelt und damit einen nachrechenbaren Anspruch auf eine Prämie aus dem Innovationstopf erwirbt. Einen vergleichbaren Mechanismus, nach dem die Mittel vergeben werden, ist in den ZDF-Richtlinien nicht definiert. Weitere Unterschiede zu den ARD-Eckpunkten 2.0 sind beispielsweise der Mediatheken- Gewinnzuschlag für vollfinanzierte Auftragsproduktion – so etwas gibt es bei der ARD gar nicht – oder die Höhe der Beteiligung an Bruttoerlösen aus den Auslands-, Pay-TV-, Kino-, DVD- und VoD-Verwertungen von 20 Prozent. Bei der ARD sind es derzeit nur 16 Prozent, aber dieser Punkt wird jetzt neu evaluiert.

Sie haben relativ lange und länger als mit der ARD das neue Rahmenpapier „erarbeitet". Wo lagen die größten Schwierigkeiten für eine Einigung?

Sehr weit auseinander waren wir bei der Rechtefrage. Und ich verhehle nicht: Man hätte sich an dieser Stelle mehr Mut vom Lerchenberg gewünscht. Aber eine Verständigung erfordert immer Kompromissbereitschaft von beiden Seiten.

Wo liegen die wichtigsten Vorteile für die Produzenten bei diesem Eckpunktepapier?

Neben dem bereits Erwähnten gibt es zum Beispiel Verbesserungen bei den Bürgschaftsregeln oder dem Formatschutz. Besonders ist jedoch das Stichwort Kalkulationsrealismus zu nennen: Überstunden-, Sonn- und Feiertagszuschläge sind künftig auch bei Produktionen für das ZDF kalkulationsfähig, ebenso Rechtsberatungskosten und angemessene produktionsbezogene Aufwände für Arbeitsschutz. Abhängig von Genres gehören zu den jetzt anerkannten Stab-Positionen zum Beispiel bei Reihen und Serien Producer, Herstellungsleiter und Headautoren, bei historischen Themen oder sehr umfangreichen Produktionen eine Szenen- oder Kostümbildassistenz, eine Filmgeschäftsführung und deren Assistenz, Locationscouts und Motivaufnahmeleiter. Bei Dokumentationen werden Postproduktionskoordinatoren und bei Dokumentationen mit Spielszenen und hochfrequenten Projekten Herstellungsleiter anerkannt. Bei Entertainment-Produktionen werden Herstellungsleiter und Executive Producer zu marktüblichen Bedingungen kalkulationsfähig, Kosten für den Erwerb vorbestehender Formate abgegolten. Das alles sind Kosten, die die Produzenten bisher aus ihrem Gewinnzuschlag oder der Umlage der Gemeinkosten tragen mussten. Kurz gesagt: Am Ende bleibt für die Produzenten mehr übrig. Und auch „heilige Kühe" wurden geschlachtet: Wie lange hat man sich bei den Sendern etwa gegen die Kalkulierbarkeit des Producers gewehrt? Das ist nun zum Glück „Schnee von gestern".

Auf welche Fernsehformate beziehen sich die neuen Eckpunkte?

Die Rahmenbedingungen gelten für alle Genres, die vom ZDF für seine Fernsehprogramme beauftragt werden, unabhängig davon, ob sie vom ZDF voll- oder vom Produzenten teilfinanziert werden. Das ist auch neu und ein erheblicher Fortschritt.

Warum finden die Rahmenbedingungen auf geförderte Produktionen und Koproduktionen keine Anwendung?

Geförderte und Koproduktionen sind keine Auftragsproduktionen im eigentlichen Sinne und unterliegen immer schon speziellen Regelungen, etwa was den Rechterückfall betrifft.

Zu Ihren wichtigsten Themen bei Vergütungsdebatten mit dem öffentlichrechtlichen Rundfunk gehören: Kalkulationsrealismus, Vergütung der Online- Nutzung, Faire Rechteteilung bei vom ZDF nicht vollfinanzierten Produktionen. Inwieweit haben Sie diese Forderungen im Eckpunktepapier des ZDF berücksichtigt?

In den von Ihnen genannten Punkten sind mit den ZDF-Rahmenbedingungen beachtliche Fortschritte erreicht worden, die die Produktionsbedingungen auch mit dem ZDF auf eine ganz neue, erheblich verbesserte Grundlage stellen. Ein für allemal abgehakt sind diese Themen damit allerdings nicht. Zunächst kommt es jetzt aber darauf an, wie die neuen Regelungen umgesetzt werden, also auf die Anwendung durch die Senderabteilungen und die Produzenten.

In der Rahmenvereinbarung ist davon die Rede, dass der von der KEF anerkannte Mehrbedarf für 2017 bis 2020 zweckentsprechend im Rahmen dieser Selbstverpflichtung verwendet wird. Wie hoch wird diese Summe annähernd sein?

Ganz entscheidend ist, dass wir in den Produktionsetats jährlich an der sogenannten rundfunkspezifischen Teuerungsrate partizipieren.

In der Rahmenvereinbarung wird darauf verwiesen, dass es sich um „Neuland" bei der Vergütungsstruktur handelt. Wie sieht dieses „Neuland" konkret aus?

Mit diesem „Neuland" ist der Mediatheken-Gewinnzuschlag gemeint, den das ZDF künftig zahlt: Wenn eine vollfinanzierte Auftragsproduktion ununterbrochen länger als 30 Tage in der ZDF-Mediathek steht, wird der Gewinnaufschlag um bis zu 1 Prozentpunkt erhöht. Die Kappungsgrenze liegt bei einem Volumen von 1,5 Mio. Euro. Bei teilfinanzierten Auftragsproduktionen, Ko- und Förderproduktionen bleibt es bei einzelvertraglichen Regelungen. Das ist tatsächlich insofern Neuland, weil bis jetzt kein Sender für eine Online-Verwertung in den eigenen Mediatheken in irgendeiner Weise bezahlt hat.

Warum wird die Mediathekennutzung nur bei vollfinanzierten Auftragsproduktionen vergütet?

Die Mediathekennutzung soll natürlich auch und erst recht bei teilfinanzierten Auftragsproduktionen vergütet werden, aber der ein-prozentige Standard- Gewinnaufschlag ist natürlich zu gering, um das Investment des Produzenten zu decken und darüber hinaus noch eine nennenswerte Wertschöpfung zu generieren. Denn darum geht es uns ja: Wir wollen, das die Produzenten selbst in ihre Programme investieren können, damit sie über die starren Vergütungen der vollfinanzierten Auftragsproduktion hinaus unternehmerisch handeln können. Denn das ist die Voraussetzung für ein Wachstum, wie es in anderen Branchen nicht nur möglich, sondern auch üblich ist.

Das ZDF stellt einen Innovationsfonds in Höhe von 2 Mio. € pro Jahr zur Verfügung. Ist das nicht ein wenig Symbolpolitik?

Genauso wie das Leistungsmodell der ARD besteht auch der ZDF-Innovationsfonds aus zusätzlichen Programmmitteln. Das heißt, dass das reguläre Programmbudget dadurch nicht vermindert wird. Keine Umwidmung, und auch keine Symbolpolitik. Und natürlich besteht in diesem seit langem stagnierenden und sogar schrumpfenden Markt der Bedarf an Mitteln, mit denen möglich wird, Dinge anzugehen, ohne zwingend auf Nummer sicher gehen zu müssen.

Nur wenige Tage nach Abschluss der Rahmenvereinbarung haben Sie gewarnt, dass die von den Bundesländern geplante deutliche Ausweitung der Verweildauer von Programmen in den öffentlich-rechtlichen Mediatheken das Geschäftsmodell und die Zukunftschancen der deutschen Produktionsunternehmen gefährdet. Das erstaunt ein wenig. Dieser Schritt ist doch schon seit längerem im Gespräch. Warum haben Sie das mit dem ZDF nicht gleich entsprechend verhandelt?

Weil sie nicht zuständig sind. Die Sender entscheiden nicht über die Verweildauern in Mediatheken, sie setzen nur um, was in den Rundfunkstaatsverträgen steht.

Die Länder planen die Ausdehnung, um die Akzeptanz des Rund-

funkbeitrages zu erhöhen. Daran müssten Sie doch auch interessiert sein?

Natürlich ist uns die Akzeptanz der Bürger für den Rundfunkbeitrag sehr wichtig. Wir haben bei verschiedenen Gelegenheiten betont, dass die Menschen für ihren nicht geringen Beitrag auch einen vernünftigen Gegenwert bekommen müssen – nämlich gutes Programm. Die Voraussetzung für gutes Programm sind aber Produzenten, die es herstellen können. Denen wird aber das Geschäftsmodell zerschossen, wenn potentiell werthaltige Programme durch eine kostenlose Nutzung der Wertschöpfung entzogen werden. Und mit einem kaputten Geschäftsmodell gibt es am Ende nicht nur kein Geschäft mehr, sondern überhaupt keine Programme, die den Bürgerinnen und Bürgern einen Gegenwert für ihren Rundfunkbeitrag bieten.

Die Rahmenvereinbarung hat eine Laufzeit von vier Jahren. Welche Fragen müssen in der nächsten Vereinbarung unbedingt gelöst werden?

Also jetzt gilt es, das hoch komplexe und innovative Papier mit Leben zu erfüllen und vollständig zu praktizieren. Die Laufzeit orientiert sich an der Gebührenperiode 2017–2020. Dann sieht man weiter. Allerdings verhehle ich nicht, dass eine verbesserte Rechteteilung und -auswertung auf der Agenda der deutschen Produktionswirtschaft bleibt.

Produzenten mit neuem Filmförderungsgesetz teilweise unzufrieden

„Das könnte schnell zur Sackgasse werden"

***Aus: promedia – Das medienpolitische Magazin**, Januar 2017*

Für die deutsche Filmwirtschaft war 2016 ein wichtiges Jahr: Es gab zahlreiche Preise für deutsche Kinound Fernsehfilme und das neue FFG wurde vom Deutschen Bundestag verabschiedet. Zudem haben sowohl die ARD als auch das ZDF neue Rahmenvereinbarungen mit den Produzenten abgeschlossen, die ihnen eine realistischere Vergütung und bessere Möglichkeiten für eine digitale Verwertung sichern. „Unsere Bewertung des neuen FFG fällt durchaus gemischt aus", so Dr. Christoph E. Palmer in einem promedia- Gespräch. Trotz einiger Verbesserungen konnten sich die Produzenten weder beim Erlöskorridor noch bei einer größeren Flexibilität des Auswertungsfensters durchsetzen. Fragen an den Geschäftsführer der Produzentenallianz zum FFG, zur Ausrichtung der FFA, zum DFFF und zur Vereinbarung mit der ARD.

Herr Palmer, das novellierte FFG tritt am 1. Januar 2017 in Kraft. Wie zufrieden sind Sie mit dem Gesetz, da ja nur einige der wichtigsten Ziele der Produzentenallianz bei der FFG-Novellierung erreicht worden sind?
Unsere Bewertung des neuen FFG fällt durchaus gemischt aus. Zu begrüßen ist, dass es gelungen ist, die Finanzierung der FFA für die nächsten Jahre auf (relativ) sichere Beine zu stellen. Besonders bedeutsam ist hier, dass die Schieflage, die sich in den letzten Jahren insbesondere im Bereich der Abgaben der Videowirtschaft und der ausländischen VoD-Anbieter aufgrund verschiedener Umstände ergeben hatte, beseitigt werden konnte. Gerade bei letzteren hat ja nun auch die EU Kommission grünes Licht gegeben. Bei der Verteilung der Förderung auf Projektfilm und Referenzfilmförderung hätte man sich auch andere Lösungen vorstellen können. Die jetzt vorgesehene jeweils ungefähr hälftige Dotierung dürfte aber überwiegend auf Konsens stoßen. Die Realisierungsraten geförderter Drehbücher waren in der Vergangenheit weitgehend unbefriedigend. Insofern macht es sicher Sinn, hier eine intensivere und begleitete Förderung erfolgversprechender Drehbücher zu versuchen.

Man wird sicher erst nach einigen Jahren beurteilen können, ob dieser Versuch gelungen ist.

Auch die Konzentration der Vergabekommissionen und die Neuregelungen zu deren Besetzung aus einem Expertenpool sind grundsätzlich zu begrüßen, auch wenn sich erst erweisen muss, ob dies nicht zu einer unsteten Entscheidungspraxis führen wird. Besonders wichtig war uns die Neuregelung des § 63 Abs. 3 FFG (neu), die nun vorsieht, dass auf der Grundlage einer noch zu erlassenden Richtlinie geregelt werden kann, dass der Eigenanteil des Produzenten auch durch Lizenzvorabverkäufe dargestellt werden kann. Das war eine langjährige und schon bei der letzten Novelle vorgetragene Forderung der Produzentenallianz. Auch der Wegfall der Verpflichtung, Eigenmittel in Höhe von 2 Prozent einzusetzen, ist ein erfreulicher Schritt, der die leider allzu oft schwierige Eigenkapitalposition der Produzenten berücksichtigt.

Die Produzenten hatten einen Erlöskorridor gefordert, der nicht im Gesetz verankert ist. Was hätte der Ihnen gebracht?

Mit unserer Forderung, bei FFA geförderten Filmen in allen Verwertungsverträgen verpflichtend einen nicht verrechenbaren Korridor zu Gunsten der Produzenten vorzusehen, sind wir leider nicht durchgedrungen. Ein solcher Korridor hätte dazu beigetragen, dass die unglückselige Konstellation, dass die Produzenten zur Finanzierung ihrer Produktion in der Regel alle verfügbaren Rechte vorab veräußern müssen und bei der Rückdeckung der geleisteten Investitionen an letzter Stelle stehen, ein Stück weit (gefordert waren maximal 10 Prozent) aufgebrochen worden wäre. Dies hätte dazu beitragen können, den Produzenten eine höhere Chance zu geben, ihre in den Film investierten Mittel zurückzudecken, Rücklagen für neue Produktionen bilden und auch vermehrt Rückzahlungen der Fördermittel vornehmen zu können. Es bleibt nun die Hoffnung, dass die Diskussionen, die in den letzten beiden Jahren um diesen Erlöskorridor geführt wurden, dazu beigetragen hat, den Produzenten die Wichtigkeit solcher Regelungen klar zu machen und es ihnen künftig (hoffentlich) häufiger gelingen wird, einen solchen Korridor auf vertraglicher Ebene durchzusetzen.

Auch die Auswertungsfenster werden nicht verändert. Noch ist das Kino der wichtigste Auswertungsplatz. Hätte sich eine größere Flexibilisierung für die meisten Produzenten wirklich gelohnt?

Wir hätten uns in der Tat eine größere Flexibilisierung der Auswertungsfenster gewünscht. Die Festschreibung von im Wesentlichen unveränderten Regelungen für die gesamte Geltungsdauer des neuen FFG halten wir für einen Fehler. Die Diskussion, die in den USA wenige Tage nach Verabschiedung des FFG über die künftige Gestaltung der Auswertungsabfolge entbrannt ist, macht deutlich, dass hier international viel im Fluss ist. Hier wäre es sicher klüger gewesen, wenn das FFG einen Mechanismus vorsehen würde, der es erlauben würde, auch ohne Gesetzesänderung auf internationale Entwicklungen zu reagieren.

Die Produzenten haben doch auch nichts davon, wenn das Kino geschwächt wird, also muss man sich doch arrangieren?

Wir hätten volles Vertrauen in Produzenten und Verleiher gehabt, dass sie eine solche größere Flexibilität verantwortungsvoll und im Sinne einer optimalen Verwertung, die die Kinos nicht beschädigt hätte, genutzt hätten.

Werden die Veränderung beim FFG dazu führen, dass die Eigenkaptalbasis der Produzenten gestärkt wird?

Mit Ausnahme der Neuregelungen zum Erfordernis des Einsatzes eines Eigenanteils ist das leider nicht der Fall, zumal ja auch die Erfolgsdarlehen weggefallen sind. Auch im Verhältnis zu den TV-Sendern hätten wir uns gewünscht, dass das FFG Regelungen vorsieht, die angemessene Rechteteilungen (z. B. unter Berücksichtigung und in Abhängigkeit von der Höhe der von den Sendern gestellten Finanzierungsanteile) hätten befördern können. Auch hier fehlte dem Gesetzgeber offensichtlich der Mut für eine Neuregelung, die die Position der Filmhersteller substantiell verbessert hätte.

Die FFA will stärker teurere Filme fördern, die auch mehr Zuschauer erreichen sollen. Dafür wurde die kulturelle Filmförderung deutlich aufgestockt. Können Sie mit dieser Arbeitsteilung leben?

Wir haben die Stärkung der kulturellen Filmförderung durch die BKM von Anfang an begrüßt. Wir hoffen, dass sie dazu beiträgt, dass besondere Filme entstehen, die auch beim Zuschauer Erfolg haben. Umgekehrt wenden wir uns aber auch gegen eine Fokussierung der FFAFörderung allein auf (vermeintlich) erfolgreiche Filmprojekte und der BKM-Förderung allein auf die besonders schwierigen, kommerziell wenig aussichtsreichen Filme. Eine solche Sichtweise könnte in der FFA allzu leicht dazu führen, dass nur noch eine bestimmte Art von Filmen (Komödien, Sequels etc.) gefördert würde. Das könnte dann ganz schnell zu einer Sackgasse werden.

Wenn die FFA vor allem noch Spitzenförderung, für Filme mit mindestens 500.000 Zuschauern betreibt, sind die Länderförder dann mehr in der Pflicht, mittelgroße Filme zu fördern?

Leider können auch bestens besetzte Vergabekommissionen nicht verlässlich vorhersehen, welche Filme mindestens 500.000 Zuschauer erreichen werden. Selbst Verleihunternehmen, die über fertige Filme zu entscheiden haben, liegen in ihrer Einschätzung oft daneben. Zudem können 500.000 Zuschauer bei einem hoch budgetierten Film sogar beinahe als Misserfolg anzusehen sein, während 150.000 Zuschauer bei entsprechenden Herausbringungskosten bei einem kleineren Film schon ein Erfolg sind. Auch diese Filme können und sollen nach unserer Auffassung weiterhin von der FFA gefördert werden. Die gleiche Bandbreite von Filmen sollte aber auch Zugang zu den Länderförderungen haben. Manche Filme werden auch künftig nur realisiert werden können, wenn die Bundesförderung der FFA (und des DFFF) und die Länderförderungen zusammenkommen, andere auch dann, wenn sie nur Länderförderung erhalten. Insofern sollten die Vergabekommissionen sowohl auf Bundes wie auf Länderebene weiter frei sein, aus der Gesamtheit der ihnen vorgelegten Projekte diejenigen auszuwählen, die sie für förderwürdig erachten.

Wie ist es mit dem DFFF? Sie haben gefordert, vor allem den DFFF zu stärken. Inwieweit würden davon die Produzenten – die teilweise auch im Ausland drehen profitieren und nicht nur die Studiobetriebe?

Der DFFF war bei seiner Einführung ein fortschrittliches und international wettbewerbsfähiges Instrument. Diese Bedeutung hat er inzwischen nicht nur wegen der Begrenztheit der verfügbaren Mittel (EUR 50 Mio.), sondern auch wegen der Begrenzungen bei den förderbaren Produktionsarten (nicht reine VFX Arbeiten, nicht für deutsche High-End-TV-Produktionen, bestehende Kappungsgrenzen, etc.) verloren. Um hier international wieder eine dem Produktionsstandort Deutschland entsprechende Rolle spielen zu können, braucht es deshalb eine deutliche Ausweitung der Fördermöglichkeiten. Ob diese durch eine entsprechende Aufstockung der bereitstehenden Haushaltsmittel oder vielleicht doch durch eine steuerbasierte Regelung bereitgestellt werden können, ist in den nächsten Wochen und Monaten noch intensiv zu diskutieren. In jedem Fall würde eine solche erweiterte Förderung dazu führen, dass deutlich mehr in Deutschland produziert werden könnte und dies auch mit Budgets, die es ermöglichen würden, den Erwartungen des internationalen Publikums zu entsprechen. Das käme nicht nur den Studios in Deutschland, sondern auch Tausenden von Filmschaffenden zu Gute. Aber auch deutsche Produzenten würden davon profitieren, da jede

Produktion, die unter Mitwirkung eines deutschen Produzenten entsteht, die Möglichkeit mit sich bringt, Rechte und damit Auswertungspotentiale für sich zu sichern. Und schließlich wäre auch der deutsche Fiskus ein Gewinner, denn alle verfügbaren Untersuchungen haben gezeigt, dass sich entsprechende Investitionen in die Produktionsförderung auch für den Staat durch höhere Steuer und Sozialversicherungseinnahmen rasch amortisieren.

Anfang des Jahres haben Sie mit der ARD eine neue Grundsatzvereinbarung abgeschlossen Wie fällt die Bilanz nach einem Jahr aus? Wird sie in der Praxis Buchstabe für Buchstabe umgesetzt?

Die ARD ist kein homogenes Gebilde mit einem einheitlichen Vorgehen. Zwar hat jede einzelne ARD-Anstalt den Eckpunkten 2.0 zugestimmt, aber die neun Landesrundfunkanstalten, aus denen diese „Arbeitsgemeinschaft der Rundfunkanstalten Deutschlands“ besteht, haben zum Teil höchst unterschiedliche Hintergründe und Praktikenbei der Handhabung und Organisation von Auftragsproduktionen. Einige von ihnen sind – aus unserer Perspektive – fortschrittlich und zeigen eine hohe Bereitschaft, die Eckpunkte 2.0 gemeinsam mit den Produzenten umzusetzen. In anderen Häusern muss man sich erst an die veränderten Rahmenbedingungen gewöhnen und tut sich damit derzeit an manchen Stellen vielleicht noch ein bisschen schwer. Insgesamt kann man aber konstatieren, dass wir auf einem guten Weg sind.

„Buchstabe für Buchstabe“ konnten die Eckpunkte 2.0 in diesem Jahr noch gar nicht umgesetzt werden, da zum Beispiel die Regelungen zu den zusätzlichen Kalkulationspositionen erst ab dem 1. Januar 2017, also mit dem Beginn der Beitragsperiode 2017–2010 gelten. Im Übrigen handelt es sich nicht um eine „Grundsatzvereinbarung“, sondern um eine Selbstverpflichtung, die die ARD nach sehr intensiven Konsultationen mit der Produzentenallianz abgegeben hat.

Welche Vorteile hat dieses Papier den Produzenten gebracht?

Die Eckpunkte 2.0 bringen den Produzenten zum Beispiel erhebliche Fortschritte im Bereich der Kalkulation. Früher wurden notwendige Berufsbilder und bestimmte allgemeine Kosten nicht anerkannt und mussten von den Produzenten selbst finanziert werden. Ab nächstem Jahr werden beispielsweise Producer oder Headautor bei fiktionalen Serien oder projektbezogene Rechtsberatung und Archivarbeit anerkannt. Weiter kann der Produzent durch die Eckpunkte anhand eines klar definierten Wertekatalogs durchsetzen, durch Mitfinanzierung Rechte zu erwerben, die er selbst verwerten kann. Durch das neue Leistungsmodell in den Eckpunkten 2.0 werden die Produzenten künftig am Erfolg ihrer Werke teilhaben – das gab es bei der Auftragsproduktion noch nie. Für prestigeträchtige Auszeichnungen oder Nominierungen und Wiederholungen werden seit Anfang des Jahres Punkte gesammelt. Die zehn Produktionen eines Genres – es gibt sieben davon, von Fernsehfilm bis Kinder/Animation – mit den meisten Punkten erhalten Entwicklungsverträge mit einem Gesamtwert von 3,2 Mio Euro. Pro Jahr! Und diese Prämien werden nicht aus den normalen Programmtöpfen gespeist, sondern kommen zusätzlich dazu. Über die Laufzeit ergibt das 12,8 Mio. Euro.

Die Produzenten können mehr Verwertungsrechte behalten, wenn ihr Finanzierungsanteil höher ist. Wie viele Produzenten können das wirklich nutzen?

Das können alle Produzenten nutzen, auch solche, die nicht über große Rücklagen verfügen. In der Vergangenheit mussten zahlreiche Kostenpositionen aus der Handlungsumlage und dem Gewinnanteil des Produzenten gedeckt werden, weil sie vom Auftraggeber nicht anerkannt wurden. Mit den Regelungen zum Kalkulationsrealismus in den Eckpunkten 2.0 ändert sich das. Wenn sich jetzt zeigt, dass zwischen Kalkulation und Senderbudget eine Lücke sichtbar wird, kann der Produzent diese Lücke zum Beispiel aus seinem Gewinnanteil schließen und die eingesetzten Mittel durch eigene Verwertung refinanzieren und vermehren.

Wo stimmen die Beziehungen zwischen Produzenten und der ARD trotz dieses Eckpunktepapiers noch immer nicht?

Ein Punkt, mit dem wir in den Eckpunkten 2.0 alles andere als zufrieden waren, war die Beteiligung von 16 Prozent an den Bruttoerlösen, die den Sendern aus der Zweitverwertung entstehen. Das war und ist uns zu wenig. Deshalb wird dieser Punkt jetzt neu evaluiert, und ich bin zuversichtlich, dass dabei eine sachgerechte Lösung entsteht.

Welche Chancen bestehen für kleinere Produzenten, Rechte, die sie behalten auch z.B. über digitale Plattformen zu verwerten?

Ich glaube nicht, dass sich die Chancen der kleineren von denen der größeren Produzenten unterscheiden. Letzten Endes kommt es auf die Produktion an: Wenn sie gelungen ist und beim Publikum ankommt, wird sie auch ihren Weg zu einer kommerziellen Zweitverwertung finden. Abgesehen davon darf man nicht vergessen, dass es eine systematische Verwertung durch die Produzenten in Deutschland bisher nicht gegeben hat. Die Produzenten hatten ja normalerweise kaum Rechte, die sie überhaupt hätten verwerten können. Weil wir wissen, dass es für diese Rechte einen Markt gibt, können wir auch darauf vertrauen, dass sich eine effektive Vermarktung dieser neuen Rechte ergibt. Falls die Produzenten dies nicht selbst in die Hand nehmen können oder wollen.

Die Beiträge von ARD und ZDF werden länger in den Mediatheken zu sehen sein. An der Ausweitung der Mediathek arbeiten die Länder. Die KEF hat einen höheren Beitrag für die Rechtevergütung bewilligt. Erfolgt jetzt eine realistische faire Vergütung für die Medientheken-Nutzung?

Schwieriges Thema. Die Politik will die Verweildauern in den Mediatheken verlängern, weil es den Beitragszahlern nicht zu vermitteln ist, dass Inhalte, die sie mit dem Rundfunkbeitrag voll finanziert zu haben glauben, nach einem vermeintlich willkürlich festgelegten Zeitraum nicht mehr zugänglich sind. Die Sender befürchten, von den kommerziellen VoD-Angeboten – von Netflix bis YouTube – abgehängt zu werden, wenn die lineare Programmnutzung tatsächlich einmal signifikant abnehmen sollte. Das ist bei den jüngeren Zuschauern ja schon jetzt so. Deshalb wollen sie ihre Mediatheken technisch aufrüsten, wie es das ZDF jetzt schon vorgemacht hat, und schaffen neue, non-lineare „Programme“ wie das junge Angebot Funk, das nichtmal mehr auf einen Ausspielkanal beschränkt ist. Dazwischen stehen die Produzenten, die durch verlängerte Mediathekennutzungen ihrer Werke der Möglichkeit beraubt würden, ihre mühsam erkämpfen Verwertungsrechte zu realisieren.

Was wir brauchen, ist ein marktkonformer finanzieller Ausgleich für die verringerten ökonomischen Chancen. Ein erster Teilerfolg ist der Mediatheken- Gewinnzuschlag von bis zu 1Prozent der kalkulierten Herstellungskosten, den das ZDF in seinen neuen Rahmenbedingungen angekündigt hat und der für vollfinanzierte Auftragsproduktionen gilt, bei denen die Sender in der Regel ohnehin alle Auswertungsrechte kontrollieren. Bei teilfinanzierten und Koproduktionen sowie Förderproduktionen, deren Herstellungskosten nicht vollständig von der Sendeanstalt getragen werden, muss es dem Produzenten jedoch möglich sein, sein Investment durch die Auswertung von Zweitverwertungsrechten zurückzuverdienen, indem er diese entgeltlich an Dritte, z. B. einen DVD-Vertrieb oder eine kommerzielle VoD-Plattform lizenziert. Deshalb gibt es für diese Produktionsarten folgerichtig auch keinen Mediatheken-Gewinnzuschlag. Niemand aber wird solche Rechte erwerben, wenn diese Programme gleichzeitig kostenlos in öffentlich-rechtlichen Mediatheken zugänglich sind, was bedeutet, dass das Investment der

Produzenten verloren wäre: Durch die langfristige unentgeltliche Mediatheken-Nutzung wird also ein komplettes Geschäftsmodell und die Existenz der dahinter stehenden unabhängigen Produktionsunternehmen in Frage gestellt. Das dargestellte Problem der unentgeltlichen Mediatheken der öffentlich-rechtlichen Sender wäre deutlich geringer, wenn Produzenten und Sender gemeinsam von einem kommerziellen Online-Angebot wie Germany's Gold hätten profitieren können. ZDF und Landesrundfunkanstalten hätten selbst ein Interesse daran entwickelt, Produktionen nicht allzu lange unentgeltlich anzubieten, um die Marktchancen eines eigenen Angebots nicht zu beschädigen. Da das Kartellamt diese Tür für eine marktkonforme Lösung des Problems jedoch leider verschlossen hat, muss jetzt die Gesetzgebung dahingehend verändert werden, dass wenigstens Programme, in die auch der Produzent investiert hat, von einer längerfristigen Mediathekennutzung ausgenommen werden. Da ist noch einiges an Überzeugungsarbeit zu leisten, aber es wäre nicht das erste Mal, dass wir uns mit vernünftigen Argumenten und pragmatischen Lösungsmöglichkeiten durchsetzen.

Ein Podiumsgespräch über die Eckpunkte 2.0 der ARD
Magna Carta oder Papiertiger?

Aus: Auslöser – Informationsblatt des Filmverband Sachsen,
September 2016

Beim Medientreffpunkt Mitteldeutschland im Mai diskutierten Karola Wille, Intendantin des MDR und derzeitige ARD-Vorsitzende, und Christoph Palmer, Geschäftsführer der Produzentenallianz, sowie Joachim Günther, der erste Vorsitzende des Filmverbands, über die Eckpunkte und ihre Umsetzung. Der Publizist und Medienexperte Uwe Kammann moderierte.

Uwe Kammann: Frau Wille, als diese Eckpunkte verabschiedet wurden, gab es sehr viel Lob, von Magna Carta war die Rede und von einem Paradigmenwechsel. Wie ist es dazu gekommen?
Karola Wille: Es hat ja schon früher begonnen, deswegen heißen sie Eckpunkte 2.0. 2009 gab es bereits eine Protokollerklärung der Länder mit dem Ziel einer Stärkung der Produzentenlandschaft und danach die ersten Eckpunkte. Ich glaube, der erste große Paradigmenwechsel war in der Tat, dass wir danach bereit waren, Rechte, die wir über eine Frist von fünf Jahren nicht selber nutzen, den Produzenten zur Nutzung zu überlassen. Das waren erste Weichenstellungen. Dann haben wir gesehen, dass z. B. neue Berufsbilder entstanden sind, die in der Kostenübernahme alleine bei den Produzenten waren. Das hat eine Abwärtsspirale mit sich gebracht und wir mussten ernsthaft nachdenken: Was gehört heute zum Kalkulationsrealismus? Viele Themen sind jetzt Gegenstand der weiterentwickelten Eckpunkte.
Christoph Palmer: Wir hatten mit der ARD insgesamt in den Jahren 2009 bis 2013 schon drei Papiere auf den Weg gebracht. Der politische Flankenschutz ist sicher ganz entscheidend. Die Politik sagt, zum föderalen Aufbau der Republik gehört auch eine föderale, vielfältige Produktionslandschaft. Ein weiterer Punkt ist das gewachsene Bewusstsein: Wir brauchen Qualitätsprogramme. Natürlich hängt so etwas immer auch von der Chemie zwischen Gesprächspartnern ab und wir sind auf eine ziemlich gute, reformorientierte Konstellation bei der ARD gestoßen.

U. K.: Frau Wille, die ARD besteht ja nun aus mehreren Anstalten. Mussten Sie viel Überzeugungsarbeit leisten?
K. W.: Es waren immer einstimmige Entscheidungen. Ich glaube, in der Entscheidungsfindung zu den Eckpunkten 2.0 hat sehr geholfen, dass wir von Anfang an gesagt haben, wenn wir das umsetzen, braucht man zusätzliches Geld. Mit der rundfunkspezifischen Teuerungsrate werden die umfassenden Neuerungen finanziell nicht abgedeckt.
U. K.: Die Produzentenallianz hat sehr lange auf das sogenannte Lizenzmodell bei vollfinanzierten Auftragsproduktionen gesetzt. Sie haben sich davon verabschiedet. War das schmerzlich?
C. P.: Natürlich war das nicht einfach. Insbesondere unsere großen Mitglieder, die natürlich am stärksten am Rechtebehalt partizipiert hätten, waren nicht ganz glücklich. Und das gilt im Übrigen auch für Unterhaltungsproduzenten. Gerade die Kleineren und Mittleren waren mit diesem Kompromiss aber sehr zufrieden. Beim Lizenzmodell, das der britische Produzentenverband vor 15 Jahren durchsetzen konnte, gibt es nur noch begrenzte Rechte für den Sender bei einer vollfinanzierten Auftragsproduktion: Eine Erstausstrahlung, eine beschränkte Zahl von Wiederholungen und wenn die verbraucht sind, werden die Wiederholungen bezahlt. In Großbritannien funktioniert das ganz gut, allerdings mit einer Konzentrationsbewegung am Markt. Viele kleinere Marktteilnehmer sind durch diese britische Regulierung vom Markt verschwunden.
U. K.: Wäre Ihnen, Herr Günther, so ein Lizenzmodell lieber gewesen?
Joachim Günther: Eigentlich ist das ein sehr schöner Grundansatz, dass bei den Produzenten automatisch Verwertungsrechte bleiben. Das ist das, was Produzenten hier allzu oft fehlt, mit dem „Buy-Out". Wir reden über sechs Prozent kalkulierten Gewinn, der nach einer Produktion übrig bleibt und danach hat man als Produzent im Prinzip erst einmal nichts mehr. Das ist aber zu wenig, um darauf Wachstum und Unternehmensentwicklung aufzubauen. Ich kann mich sehr dem Gedanken anschließen, dass Geld, das die Beitragszahler aufbringen, einen nachhaltigeren Nutzen bekommen könnte, wenn es über diese Wege bei den Produzenten Entwicklungseffekte auslösen könnte.
U. K.: Auch ein Teil dieser Eckpunkte: realistische Kostenkalkulation. Herr Palmer, was muss man sich darunter vorstellen?
C. P.: Wir sind in einem sehr regulierten Spielfeld unterwegs, wo ein Produzent beim Sender eine sehr detaillierte Kostenabschätzung vorlegen muss. Auf der Basis von Tarifverträgen, die Berufsbilder definieren

und Kosten zu Berufsfeldern sowie Mindestgagen definieren, ist es uns gelungen, eine bessere Abbildung der Kalkulationsrealität zu erreichen. Wir haben ein halbes Dutzend neuer Berufsbilder anerkennungsfähig gemacht, beispielsweise den Producer, der das Einzelstück verantwortet. Wir haben bei der KEF (Kommission zur Ermittlung des Finanzbedarfs der Rundfunkanstalten, Anm. d. Red.) diese Kalkulationsrealität angemeldet. Wir müssen die einzelnen Produktionen auskömmlicher gestalten.

U. K.: In den Eckpunkten ist das Schichtenmodell als Alternative zum Lizenzmodell verankert. Wenn man sich das durchliest, sieht das erst einmal sehr komplex aus. Können Sie für uns noch einmal kurz skizzieren, was mit diesem Schichtenmodell gemeint ist, Frau Wille?

K. W.: Ausgangspunkt war für uns folgender: Für eine voll finanzierte Auftragsproduktion sollen sämtliche Rechte bei den Anstalten liegen. Deswegen war das Thema Kalkulationsrealismus so wichtig, um die Basis zu schaffen. Das zweite große Thema ist: Wie werthaltig sind eigentlich welche Rechte? Daraus ist dann das sogenannte Schichtenmodell entstanden.

C. P.: Die Basis ist die Kalkulationsrealität. Wenn dann Geld fehlt (und der Produzent diesen Defizitbetrag finanziert, Anm. d. Red.) – und nur dann –, können die Produzenten Rechte für diese Finanzierungslücke zwischen den tatsächlichen Produktionskosten und dem Finanzierungsanteil des Senders wählen. Es gibt zwei Schichten: Es gibt Rechte, die muss der Sender hergeben, sogenannte „Call-Rechte", und es gibt Rechte, bei denen der Sender eine Mitsprache hat, die sogenanntern „Put-Rechte". Was diese wert sind, richtet sich jeweils konkret nach verschiedensten Kriterien. Ich weiß, das ist ein komplexes Modell, aber es sind Elemente des Lizenzmodells darin, nämlich, dass der Produzent unternehmerischer wird.

U. K.: Herr Günther, was ist reizvoller für einen Produzenten, auch gerade für die Kleineren? Eine bequeme Vollfinanzierung oder aber diese Aussicht, sich sehr dynamisch in einem Markt zu bewegen?

J. G.: Es hängt schlicht und einfach davon ab, ob die Produktion, die der jeweilige Produzent macht, überhaupt eine Verwertungschance hat. Das Modell der Teilfinanzierung funktioniert, wenn die Produktionen eine Verwertungsfähigkeit auf einem freien Markt haben. Das sind aber im Programmablauf eines Dritten Programmes nicht so furchtbar viele – zumindest im dokumentarischen Bereich. Dann greift die Idee der teilfinanzierten Produktionen schlicht nicht. Damit stellt sich auch die Frage, inwiefern solche Produktionen dann tatsächlich voll finanziert sind, denn selbstverständlich haben die Sender für die entsprechenden Sendeplätze bestimmte Budgets festgelegt. Egal, was dann kalkuliert würde oder nötig wäre.

U. K.: Es gibt noch einen zusätzlichen kleineren Topf von 3,2 Millionen Euro pro Jahr. Damit sollen spezielle Programme honoriert werden. Frau Wille, was ist das genau?

K. W.: Das ARD-Leistungsmodell ist ein Anreizmodell und wir wollen damit Innovationen fördern. Zwei Parameter haben wir hierfür gefunden: Zum einen erhalten Produktionen, die aufgrund ihrer Qualität Preise oder vergleichbare Nominierungen bekommen haben, entsprechende Prämien. Zum anderen spielt auch eine Rolle, wie häufig der Film ausgestrahlt wurde. Danach ist ein ausdifferenziertes Punktemodell entwickelt worden.

U. K.: Wie viele Produktion könnten davon profitieren?

C. P.: Es sind 70 Produktionen im Jahr – bei einem Mengengerüst von einigen hundert Produktionen, die die ARD im Jahr beauftragt, kann sich das sehen lassen. Die jeweils zehn besten einer Sparte, die am meisten Punkte haben, bekommen einen neuen Projektentwicklungsvertrag. Das finde ich das Innovative daran: Die ARD versucht diese Produktionsbetriebe, die sich ausgezeichnet haben, mit einem neuen Vertrag zu binden.

U. K.: Wie sieht die Umsetzung der Eckpunkte praktisch aus, Herr Günther? Sie produzieren vor allem im Doku-Bereich, wie sind Ihre Erfahrungen?

J. G: Das ist einer der Kritikpunkte an den Eckpunkten, dass sie uns mit Definitionsunschärfen zurücklassen, die wir nun im Konkreten irgendwie ausdeuten müssen. Die Eckpunkte umfassen ja drei Regelungsbereiche, die Fiktion, die Unterhaltung und die Dokumentation. Danach beginnt schon oft das große Fragen. Ich habe den Eindruck, um am Beispiel Dokumentation zu bleiben, über verschiedene Begriffswelten zu reden. Ich kann mir vorstellen, dass bei den Verhandlungen gemeint war, Dokumentation ist im Grunde erst einmal alles, was nicht Fiktion ist und auch nicht Unterhaltung. Dann kommen wir damit auf die Arbeitsebene in den Häusern und da sitzen nun Fachleute, die den Begriff aber nicht mehr in einem übergreifend gedachten Sinn, sondern ganz konkret genretechnisch auslegen. Es gibt dann einen Genrekatalog, der darauf hinausläuft, dass die jeweils konkrete Produktion leider rausfällt aus dem Regelungsumfang der Eckpunkte.

C. P.: Es war nicht alles ganz einvernehmlich. Wir haben mit der ARD zum Beispiel über die Frage gestritten: Wo setzt eine Dokumentation ein? Die ARD wollte nicht 15 Minuten als Untergrenze, sondern 20 oder 30 Minuten. Was nicht erfasst ist, in der Tat, ist die Magazin-Zulieferung. Aber von diesen Eckpunkten sind auch geförderte Filme und Kinofilme nicht erfasst. Herr Günther hat recht, diese Genre-Diskussionen sind sehr deutsch. Aber solche offenen Fragen werden in Zukunft einvernehmlich in einer Schiedsstelle miteinander verhandelt.
U. K.: Ihnen als Juristin, Frau Wille, müsste es doch eigentlich lieb sein, wenn man möglichst bis in die kleinste Einzelheit alles regelt. Wie sehen Sie das Problem?
K. W.: Es ist ein Rahmen, den wir hier geschaffen haben. Ich glaube, dass es auch in den nächsten Jahren noch ein Lernprozess für alle Beteiligten sein wird. Das Thema, das wir angesprochen haben, wird auch ARD-intern diskutiert, weil wir teilweise Kategorisierungen unterschiedlich vornehmen. Wir müssen uns der Themen, die Sie zu Recht jetzt problematisieren, auch annehmen. Deswegen ist es gut, jetzt diese Schiedsstelle zu haben. Mit Ulrich Lenze sitzt dort auch jemand, der mit sehr viel Sachverstand vorgehen wird.
U. K.: Ich glaube, wir haben insgesamt eine positive Bewertung der Einzelheiten und der Gesamtbewegung gehabt. Das passiert gar nicht so häufig auf solchen Podien. Ich glaube, das stimmt uns alle hoffnungsfroh, auch in den kommenden Jahren gute Filme sehen zu können. Vielen Dank für die Aufmerksamkeit.

ARD und Produzentenallianz einigen sich auf realistischere Vergütungen
Produzenten erhalten mehr Möglichkeiten, Rechte an Produktionen selbst zu verwerten

„Die Eckpunkte 2.0 sind eine wichtige Weichenstellung"

***Aus: promedia – Das medienpolitische Magazin**, März 2016*

Interviews mit Prof. Dr. Karola Wille, ARD-Vorsitzende und Intendantin des MDR, und Dr. Christoph Palmer, Geschäftsführer der Allianz Deutscher Produzenten

Nach einem zweijährigen – oft kontrovers verlaufenden – Gesprächsprozess mit der Produzentenallianz hat die ARD eine Selbstverpflichtungserklärung für die zukünftige Ausgestaltung der Beauftragung von Fernseh-Auftragsproduktionen beschlossen. Damit besteht nun für die teil- und vollfinanzierten Auftragsproduktionen der Genres Fiktion, Unterhaltung und Dokumentation ARD-weit eine einheitliche Grundlage. Mit den neuen Eckpunkten 2.0 werden unter anderem die Themenkomplexe Kalkulation und Rechte umfassend neu geregelt. Erstmals in der Geschichte der Auftragsproduktion in Deutschland erhalten Produzenten bei Teilfinanzierung jetzt in größerem Umfang die Möglichkeit, Rechte an ihren Produktionen zu beanspruchen, um sie von Anfang an selbst zu verwerten. Ebenfalls erstmals wird darüber hinaus eine systematische Erfolgsprämierung für Produzenten geschaffen.

„Für eine Vielfalt der Finanzierungsmodelle"

Frau Wille, welche Reaktionen gab es aus der Film- und TV-Wirtschaft auf das Eckpunktepapier 2.0, das Sie als Selbstverpflichtung innerhalb der ARD beschlossen haben?
Wille: Die Reaktionen sind überwiegend positiv. Wir bekommen derzeit viele Nachfragen zu Details der Eckpunkte, aus denen deutlich wird, dass wir hier etwas Wichtiges auf den Weg gebracht haben und die Branche die Eckpunkte konstruktiv annimmt und begrüßt.
„In der Fernsehauftragsproduktion in Deutschland wird ein neuer

Abschnitt beginnen", betonte Alexander Thies zu dieser Selbstverpflichtung. Sehen Sie die „Eckpunkte 2.0" auch so „epochal"?
Wille: Es handelt sich um eine Selbstverpflichtung der ARD für ausgewogene Vertragsbedingungen und eine faire Aufteilung der Verwertungsrechte, mit der wir übrigens auch eine Protokollnotiz der Länder aus dem Rundfunkstaatsvertrag umsetzen. Wir machen damit deutlich, dass es der ARD um eine vielfältige, leistungsstarke Produktionslandschaft geht. Uns steht aber kein Urteil darüber zu, wie die Eckpunkte in der Branche und bei den einschlägigen Verbänden bewertet werden. Dass die Resonanz ganz überwiegend positiv und so deutlich ausfällt, freut mich natürlich und zeigt, dass wir hier auf dem richtigen Weg unterwegs sind. Genau aus diesem Grund haben wir auch so lange mit der Produzentenallianz und anderen Verbänden diskutiert. Aus unserer Sicht sind die Eckpunkte eine wichtige Weichenstellung, um auch unter digitalen Produktions- und Verwertungsbedingungen in Deutschland eine vielfältige und innovative Produzentenlandschaft zu fördern.
Ist mit den „Eckpunkten 2.0"für Sie die Debatte über ein Lizenzmodell ein für alle Mal beendet?
Wille: Die ARD hatte schon Ende 2014 deutlich gemacht, dass sie aus grundsätzlichen Erwägungen das Lizenzmodell ablehnt. Wir sind nach intensiver Analyse des Vorbildes Großbritannien zu der Überzeugung gelangt, dass ein solches „Lizenzmodell" einer wirklich vielfältigen Produzentenlandschaft in Deutschland nicht zuträglich ist. Insbesondere kleinere Produzenten haben uns signalisiert, dass sie weiterhin großes Interesse an einer vollfinanzierten Auftragsproduktion haben. Das gesamte Eckpunktepapier geht deshalb von einer Vielfalt auch bei den Finanzierungsmodellen aus.
Ein wichtiger Punkt der „Eckpunkte 2.0" ist die Erlösbeteiligung bei einer Drittverwertung. Im Gegensatz zu dem gesamten Eckpunktepapier ist diese Regelung nur für ein Jahr befristet. Warum?
Wille: An diesem Punkt gab und gibt es unterschiedliche Auffassungen bei der ARD und der Produzentenallianz. Daher haben wir zugesagt, jetzt auf der Basis der geltenden Eckpunkte Erfahrungen zu sammeln und das Ergebnis zu evaluieren. Deshalb ist dieser Teil der Selbstverpflichtung zunächst auf ein Jahr befristet.
Wie sicher können die Produzenten sein, dass das 45-seitige Papier bei jeder Produktion mit einer oder für eine ARD-Anstalt 100-prozentige Anwendung findet?
Wille: Aktuell finden in allen Häusern der ARD Schulungen auf Redakti-

onsebene statt, um die Eckpunkte vorzustellen und in die tägliche Praxis zu überführen. Bei Schwierigkeiten kann zudem eine unabhängige Schiedsstelle angerufen werden, die vom früheren Cinecentrum-Geschäftsführer Ulrich Lenze geleitet wird.

Sie und mehrere ARD-Kollegen haben rund zwei Jahre mit der Produzentenallianz intensive Gespräche geführt. Welcher zeitliche Aufwand verbirgt sich dahinter?

Wille: Wir haben in der Tat lang, zum Teil auch intensiv und kontrovers, aber immer konstruktiv miteinander diskutiert. Das Ergebnis kann sich sehen lassen und war die Zeit wert – mit der Produzentenallianz, aber auch in den Häusern der ARD und bei der Degeto, wo ich allen Beteiligten nochmals herzlich für ihr Engagement danke.

Die „Eckpunkte 2.0" sind die größte Reform in der Fernseh-Auftragsproduktion

Herr Palmer, das Eckpunktepapier trägt den Titel: „Eckpunkte für ausgewogene Vertragsbedingungen und eine faire Aufteilung der Verwertungsrechte bei Produktionen für die Genres Fiktion, Unterhaltung und Dokumentation." Inwieweit ist die gesamte Regelung eine faire Lösung für die Produzenten?

Palmer: Die „Eckpunkte 2.0" sind der größte Reform-Schritt in der Fernseh-Auftragsproduktion in Deutschland und bedeuten für die Produzenten eine signifikante Besserstellung. Sie regeln, dass die ARD künftig zahlreiche Kalkulationsposten anerkennt, die bislang von den Produzenten selbst finanziert werden mussten. Erstmals in der Geschichte der Auftragsproduktion in Deutschland kann der Produzent jetzt durchsetzen, durch Mitfinanzierung Rechte zu erwerben, die er selbst verwerten kann. Ebenfalls erstmals in der Geschichte der Auftragsproduktion in Deutschland können die Produzenten künftig am Erfolg ihrer Werke teilhaben. Dafür enthalten die neuen Eckpunkte ein systematisches Leistungsmodell, das einerseits herausragende und prestigeträchtige Auszeichnungen und Nominierungen honoriert und gleichzeitig die programmliche Nutzung – vulgo: Wiederholungen – auf den verschiedenen ARD-Plattformen einbezieht. Weiter regeln die neuen Eckpunkte u. a. die Erlösbeteiligung der Produzenten, die Verwertung nicht genutzter Rechte durch den Produzenten, die Einrichtung einer Schiedsstelle und verbindliche Regeln für Ausschreibungen und Pitches. Über die Frage, was wirklich fair ist, kann man lange philosophieren, fest steht, dass die „Eckpunkte 2.0“ die Geschäftsbedingungen der deutschen Fernsehproduzenten signifikant verbessern.

Die Produzentenallianz hat innerhalb weniger Wochen mit der ARD zwei Abkommen über Fernsehproduktionen und Kinokoproduktionen vereinbart. Sind damit mit der ARD alle notwendigen Vereinbarungen über die Terms of Trade und die digitale Verwertung „unter Dach und Fach“?

Palmer: Die „Eckpunktevereinbarung über die vertragliche Zusammenarbeit zu Film-/ Fernseh-Gemeinschaftsproduktionen und vergleichbare Kino-Koproduktionen“ mit ARD und ZDF vom letzten Herbst gelten mit großer Absicht als Übergangsregelung nur für dieses Jahr, weil wir uns mit wichtigen Forderungen noch nicht durchsetzen konnten. Abgeschlossen haben wir, weil diese Vereinbarung den Produzenten wenigstens verschiedene Verbesserungen gegenüber den Bestimmungen aus den Jahren 2002 und 2009 bringen. Im Zuge der Novellierung des Filmförderungsgesetzes (FFG) auf Bundesebene 2016 setzen wir uns dafür ein, bei geförderten Produktionen die Bedingungen für Film-/Fernseh-Gemeinschaftsproduktionen sowie allgemein für die Lizensierung von TV-Rechten für die Filmhersteller weiter zu verbessern. Und auch in den ARD-Eckpunkten 2.0 gibt es einen Punkt, der nur für das laufende Jahr 2016 gilt: Die neue Regelung, nach der die Erlösbeteiligung künftig bei nur 16 Prozent der Bruttoeinnahmen liegen soll, ist nicht sachgerecht. Da müssen wir auf einen höheren Wert kommen, weshalb eine Evaluationsklausel enthalten ist. Sie sehen, dass keine Rede davon sein kann, dass alles „unter Dach und Fach“ ist. Das Branchenumfeld ändert sich andauernd, also müssen auch die Rahmenbedingungen kontinuierlich angepasst werden. Das ist es, was wir von der Produzentenallianz tun: manchmal mit kleinen Schritten, und wie bei den ARD-Eckpunkten 2.0 auch mit sehr großen.

Das heißt, mit diesen Vereinbarungen haben Sie sich vom sogenannten Lizenzmodell verabschiedet?

Palmer: Die ARD möchte grundsätzlich am Prinzip der vollfinanzierten Auftragsproduktion festhalten. Mit den Eckpunkten 2.0 aber kommt jetzt eine viel größere Flexibilität bei Beteiligung und Rechteteilung, als wir sie bisher gekannt haben, und eine viel größere Modellvielfalt. Unser Ziel ist die Entfesselung von Marktkräften. Mit der Umsetzung des „Schichtenmodells“ wird eine neue Verwertungsdynamik ihren Anfang nehmen. Das ist noch nicht das Lizenzmodell, aber der Quasi-Automatismus der vollfinanzierten Auftragsproduktion mit dem einhergehenden Total-buy-out ist jetzt weg.

Mit dem ZDF wurde bisher nur über die Kinokoproduktionen eine Vereinbarung erzielt. Wie ist hier der Stand der Gespräche über voll- oder teilfinanzierte Fernsehproduktionen?

Palmer: Nachdem die Gespräche mit dem Zweiten Deutschen Fernsehen zuletzt etwas ins Stocken geraten sind, haben wir uns erstmal auf die ARD-Eckpunkte konzentriert. Jetzt hoffen wir im zweiten Schritt, dass sich die entsprechenden Gespräche mit dem Zweiten Deutschen Fernsehen ebenso fruchtbar entwickeln und wir auch hier zu Ergebnissen kommen, durch die das ZDF mit starken Produzenten auch in Zukunft das bestmögliche Programm beauftragen kann.

Man hört und liest immer nur von Gesprächen mit ARD und ZDF. Warum streben Sie mit privaten Sendern keine Rahmenvereinbarungen an, die den mit den öffentlich-rechtlichen Sendern vergleichbar sind?

Palmer: Die Privatsender sind schlicht der Auffassung, dass sie es nicht nötig haben. Vielleicht glauben sie wegen ihrer derzeit noch anhaltenden Profitabilität, dass ihnen zeitgemäße Geschäftsbedingungen mit den Produzenten nichts nutzen. Ich halte das für falsch. Nur Cash abzuholen, ist zu wenig – gerade die Privaten werden auf die Abwanderung der Werbe-Etats ins Netz reagieren müssen, indem sie in Qualität und den besten Content investieren. Der Markt wird sich ändern, es wird immer stärker ein Wettbewerb um die beste Produzenten entstehen, die pfiffigsten Ideen, die Akzeptanz beim Zuschauer. Die Privaten wären gut beraten, viel stärker in die Programmqualität zu investieren. Insofern stimmen die Äußerungen von RTL-Programmgeschäftsführer Frank Hoffmann beim Deutschen Produzententag 2016 optimistisch. Wir jedenfalls stehen für Gespräche über Terms of Trade immer bereit und haben sie auch in der Vergangenheit fortlaufend angeboten.

Warum ist es so schwierig mit privaten Sendern zu „Eckpunkten" zu kommen?

Weil die öffentlich-rechtlichen Sender wegen ihres Status Verpflichtungen haben, die über das Programm hinausgehen und auch die Rahmenbedingungen betreffen. Mit der ganz aktuellen Protokollerklärung zum 19. Rundfunkänderungsstaatsvertrag haben die Länder „Fortschritte hinsichtlich ausgewogener Vertragsbedingungen zwischen dem öffentlich-rechtlichen Rundfunk und den Film- und Fernsehproduktionsunternehmen sowie den Urhebern und Urheberinnen und Leistungsschutzberechtigten" anerkannt und erklärt, sie „gehen davon aus, dass dieser Prozess fortgesetzt und in diesem Rahmen unter anderem die Verwertungsrechte angesichts der erweiterten Verbreitungsmöglichkeiten angemessen zwischen den Vertragspartnern aufgeteilt und angemessene Lizenzvergütungen vereinbart werden." Diese Ansage ist für die öffentlichrechtlichen Sender nicht trivial, auf die Privaten hingegen nicht einfach übertragbar. Wir prüfen Möglichkeiten, auch die Privatsender stärker in die Verantwortung zu führen.

Die ARD hat – um die zusätzlichen Kosten für diese Vereinbarung tragen zu können – 200 Mio. Euro für die vier Jahre bei der KEF angemeldet. Was ist, wenn die KEF dem nicht zustimmt?

Palmer: Wir sind sehr zuversichtlich und vernehmen Signale, dass die Programm- Mehraufwendungen akzeptiert werden.

Inwieweit deckt die Vereinbarung auch die Einstellung in die Mediathek oder die Verwertung für das Jugendangebot mit ab, für das es ja keine zeitliche Begrenzung gibt?

Palmer: Die ARD-Eckpunkte 2.0 beziehen sich auf alle voll- und teilfinanzierten Auftragsproduktionen der ARD-Landesrundfunkanstalten einschließlich der Degeto. Auch der Jugendkanal wird Auftragsproduktionen der ARD-Landesrundfunkanstalten sowie der Degeto nutzen. Die Situation ist hier vergleichbar mit den Gemeinschaftsprogrammen wie Phoenix, 3sat oder KiKA, da es sich auch bei dem Jugendangebot um ein gemeinsames Programmangebot von ARD und ZDF handelt. Soweit speziell für das Jugendangebot von einzelnen Landesrundfunkanstalten Aufträge an Produzenten erteilt werden, gilt das ARD-Eckpunkte-Papier 2.0. Anders als die Mediatheken, bei denen bestimmte Regelungen zur Verfügbarkeit der Angebote im Netz gelten, liegt die Programmierung des Jugendangebotes bei der Redaktion dieses Kanals. Es handelt sich dabei entweder um Streaming-Angebote, die dem Senderechtsbegriff unterfallen, oder um Angebote on Demand, hier werden die Free Video on Demand Rechte benötigt. Wenn und soweit bei teilfinanzierten Auftragsproduktionen die Free Video on Demand Rechte bei den Produzenten verblieben sind oder er sie nur für einen bestimmten, klar begrenzten Zeitraum den ARD-Landesrundfunkanstalten eingeräumt hat und dieser Zeitraum abgelaufen ist, muss ein entsprechender Nacherwerb dieser Rechte erfolgen.

Gleich zu Beginn der Vereinbarung heißt es: „Die ARD-Landesrundfunkanstalten nehmen zur Kenntnis, dass die Allianz Deutscher Produzenten zur Rechtefrage eine unterschiedliche Auffassung ver-

tritt." Also ist die Vergütung der digitalen Verwertung noch nicht einvernehmlich geklärt, wie ja auch unter 3. hingewiesen wird?
Palmer: Die Produzentenallianz ist der Auffassung, dass ein Film einen höheren Wert darstellt, als die Summe seiner Kosten abbildet. Der Wert eines Gemäldes bemisst sich ja auch nicht an den Kosten für Farbe und Leinwand. Daher finden wir es nach wie vor unangemessen, dass dem Auftraggeber alle Rechte für alle Zeiten zustehen sollen, nur weil er die Herstellungskosten übernommen hat. Die Erlösbeteiligung der Produzenten aus Eckpunkt 3 hat damit gar nichts zu tun, sie betrifft nicht nur die digitale Verwertung und ist keine Grundsatz-, sondern eine Anwendungsfrage.
Wie sind hier Ihre Vorstellungen?
Palmer: Die Brutto-Erlösbeteiligung sollte deutlich höher sein. Die Gespräche mit der ARD hierzu werden 2016 intensiv geführt.
promedia: Die digitalen Verwertungsmöglichkeiten durch Produzenten bei teilfinanzierten Produktionen erfolgt über ein „Schichtenmodell", das auf den ersten Blick recht kompliziert scheint. Worin besteht der Unterschied zu den bisherigen Regelungen?
Palmer: Es stimmt: Das Schichtenmodell ist komplex. Aber es ist auch eindeutig: Bestimmte Rechte haben einen bestimmten Wert. Mit dem Schichtenmodell kann jetzt klar identifiziert werden, welche Rechte für welche Beteiligung beim Produzenten bleiben können und was er davon hat. Anhand eines einheitlichen Rechtekatalogs können Sender und Produzenten Korridore für eine faire Aufteilung von Verwertungsrechten an der konkreten Produktion bestimmen. Während der Auftraggeber „Put-Rechten" wie zum Bespiel für Pay-TV im deutschsprachigen Raum nach der TV-Erstausstrahlung oder Nebenrechten wie Druck, Phono oder Merchandising usw. explizit zustimmen muss, gibt es eine Reihe von „Call-Rechten", die der Produzent gegen Finanzierungsbeteiligung für sich beanspruchen kann. Dazu gehört zum Beispiel die Auswertung im deutschsprachigen und sonstigen Ausland, VoD-Rechte oder auch Wiederverfilmungs- und Formatrechte. Das Vorgehen: Beide Seiten verständigen sich projektindividuell auf eine Bemessung der einzelnen Rechte, die einzeln oder kombiniert sein können. Am Ende ergibt sich daraus der Mitfinanzierungsanteil des Produzenten, für den übrigens nicht relevant ist, aus welchen Quellen er stammt. So kann die Mitfinanzierung auch aus Vertriebsgarantien oder Eigenmitteln gespeist werden. Dieser Beteiligungs- „Maßanzug" entsteht in Einzelverhandlungen, die Basis bei Teilfinanzierungen ist immer wenigstens eine 2/3 Finanzierung des

ARD-Senders, dazuhin kommen individuelle Finanzierungsbeiträge, das können aber auch nur Ergänzungen von fünf oder zehn Prozent sein. Wichtig ist jedoch: Kein Produzent darf in die Teilfinanzierung hineingezwungen werden – die in Zukunft wesentlich besser ausgestattete Vollfinanzierung bleibt der Regelfall in der Fernsehauftragsproduktion. Das Schichtenmodell wird dem seit langem gesättigten und damit stagnierenden deutschen Auftragsproduktionsmarkt endlich eine Wachstumsperspektive eröffnen, neue Marktkräfte entfalten, Verwertungsdynamik entfesseln, unternehmerisches Denken belohnen und eine Partizipation an neuen Märkten national und international ermöglichen.

Unter welchen Bedingungen kann ein Produzent bei teilfinanzierten Produktionen der ARD künftig eine digitale Verwertung untersagen?

Palmer: Eine entscheidende Neuerung der ARD-Eckpunkte 2.0 ist, dass bei teilfinanzierten Auftragsproduktionen Sender und Produzent über den Umfang der zu übertragenden Rechte verhandeln. Mit dem Schichtenmodell ist ein Instrumentarium geschaffen worden, das dem Produzenten ermöglicht, gegen einen zu verhandelnden Finanzierungsanteil Rechte zu erhalten. Dabei sieht das Schichtenmodell bestimmte Bandbreiten für die Rechtebewertung vor, die dann individuell auszuhandeln sind. So kann der Produzent im Schichtenmodell sowohl die T-VoD Rechte wie auch die S-VoD Rechte und A-VoD Rechte erwerben. Die Mediathekenrechte, die von den Sendern rundfunkrechtlich als Teil ihres Sendungsauftrages verstanden werden, unterfallen der Minimalbeteiligung der auftraggebenden Rundfunkanstalt, d. h. sie sind mit dem Senderecht abgedeckt. Wie lange die Onlinerechte durch die Sender genutzt werden, ergibt sich wiederum aus den Telemedienangeboten der Sender, die dem 3-Stufen-Test der Gremien unterliegen. Insofern geht es bei der Frage der digitalen Verwertung nicht um Untersagungsregelungen, sondern im Zeitpunkt der Vertragsverhandlungen um eine sinnvolle Bewertung der Rechte und einer Einigung über die Frage, wer bestimmte Verwertungsmöglichkeiten wahrnimmt. Das Schichtenmodell ermöglicht dem Produzenten hier eine größere Flexibilität als in der Vergangenheit.

Inwieweit profitieren auch kleinere Produktionsfirmen von den Eckpunkten? Regelungen z.B. für teilfinanzierte Produktionen und damit auch für entsprechende digitale Verwertungsmöglichkeiten, werden doch vor allem größeren Produzenten nützen?

Palmer: Irrtum! Gerade die kleineren Produktionsfirmen profitieren.

Die vollfinanzierte Auftragsproduktion bleibt eine Regel-Form – aber sie ist zum Beispiel durch die Regelungen zur Kalkulationsrealität viel auskömmlicher als in der Vergangenheit. Durch das Schichtenmodell werden neue Erlöse möglich, und mit dem Leistungsmodell können die Produzenten auch am künstlerischen und programmlichen Erfolg ihrer Filme teilhaben. Eintagsfliegen ohne Anschlussaufträge werden seltener, Pitching-Regeln stärken die Newcomer. Eine treibende Kraft hinter den Gesprächen waren zum Beispiel die Dokumentarfilm-Produzenten der Produzentenallianz, weil sie seit Langem faktisch Finanzierungsbeiträge beisteuern, davon aber in der Regel nichts haben. Und weil die Eckpunkte 2.0 allen Produzenten – also nicht nur den Mitgliedern der Produzentenallianz – offen stehen, unabhängig von ihrer Größe und Marktmacht, und in allen Genres für alle ARD-Sender und die Degeto gelten, werden sie besonders den kleineren Produzenten nützlich sein.

Produzentenallianz fordert stärkeres Engagement der TV-Sender für die deutsche Filmwirtschaft

„Der deutsche Produktionsstandort ist bedroht"

***Aus: promedia – Das medienpolitische Magazin**, Januar 2015*

In einem ausführlichen promedia-Gespräch hat der Geschäftsführer der Produzentenallianz Dr. Christoph E. Palmer die Situation der deutschen Filmwirtschaft analysiert und die Abhängigkeit sowohl von der Filmförderung als auch von den TV-Sendern konstatiert. Palmer beschreibt in dem Interview eine Doppelstrategie seines Verbandes: Zum einen fordert er eine Erhöhung der Fördermittel vor allem aus Abgaben der Telekommunikationsunternehmen und von Verwertungsplattformen und zum anderen verlangt er, dass die TV-Sender auf einen Teil der bisherigen Online-Verwertungsrechte verzichten, ohne dass sich bei TV-Auftragsproduktionen der Eigenanteil der Produzenten erhöht. „Wir streben weiterhin einen grundlegenden Paradigmenwechsel im Geschäftsmodell an, der den Produzenten in die Lage versetzt, über Rechte zu verfügen und sie zu verwerten", so Palmer.

Herr Palmer, jährlich werden 170 Mio. Euro Fördermittel alleine für die Kinofilmproduktion aufgewendet. Warum ist es für die Branche so dramatisch – wie man den Pressemeldungen entnehmen kann – wenn der DFFF 2015 erneut reduziert wird und NRW die Mittel für die Filmförderung verringert?

Förderung ist in Deutschland unverzichtbarer Teil der Filmfinanzierung und ermöglicht es, trotz des im internationalen Vergleich relativ kleinen Marktes und der durch die deutsche Sprache eingeschränkten Verwertung im Ausland, Filme herzustellen, die im Heimatmarkt mit unvergleichbar teureren internationalen Produktionen konkurrieren können. Ohne Förderung gäbe es weder deutsche Filme, die bei Filmfestivals und Filmpreisen weltweit reüssieren, noch gäbe es solche, die viele Millionen Menschen dazu bringen, sich auf den Weg ins Kino zu machen. Jede Reduzierung der Förderung beschneidet auch die Möglichkeit, Filmprojekte mit angemessenen Budgets auszustatten. Kürzungen bedrohen überdies die Vielfalt des deutschen Films, auf die wir zu Recht stolz sein dürfen. Außerdem: Die Fördermittel für die Produktion von deutschen Kinofilmen liegen tatsächlich in einer Größenordnung von 170 Mio. Euro, aber 70 Mio. davon werden von der Branche selbst aufgebracht.

Manuela Stehr, die SPIO-Vorsitzende, hat gesagt, dass der Anteil der Filmförderung an der Finanzierung abnehme „Fördermittel machen heute im Schnitt nur noch 40 Prozent des Filmbudgets aus – vor zehn Jahren waren es noch rund 70.“ Damit dürfte doch eine Reduzierung nicht so gravierende Folgen haben?

Mir ist diese Statistik nicht konkret bekannt. Wenn ich ihre Angabe aber einmal als richtig unterstelle, dann ist das ja zunächst eine sehr positive Aussage, da es dann den Produzenten offensichtlich gelungen ist, einen zunehmend größeren Anteil des Budgets ihrer Filme am Markt zu finanzieren. Vermutlich liegt ein Grund für diese Verschiebung allerdings auch an der deutlich gestiegenen Zahl von internationalen Koproduktionen, bei denen die Beiträge der internationalen Partner den über den Markt finanzierten Anteil erhöhen. Außerdem zeigen die von Ihnen zitierten Zahlen, dass die deutschen Produzenten erhebliche Fortschritte bei der Finanzierung ihrer Filme aus dem Markt erzielt haben. Und dennoch: die verbleibenden 40 Prozent der Förderung sind für die Realisierung jeder einzelnen dieser Produktionen entscheidend. Stehen sie nicht zur Verfügung, so ist jede dieser Produktionen gefährdet und der Dreh muss zumindest verschoben werden. Auf dem Markt können weitere Einschnitte bei den Fördermitteln jedenfalls nicht mehr kompensiert werden. Die Budgets weiter abzusenken, ist auch keine Lösung, da der Kinofilm eine gewisse Wertigkeit der Ausstattung erfordert, ohne die es nicht gelingen wird, die Leute zu motivieren, ins Kino zu gehen. Somit bedeutet jede weitere Kürzung der Fördermittel, dass Filme nicht realisiert werden können und dass damit Autoren, Regisseure, Schauspieler und weitere Gewerke nicht beschäftigt werden können.

Sie beklagen, dass bei sinkenden Fördermitteln die internationale Wettbewerbsfähigkeit des deutschen Filmes leide. Wie zeigt sich das konkret?

Wir beklagen nicht in erster Linie, dass sinkende Fördermittel die internationale Wettbewerbsfähigkeit des deutschen Films bedrohen. Was bedroht ist, ist der Produktionsstandort. Vor allem durch den DFFF, aber auch durch das Zusammenspiel der FFA- und der Länderförderungen, ist Deutschland in den letzten Jahren zu einem ernstgenommenen und verlässlichen Player auf der Weltkarte der Filmproduktion geworden. Von Roland Emmerich über die Wachowski-Geschwister bis hin zu Stephen Spielberg kürzlich kommen große und sehr große Namen, um hier hochbudgetierte Produktionen durchzuführen. Das nutzt dem Produktionsstandort und allen, die in Deutschland mit Film arbeiten, weil die Leitungsfähigkeit der hiesigen Filmproduktion auch in Hollywood-Maßstäben ein beachtliches Niveau erreicht hat. Stichwort: Know-how-Transfer. Die Folgen sind vielfältig und reichen bis in die Karrieren deutschsprachiger Schauspieler wie Christoph Waltz, der ohne die Gelegenheit, für Quentin Tarantino in „Inglourious Basterds" den faszinierenden Bösewicht zu spielen, heute sicher nicht der Oscar-prämierte internationale Superstar wäre.

Die Folgen sind Wachstum, Beschäftigung und Innovation. Und weil die internationalen Großproduktionen das Vierfache der von ihnen in Anspruch genommenen DFFF-Mittel in Deutschland investieren müssen, ist das Ganze auch volkswirtschaftlich kein Nullsummenspiel. Es bringt Geld ins Land, das ohne die Förderung nicht käme. Allein die acht Projekte mit den größten DFFF-Zuwendungen 2013 waren internationale Koproduktionen, die zusammen mit rund 25 Mio. Euro gefördert wurden und ein ausländisches Investment von zusätzlichen 100 Mio. Euro ausgelöst haben.

Die sogenannten vagabundierenden Großprojekte sind wählerisch, sie gehen dorthin, wo ihre Produzenten die besten Rahmenbedingungen vorfinden, anders gesagt: Wo die Produktionsanreize am besten ausgestattet und am leichtesten zugänglich waren. Der DFFF ist im internationalen Vergleich eher im unteren Mittelfeld, die Fördertöpfe zum Beispiel in Großbritannien oder Kanada sind ungleich reicher. Die Konkurrenz ist also groß, und wenn aber ein Anreizmodell auch nur in der Diskussion ist, verliert es schnell an Attraktivität. Das haben wir beim DFFF gesehen, welcher Schaden droht und teilweise auch schon eingetreten ist.

Der DFFF wurde u.a. auch mit dem Vorsatz gestartet, das Eigenkapital der Produzenten zu erhöhen. Hat sich an der Eigenkapitalsituation gar nichts gebessert?

Da die Mittel des DFFF als Zuschuss gewährt werden, haben sie – ähnlich wie die Referenzmittel der FFA – in der Tat praktisch Eigenkapital ersetzenden Charakter. Sie haben es insoweit von Fall zu Fall ermöglicht, auch Filme mit etwas höheren Budgets zu realisieren. Positiv ist auch, dass die Produzenten zum Erhalt dieser Mittel keine Rechte abgeben müssen. Insoweit ist der DFFF im Rahmen der Finanzierung tatsächlich mit Eigenkapital der Produzenten zu vergleichen. Eine echte Verbesserung der Eigenkapitalposition der Produktionsunternehmen ist hingegen auch heute nicht gegeben. Hierzu wäre es erforderlich, dass die Produzenten tatsächlich eine realistische Chance erhalten, aus der Verwertung der von ihnen hergestellten Filme nennenswerte Rückflüsse zu erzielen, die wiederum auch zu verbesserten Rückzahlungsquoten bei den Förderungen führen würden. Mögliche Instrumente, um hier signifikante Fortschritte zu erzielen, wären etwa ein generelles Erfordernis, in Verwertungsverträgen Korridore zugunsten der Produktionsunternehmen vorzusehen, und die Vereinbarung von Escalatorzahlungen der Sender bei erfolgreichen Ausstrahlungen von Kinofilmen im Fernsehen. Hierüber wird im Rahmen der FFG-Novelle intensiv zu sprechen sein. Die heutige Situation, bei der Produzenten nur bei Ausnahmeerfolgen ihrer Filme die Chance haben, die von ihnen zur Schließung der Finanzierung investierten Eigenmittel zurückzuverdienen, ist jedenfalls auf Dauer kein sinnvolles Geschäftsmodell.

Produzenten, Verleiher, Kinobetreiber beklagen aber zunehmend, dass zu viele deutsche Filme produziert und in die Kinos kommen und fordern mehr Qualität und weniger Masse. Können Sie sich dieser Forderung uneingeschränkt anschließen?

Diese Klage ist für mich schlecht nachvollziehbar. Dass sie von Produzenten erhoben wird, halte ich für wenig wahrscheinlich. Aber auch die anderen Marktteilnehmer dürften, wenn sie sich in diesem Sinne äußern sollten, das Thema nicht wirklich zu Ende durchdacht haben. Zum einen ist mit der wachsenden Zahl an Produktionen mit deutscher Beteiligung über die letzten 10 bis 15 Jahre auch eine Steigerung des deutschen Marktanteils einhergegangen, der auch den Verleihern und Kinobetreibern zugutegekommen ist. Zum anderen übersieht der Vorwurf, es würden von den Produzenten zu viele Filme am Markt vorbei produziert, dass jeder dieser Filme auch einen Verleiher und Kinos (und oft auch einen Fernsehsender sowie Förderer) gefunden hat, die an diesen Film und seine Qualität und Marktfähigkeit geglaubt haben und ihn deshalb in ihr Programm genommen haben. Analysiert man die verschiedenen Gruppen der Filme mit deutscher Beteiligung näher, so stellt man zudem fest, dass die Zahl der „rein" deutschen Spielfilme nur im geringen Umfang zugenommen hat. Gewachsen ist demgegenüber die Zahl der Dokumentarfilme und der internationalen Co-Produktionen. Diese werden aber zumeist nur mit einer geringen Zahl von Kopien gestartet, so dass sie kaum dafür verantwortlich gemacht werden können, dass dem „normalen“ deutschen Spielfilm Abspielmöglichkeiten fehlen und es schwer und aufwändig geworden ist, eine nachhaltige Aufmerksamkeit des Publikums zu generieren. Die Gründe hierfür dürfte jedoch nicht in der Zahl der deutschen Produktionen, sondern in der deutlich beschleunigten Auswertung aller Filme (auch der Blockbuster), in der erhöhten Kopienzahl gerade der Erfolgsfilme, in der durch die Digitalisierung erleichterten Flexibilität der Programmierung („auf Schiene spielen“) und in der insgesamt gewachsenen Konkurrenz um die Aufmerksamkeit des Publikums und der Feuilletons durch alternative Angebote (wie z.B. Games und TV-Serien) liegen. In den DFFF-Regularien wurde vor nicht allzu langer Zeit die Zahl der erforderlichen Mindestkopien (bzw. Wocheneinsätze) angehoben. Seit Anfang dieses Jahres gibt es bei der Projektfilmförderung der FFA zudem die sog. Förderquote. Beide Maßnahmen sollen einer Förderung „per Gießkanne“ entgegenwirken. Wir plädieren dafür, die Wirkungen dieser Maßnahmen, die sich wegen des Zeitpunkts ihrer Einführung zum Teil noch gar nicht realisieren konnten, erst einmal abzuwarten und parallel hierzu sehr sorgfältig zu analysieren, ob es tatsächlich an der Zahl der (deutschen) Filme liegt, dass es offensichtlich heute für deutsche, aber auch für ausländische Filme schwieriger geworden ist, einen mittleren Erfolg von z.B. 200.000 bis 500.000 Besuchern zu erzielen.

Also geht es darum, das Budget einzelner Filme zu erhöhen und die Gesamtzahl zu reduzieren...

Nein. Die Frage müsste vielmehr darauf gerichtet sein, ob der deutsche Film mit höheren Budgets und damit besserer Ausstattung eine höhere Erfolgschance am Markt hätte. Wenn diese Frage bejaht wird, müsste überlegt werden, wie man diese höheren Budgets finanzieren kann und da käme neben höheren Senderbeteiligungen sicher auch höheren Förderbeträgen ein wichtiger Aspekt zu. Ich bin in der Tat der Auffassung, dass es jedes Jahr eine Reihe deutscher Produktionen geben sollte, die finanziell so ausgestattet sind, dass sie das Publikum auch visuell überraschen und überzeugen können. Das ist jedoch sicher kein Allheilmittel. Andere Stimmen plädieren dafür, dass gerade der mutigere, ausgefallenere, ambitioniertere Kinofilm gefordert sei, der über seine Geschichte, seine unbekannten Gesichter und aufgrund seines Sujets das Publikum zu erreichen sucht. Die Filmförderung sollte nach meinem Verständnis diesen beiden Formen filmischen Schaffens Realisierungsmöglichkeiten bieten.

Die Zahl deutscher Filme hat sich innerhalb von zehn Jahren ver-

doppelt. Die Zahl der Kinobesucher ist dagegen kontinuierlich rückläufig. Ist das nicht ein ungesundes Verhältnis?
Die gestiegene Zahl deutscher Filme zeigt als Erstes, dass wir in Deutschland eine ungeheuer aktive und vielfältige Filmlandschaft haben. Und dass diese Filme tatsächlich auch ins Kino kommen, wo sie zumindest eine Chance haben, gesehen zu werden, werte ich als Vorteil. Wenn man aber genauer hinsieht, erkennt man, dass sich der Großteil dieser Filme eher an spezielle Zielgruppen richtet und entsprechend viel weniger als jene kostet, die sich an ein großes Publikum wenden.
Die Kinobetreiber benötigen – nach eigenen Angaben – um finanziell über die Runden zu kommen, mindestens einen deutschen Marktanteil von 35 Prozent. Wie kann das erreicht, wie können mehr Besucher für deutsche Filme begeistert werden?
Viele Kinobetreiber haben in den letzten Jahren in ihren Häusern die Voraussetzungen für einen wirtschaftlichen Erfolg gelegt. Nachverhandlungen mit den Eigentümern der von ihnen gepachteten Kinos, die in den 90er Jahren des letzten Jahrhunderts oft zu zunächst unwirtschaftlichen Bedingungen angemietet wurden, höhere Eintrittspreise, 3D-Zuschläge, steigende Concessions- Umsätze, die öffentliche Förderung der digitalen Umstellung und ein von durchschnittlich zehn auf über 20 Prozent gestiegener deutscher Marktanteil, der zusätzliche Zuschauer in die Kinos gebracht hat, haben hier zusammen gewirkt, um diese positive Entwicklung zu ermöglichen. Wir freuen uns, wenn die Kinobetreiber heute mit uns die Auffassung teilen, dass ein weiter steigender Marktanteil deutscher Filme ihre Rentabilität weiter steigern würde. Offensichtlich hat somit gegenüber einigen Aussagen im Verfahren vor dem BVerfG ein Umdenken stattgefunden. Will man diesen Trend zu einem erhöhten Marktanteil deutscher Filme aber weiter stärken und absichern, so darf man nicht gleichzeitig die Voraussetzungen für eine wirksame Produktionsförderung in Frage stellen. Hier bin ich mir nicht sicher, ob das schon alle Marktteilnehmer verstanden haben.
Angesichts einer veränderten Marktlage ist es nicht sicher, ob der FFA auch 2017 noch die gleichen finanziellen Mittel zur Verfügung stehen wie 2013 – und da waren Sie schon geringer als 2012. Wo soll mehr Geld herkommen?
Ja, das ist eine berechtigte Sorge. Natürlich hoffen wir, dass in den nächsten beiden Jahren die Abgabepflicht ausländischer VoD-Anbieter positiv geklärt sein wird und sie anfangen werden, in die FFA einzuzahlen. Darüber hinaus sind wir unverändert der Auffassung, dass über

eine Abgabe auch der Telekommunikationsunternehmen, die ihre Leitungen als Transportmittel für audiovisuelle Inhalte vermarkten, gesprochen werden muss. Und der Beitrag der Fernsehsender ist trotz freiwilliger Zusatzleistungen etwa der ARD seit der kleinen Novelle 2010 sicher zu niedrig angesetzt. Eine Verbesserung kann es gerade bei letzteren aber nicht nur über die Höhe ihrer Einzahlungen in die FFA geben. Mindestens ebenso geholfen wäre den Produzenten, wenn die Sender eine größere Zahl von deutschen Kinofilmen in der Primetime und der Second Primetime ausstrahlen und hierfür auch angemessene, mit internationalen Produktionen vergleichbare Lizenzpreise bezahlen würden. Wenn aber tatsächlich nicht mehr Geld zusammen kommt, dann muss man sich darauf besinnen, was der vorrangige Zweck der FFA ist. Und das ist nach unserer festen Überzeugung nicht die Förderung von sich überschlagenden Innovationsrunden der Kinos und auch nicht die Förderung von Verleihmaßnahmen, sondern die Förderung der Produktion von Filmen. Die hierfür von der FFA verwandten Mittel beliefen sich zuletzt auf kaum mehr als 40 Prozent der jährlichen Einnahmen. Sollten die Mittel der FFA also nur noch in geringerem Umfang vorhanden sein, so muss dieser Prozentsatz erhöht werden.

Wie real ist es, dass Plattformen und andere digitale Verwerter ab 2017 mehr bezahlen. Sie müssten es ja schon heute, aber es kommt nur wenig?

Die Verwertung von Filmen wird zunehmend über digitale Distributionswege erfolgen. Folglich werden die dort mit Kinofilmen erzielten Umsätze weiter zunehmen. Für diese gilt es, im FFG 2017 einen angemessenen Abgabesatz zu finden und die heute geltenden Regelungen gegebenenfalls anzupassen. Zwingend erscheint es, zu dieser Abgabe dann auch ausländische VoD-Anbieter mit ihren mit deutschen Kunden realisierten Umsätzen heranzuziehen. Dann werden insoweit auch für diesen Bereich relevante Beträge in die FFA fließen. Ob sie allerdings die Verluste vollständig kompensieren können, die sich aus dem wahrscheinlichen Rückgang der mit physischen Datenträgern (DVDs und Blu-Rays) erzielten Umsätze ergeben, bleibt abzuwarten.

Müssen sich die Produzenten darauf einstellen in den nächsten Jahren mit deutlich weniger Fördermitteln auszukommen?

Leider muss man konstatieren, dass manche Fernsehsender ihre Beteiligungen an der Länderförderern reduzieren, wie wir es jetzt in Nordrhein-Westfalen gesehen haben. Andererseits ist der Beitrag der Sender ja kein selbstloses Mäzenatentum, sondern eine besondere Art von Programmbeschaffung: Sie bekommen ja etwas für ihr Geld. Auch die Entwicklung beim DFFF ist natürlich besorgniserregend: Von 70 Mio. Euro für 2013 wurde er 2015 ja auf 50 Mio. Euro gekürzt. Fakt ist in jedem Fall, dass der DFFF auch mit 50 Mio. Euro nicht angemessen ausgestattet ist.

Bleibt die Hoffnung Fernsehen und VoD. Sie haben das Eckpunktepapier mit der ARD erneut um ein Jahr verlängert, obwohl Sie mit einigen Regelungen anscheinend unzufrieden sind. Warum?

Wir haben mit den ersten Eckpunktevereinbarungen Ende 2009 absolutes Neuland betreten. Klar, dass wir – Produzenten und Sender – in der Zwischenzeit neue Erfahrungen gemacht haben und nachjustieren müssen. Das Jahr, um das wir die Eckpunkte verlängert haben, gibt uns die Zeit dafür.

Was sollte im nächsten Eckpunktepapier auf jeden Fall geändert werden?

Wir streben weiterhin einen grundlegenden Paradigmenwechsel im Geschäftsmodell an, der den Produzenten in die Lage versetzt, über Rechte zu verfügen und sie zu verwerten. Der Weg dorthin ist mühsam, das heißt aber nicht, dass er nicht konsequent gegangen wird.

Ein Lizenzmodell wird sowohl von der ARD als auch dem ZDF unter Verweis auf das „Sparsamkeits – und Wirtschaftlichkeitsgebot" abgelehnt. Verabschieden Sie sich von dieser Idee?

Es gibt keine Anzeichen dafür, dass die Sender ihren Sparkurs, der sich insbesondere im Programm niederschlägt, ändern können oder wollen. Die Inhalte, die schon heute unter allerhöchstem Kostendruck entstehen, werden die Sender in absehbarer Zukunft nicht mal mehr zu diesen Bedingungen finanzieren können. Da die Sender-Akzeptanz bei den Beitragszahlern, die das System ja immer noch mit mehr als 200 Euro jährlich finanzieren, aber ohne angemessen ausgestattete Qualitätsinhalte auch bei Fiction und Unterhaltung weiter sinken wird, ist es für die Sender überlebenswichtig, eben diese Programme zu bekommen. Und da sie sie nicht mehr vollständig finanzieren können, müssen die Produzenten die Möglichkeit bekommen, die Lücke durch eine Verwertung auf dem Zweitverwertungsmarkt auszugleichen. Wir treten für ein Modell ein, nach dem die Sender die Rechte für eine bestimmte Zahl von Ausstrahlungen für eine bestimmte Zeit erwerben. Für die verschiedenen Sendeplätze und Formatformen sollen Preiskorridore definiert werden, die etwa dem entsprechen, was die Sender heute für entsprechende Programme ausgeben. Und nach dem Ablauf der Lizenzzeit fallen die

Verwertungsrechte an den Produzenten zurück, der entscheiden kann, wer die Zweitverwertung organisiert und den Sender wiederum mit 50 Prozent an den Erlösen beteiligen muss.

Sowohl bei der Quotenregelung für deutsche Spielfilme im Fernsehen als auch bei einer Verwendung des Rundfunkbeitrages für die Filmförderung gibt es verfassungsrechtliche Bedenken. Sehen Sie dennoch eine Chance, das Fernsehen stärker für die deutsche Filmwirtschaft in Verantwortung zu nehmen?

Eine Quote für europäische Produktionen ist in der AVMD-Richtlinie sowie in § 6 Rundfunkstaatsvertrag vorgesehen. Hierunter auch eine spezielle Förderung von Kinofilmen zu implementieren, wäre von den gesetzlichen Vorgaben gedeckt. Auch sieht § 6 Abs. 4 Rundfunkstaatsvertrag schon heute vor, dass die Sender Mittel für die Filmförderung verwenden können. Soweit es einen verfassungsrechtlichen Streit über eine unmittelbare Verwendung des Rundfunkbeitrags zur Unterstützung deutscher Produktionen gibt, kann, sofern politisch gewünscht, trotzdem eine verfassungskonforme Lösung gefunden werden, die die Programmautonomie der Rundfunkanstalten wahrt.

Sind die neuen VoD-Plattformen für die Produzenten innerhalb der nächsten 10 Jahre eine Alternative zu Auftragsproduktionen und Ko-Produktionen mit den klassischen TV-Sendern?

Entscheidend ist, dass die Produzenten aus der Auswertung auf VoD-Plattformen eine Wertschöpfung generieren können – was heute nicht der Fall ist, weil sie an ihren Produktionen keine Rechte mehr besitzen. Und wenn dann auch der Wildwuchs bei den kostenlosen Mediatheken der Sender auf ein vernünftiges und zuschauerfreundliches Maß beschnitten ist, wird der Online- Vertrieb sicher einen bedeutenden Platz neben dem linearen Fernsehen finden. Ob er sich sogar zu einer Alternative dazu entwickeln kann, wird die Entwicklung in den nächsten Jahren zeigen.

Produzentenallianz fordert von TV-Sendern mehr Programminvestitionen

„Programm-Euro' statt Senkung der Haushaltsabgabe"

***Aus: promedia – Das medienpolitische Magazin**, Januar 2014*

Nur 39 Prozent der deutschen Film- und TV-Produzenten beurteilen die aktuelle wirtschaftliche Lage ihres Unternehmens positiv, ihre künftige wirtschaftliche Entwicklung schätzen nur 38 Prozent als positiv ein. Diese Aussagen spiegeln sich in den Angaben zur Umsatzentwicklung: Mit 52 Prozent mussten mehr als doppelt so viele Unternehmen im Vergleich zum Vorjahr (21 %) einen Umsatzrückgang hinnehmen. Als Ursache sehen fast zwei Drittel (64 %) der Produzenten die „ungenügende Bezahlung für geforderte Leistungen" durch die TV-Sender. Und das – so die Auffassung der Produzentenallianz – obwohl die finanzielle Situation sowohl bei den öffentlich-rechtlichen als auch den privaten Sendern sehr gut sei.

Herr Palmer, der deutsche Film gehört mit zu den Gewinnern des Koalitionsvertrages: Verstetigung des DFFF, das FFG soll „zukunftsfest" werden, der Kinderfilm soll stärker gefördert werden. Reicht das aus, den deutschen Film „zukunftsfest" zu machen?
Die Verstetigung der Förderung durch den DFFF sowie die Zukunftssicherung des FFG sind erfreuliche Ergebnisse und wichtige Signale für die gesamte Film- und Fernsehwirtschaft in Deutschland. Allerdings sind andere Problemfelder praktisch ausgespart geblieben. Aufgrund der massiven Erhöhung der Künstlersozialabgabesätze (um mehr als 26 %) fordern wir eine Novellierung des Künstlersozialversicherungsgesetzes. Bezüglich der Stärkung des Produzenten im Urheberrecht regen wir eine Überprüfung an, ob für die besondere kreative Leistung des Produzenten ein eigenständiges Urheberrecht des Produzenten gesetzlich verankert werden kann. Dies wurde aber noch nicht aufgegriffen.
Der Koalitionsvertrag geht von einer erneuten Novellierung des FFG aus. Die Produzentenallianz hatte gemeinsam mit anderen Verbänden Vorschläge für eine umfassende Novellierung unterbreitet. Stehen Sie weiterhin zu Ihren Vorschlägen von 2012?
Der zu Beginn des Jahres 2012 zusammen mit drei weiteren Verbänden vorgelegte Vorschlag für eine grundlegende Überarbeitung des FFG er-

folgte vor einem spezifischen Hintergrund und mit einer situationsbedingten Zielrichtung. Damals stand die Novellierung des jetzt verabschiedeten FFG 2014 an und wir hegten zusammen mit den anderen Verbänden die Hoffnung, durch die damals gemachten weitreichenden Vorschläge doch noch einen Konsens mit den klagenden Kinobetreibern herbeizuführen. Dieser Versuch ist leider gescheitert. Der Gesetzgeber wollte damals wohl auch vor dem Hintergrund des laufenden Verfassungsgerichtsverfahrens eine grundlegende Reform des FFG nicht angehen.

Heute stellt sich die Situation teilweise verändert dar: Anfang Oktober 2013 hat die Verhandlung des BVerfG über die Verfassungsgemäßheit des FFG stattgefunden und nunmehr wird bereits Ende Januar 2014 die Entscheidung des BVerfG ergehen. Im Lichte dieser Entscheidung werden wir im Rahmen der nun schon bald wieder zu führenden Novellierungsgespräche zunächst sehr sorgfältig die Interessen der Produzenten und ihre Vorstellungen für ein zukunftsgerichtetes FFG herausarbeiten. Dann wollen wir mit den anderen Verbänden besprechen, welche gemeinsamen Zielsetzungen und Strategien es gibt, um möglichst im Konsens Vorschläge für eine Fortentwicklung des FFG zu unterbreiten. Dabei gehen wir davon aus, dass wichtige Punkte unseres gemeinsamen Vorschlages von vor zwei Jahren auch weiterhin Gültigkeit haben werden. Dies gilt z.B. für die Überzeugung, dass mit der Durchsetzung der digitalen Verbreitung von Filmen auch weitere Beitragszahler (z.B. ausländische VoD-Anbieter, aber auch Telekommunikationsunternehmen, über deren Netze und zu deren wirtschaftlichen Nutzen audiovisuelle Inhalte verbreitet werden) für eine Finanzierung der FFA heranzuziehen sind. Hier ergeben sich durch neue Entwicklungen auf europäischer Ebene heute erweiterte Gestaltungsspielräume.

Welches sind Ihre Ziele für die Novellierung des FFG?

Aus unserer Sicht sind folgende Punkte wesentlich für eine Novellierung des FFG:

1. Verbreiterung der Abgabenbasis,
2. Konzentration der Fördermittel auf die Produktionsförderung,
3. Verbesserte Möglichkeiten für Produktionsunternehmen, Eigenkapital zu bilden, um in neue Produktionen investieren zu können, und
4. Neujustierung des Verhältnisses zwischen Produktionsunternehmen und Verwertern.

Der deutsche Film wird jährlich mit mehr als 300 Mio. Euro gefördert. Die durchschnittliche Förderquote der deutschen Kinofilme

liegt bei über 40 Prozent. Wie kann sich der deutschen Film unabhängig von der Förderung machen?

Zunächst möchte ich die von Ihnen genannte Zahl von 300 Mio. Euro etwas relativieren. Ein guter Teil dieses Betrages wird von den Länderförderungen bereitgestellt, die neben Kinoproduktionen auch mediale Infrastrukturmaßnahmen (z.B. Kinoförderung) und Fernsehproduktionen fördern. Auch die FFA verwendet einen Teil ihrer Fördermittel für andere Zwecke als die Produktionsförderung.

Von den vielleicht EUR 180 Mio., die auf die Produktionsförderung des Kinofilms entfallen, geht ein weiterer Teil nicht in „deutsche" Filme. Vielmehr wird die Produktion auch und gerade von internationalen Filmen in Deutschland und damit Deutschland als Produktionsstandort gefördert. Tatsächlich für die Förderung des deutschen Kino-Filmes dürften somit inklusive Koproduktionen eher nur EUR 150 bis 160 Mio. aufgewandt werden. Das ist jedoch natürlich immer noch ein beachtlicher Betrag, für den wir uns bei allen Verantwortlichen herzlich bedanken wollen. Er hat bewirkt, dass der Marktanteil deutscher Filme von knapp 10 Prozent in einzelnen Jahren des letzten Jahrzehnts des letzten Jahrhunderts auf derzeit im Durchschnitt 20 Prozent und in einzelnen Jahren auch auf noch sehr viel erfreulichere Prozentsätze gestiegen ist. Das ist ein beeindruckender Erfolg, der ohne eine konsequente Förderung nicht möglich gewesen wäre. Denn ohne Förderung kann in Deutschland kein breit gefächertes filmisches Schaffen realisiert werden. Hierfür ist der deutsche Markt im Unterschied insbesondere zu den ausländischen Produktionen, die vor allem in englischer Sprache für den internationalen Markt geschaffen werden, nicht in der Lage, eine vollständige Refinanzierung zu ermöglichen.

Auch wenn dem so ist, setzten wir uns in der Produzentenallianz aber auf verschiedenen Ebenen für bessere Verwertungsbedingungen für den deutschen Film und damit für höhere Rückflüsse, und eine geringere Abhängigkeit von der Förderung ein. So diskutieren wir mit den Verwertern der Kinofilme, ob hergebrachte Modelle der Erlösverteilung in der digitalen Welt noch stimmig sind und Kostenvorteile der Verwerter auch angemessen mit den Produzenten geteilt werden. In diese Richtung ging etwa die von uns angestoßene Auseinandersetzung um die sog. „Royalty Deals", bei denen wir uns die Einführung gewisser Mindeststandards für die Videoverwertung gewünscht hätten. Das war im ersten Anlauf nicht zu erreichen. Das Thema ist jedoch damit nicht vom Tisch. Auch in unseren Gesprächen mit den Sendern fordern wir, dass diese sich verstärkt für den Kinofilm engagieren, dass angemessene Lizenzen bezahlt und Filme auch vermehrt für eine Zweitlizenz erworben werden. Schließlich setzen wir uns dafür ein, dass den Produzenten von Kinofilmen realistische Möglichkeiten zur Vergabe von Pay-TV-Lizenzen und zur Verwertung der VoD-Rechte verbleiben. In diesem Bemühen um verbesserte Erlösstrukturen stehen die Produzenten auch nicht allein. Vielmehr ist das Interesse der Förderer, verbesserte Rückführungsquoten zu erreichen, durchaus gleich gerichtet.

Immer wieder wird – auch von Produzenten – beklagt, dass zu viele Filme gefördert werden. Was muss an unserem Fördersystem geändert werden, um von Masse zu mehr Klasse zu kommen?

Die Zunahme der Anzahl der deutschen Filme in den letzten 10 – 15 Jahren ist einhergegangen mit einer beachtlichen Zunahme des deutschen Marktanteils. Das ist zunächst einmal zu begrüßen. Dennoch ist sicher richtig, dass es bei der großen Zahl inländischer und ausländischer Filme, die jedes Jahr in Deutschland gestartet werden, besonders schwierig geworden ist, bei den Zuschauern die erforderliche Aufmerksamkeit zu wecken und ausreichende, etwas langfristiger angelegte Vorführtermine in den Kinos zu sichern. Der Vorschlag der klageführenden Kinoketten, doch einfach die erfolglosen Filme wegzulassen, erscheint doch recht blauäugig, da es für die Vorhersage des Erfolges eines Filmes bekanntlich keine einfache Gleichung gibt. Deshalb halten wir hier eine behutsame Vorgehensweise und die hierzu bereits eingeleiteten Schritte für durchaus richtig. Die FFA wird nach dem FFG 2014 im Rahmen der Projektfilmförderung ja eine Förderquote zu berücksichtigen haben, was zu einer Konzentration der Mittel auf weniger zu fördernde Filme führen wird. In die gleiche Richtung geht die Anhebung der Mindestkopienzahl, die die DFFF-Richtlinie seit Beginn des Jahres 2013 vorsieht. Hier sollte jetzt erst einmal abgewartet und beobachtet werden, welche Auswirkungen mit diesen beiden Maßnahmen einhergehen.

Bei der Verhandlung des BVerfG zur UCI-Beschwerde hatte sich das Gericht für wirtschaftliche Kriterien der Förderung interessiert. Sehen Sie die Notwendigkeit, die Filmförderung stärker nach wirtschaftlichen Kriterien auszurichten?

Diese Frage kann nicht pauschal beantwortet werden. Die Förderung des DFFF wird schon heute ausschließlich nach wirtschaftlichen Kriterien vergeben mit der Zielrichtung, die Produktion in Deutschland zu stimulieren. Dem gegenüber handelt es sich bei der Filmförderung der Länder um eine vorrangig kulturelle Förderung, die allerdings durch die geforderten Regionaleffekte auch eine wirtschaftliche Zielrichtung haben. Beide Fördersysteme sollten durch eine etwaige Kritik des Bundesverfassungsgerichtes an Einzelregelungen des FFG nicht berührt werden. Auch das FFG hat als Wirtschaftsgesetz nach unserer Einschätzung schon heute eine primär wirtschaftliche Zielsetzung, die im FFG 2014 durch eine Reduzierung der Festivalpunkte und die angestrebte Verbesserung des Wertes der Referenzpunkte wie auch durch die Konzentration der Projektförderung auf weniger Filme noch verstärkt wird. Ob das BVerfG darüber hinaus noch weitere Änderungen fordern wird, bleibt abzuwarten.

Im Verlauf des Jahres 2013 gab es eine intensive und sehr emotionale Debatte über das Engagement des öffentlich-rechtlichen Rundfunks für den deutschen Film. Was hat diese Debatte bewirkt?

Die Debatte über das sinkende Engagement der öffentlich-rechtlichen Sender für den Kinofilm, führte zu ausgesprochener Besorgnis unter den Produzenten. Die Befürchtung ist, das sich die öffentlich-rechtlichen Sender zunehmend nicht mehr als verlässlicher Partner für die deutsche Kinofilmproduktion erweisen und an deren Ende eine fundamentale Schwächung des gesamten öffentlich-rechtlichen Systems stehen könnte.

Wir haben damals ein klares Bekenntnis der Sender zum deutschen Kinofilm gefordert, das sich auch in regelmäßigen Sendeterminen zur Hauptsendezeit ausdrückt sowie in angemessener finanzieller Beteiligung. Wir freuen uns deshalb über die jüngsten Bekenntnisse von Sendervertretern, weiter exzellente Stoffe im Bereich Kino fördern zu wollen. Unbenommen davon ist aber die Tendenz zu beobachten, dass der Finanzierungsanteil der Sender an deutschen Kinofilmen 2012 und 2013 vermutlich noch geringer ausfallen wird als 2011. Wir hoffen, dass der große Erfolg, des mit uns angestrengten „Sommerkinos“ zur Primetime, die ARD darin bekräftigt, ihre Investitionen in Kinofilme deutlich zu stärken und auch die anderen Sender dazu motiviert, ihre niedrigen Gesamtbudgets wieder anzuheben. Ein „Winterkino“ wäre eine naheliegende Ergänzung! Der Beitrag der öffentlichrechtlichen Sender an deutschen Kinofilmen darf auch aus kulturpolitischen Gründen nicht stagnieren, sondern muss weiter gestärkt werden.

Plattformen wie Youtube oder Amazon oder auch Pay-Sender wie Sky wollen eigene fiktionale Produktionen in Auftrag geben. Zeichnen sich Alternativen zu den klassischen TV-Sendern ab.

Für den deutschen Markt bleibt die Entwicklung abzuwarten, ob sich neue „Player“ als alternative Auftraggeber für deutsche Produzenten etablieren können. Watchever ist bisher der einzige, soweit ich das übersehen kann, der bekanntgab, eine Produktion für den deutschen Markt in Auftrag zu geben.

Nach wie vor ist der öffentlich-rechtliche Rundfunk der Hauptauftraggeber der deutschen TV-Produktionswirtschaft, die rund zwei Drittel ihres Umsatzvolumens mit Produktionen für die Sender realisiert. Deshalb begrüßen die Produzenten jede Maßnahme, die die Zukunftssicherheit der Qualitätsprogramme von ARD und ZDF sicherstellt. Die reichlich kurzfristige Diskussion um die Absenkung der Haushaltsabgabe um kleine, für den Bürger kaum messbare Beträge ist nach unserer Auffassung nicht zukunftsfähig. Was wir brauchen sind massive Programminvestitionen, um gutes, innovatives, auch international vermarktbares Programm zu generieren. Die deutschen Produzentinnen und Produzenten könnten bei den Serien, in anspruchsvollen fiktionalen Einzelstücken, für qualifizierte Dokumentationen, im wertvollen Kinderund Jugendfilm, bei spannender Unterhaltung noch für viele packende Beiträge sorgen. Die Produzentenallianz möchte einen zusätzlichen „Programm-Euro“ statt der symbolischen Absenkung der Haushaltsabgabe in Deutschland.

Ein Streitpunkt mit den Sendern sind auch die digitalen Verwertungsrechte. Germany's Gold ist gescheitert, die 7-Tage-Regelung der Mediathek soll überprüft werden. Verschlechtern sich die Chancen der Produzenten für die eigene digitale Verwertung ihrer Rechte eher, als dass sie sich verbessern?

Eine begrenzte Verweildauer in den Mediatheken ist die Voraussetzung für eine spätere wirtschaftliche Verwertung im VoD-Markt. Die Ankündigung der Ministerpräsidenten die „7-Tage Regelung“ entfristen lassen zu wollen, würde in der Konsequenz bedeuten, dass dadurch die Entstehung eines VoDMarktes für deutsche Filme verhindert wird. Die Chancen der Produzenten auf eine Refinanzierung durch die digitale Verwertung würden sich enorm verschlechtern.

Angesichts stagnierender Haushaltsmittel der öffentlich-rechtlichen Sender setzt sich die Produzentenallianz für neue Finanzierungsstandards für Auftragsproduktionen ein. Die sogenannte „vollfinanzierte“ Auftragsproduktion, die längst nicht mehr vollfinanziert ist, wird durch ein Lizenzsystem ergänzt werden müssen, bei dem Produzenten bestimmte Verwertungsrechte behalten und daraus eine Refinanzierung und eine Wertschöpfung auf den Zweitverwertungsmärkten realisieren müssen. Nur mit einer erfolgreichen Auswertung auf einem funktionierenden VoD-Markt werden in Deutschland auch künftig qualitativ hochwertige und gesellschaftlich und kulturell bedeutende Filme, Serien und Dokumentationen produziert werden können.

Was möchte die Produzentenallianz 2014 medienpolitisch und in den Verhandlungen mit den TV-Sendern vor allem durchsetzen?

Im kommenden Jahr 2014 steht neben oben genannten Punkten die Weiterentwicklung der Terms of Trade gegenüber Sendern und Vertriebspartner im Fokus unserer Verbandsarbeit. Die mittlerweile sechs verschiedenen Eckpunkte-Vereinbarung mit ARD und ZDF laufen Ende 2014 bzw. Mitte 2015 spätestens aus. Nun gilt es den nächsten, großen Schritt in der Weiterentwicklung unserer vertraglichen Zusammenarbeit zu gehen. Die Produzentenallianz hat Gespräche mit ARD und ZDF aufgenommen, mit dem Ziel der Etablierung eines „Lizenzmodells" in Deutschland zu erreichen. In den USA, Großbritannien und Frankreich hat man längst vom überkommenen „total-buyout"- Modell Abstand genommen und damit die Produktionswirtschaft aus vielen regulativen und starren Fesseln gelöst. Der unternehmerische, kreative und wirtschaftliche verantwortliche Produzent bleibt unser Leitbild und Ziel.

Der vorliegende Band zeigt eindrucksvoll die Zahl und Vielfalt der Aktionsfelder der Produzentenallianz. Im Folgenden verweisen wir auf ausführliche Passagen, in den einige der Produzentenallianz-Kernthemen erläutert werden.

Verweise

Große Erfolge für das Produzieren in Deutschland *Rede zum Rechenschaftsbericht 2016 bei der Produzentenallianz-Mitgliederversammlung 2017,* Berlin-Brandenburgische Akademie der Wissenschaften, Berlin, 12.7.2017
Im Mittelpunkt: Die ARD-Eckpunkte 2.0 *Rede zum Rechenschaftsbericht 2015 bei der Produzentenallianz-Mitgliederversammlung 2016,* Akademie der Künste, Berlin, 5.7.2016
Produzentenallianz unterwegs: Viel Arbeit, manche Perspektiven, aber auch beachtliche Risiken *Rede zum Rechenschaftsbericht 2014 bei der Produzentenallianz-Mitgliederversammlung 2015,* Berlin-Brandenburgische Akademie der Wissenschaften, Berlin, 11.6.2015
Verbände als Grundlage der pluralistischen Demokratie, eine Anknüpfung an Theodor Eschenburg *Zwischen Gestern und Morgen – Medien im Wandel, Festschrift für Mathias Schwarz zum 65. Geburtstag,* Verlag C. H. Beck, München 2017
Bernd Neumann zum 75. Geburtstag *Produzentenallianz-Magazin* Nr. 23, Produzentenallianz, Berlin 2017
Der Filmproduzent Carl Laemmle *Bekannt aus Fernsehen, Film und Funkt – Laupheimer Gespräche 2016,* Universitätsverlag Winter GmbH, Heidelberg 2016
Gemeinsam stark: Dokumentarfilmproduzenten in der Produzentenallianz *Aus kurzer Distanz – Die Macht der Bilder, die Macht der Worte: 25 Jahre Haus des Dokumentarfilms,* Haus des Dokumentarfilms / Europäisches Medienforum Stuttgart, Stuttgart 2016
ARD-Eckpunkte 2.0 – „Magna Carta" der Fernseh-Auftragsproduktion in Deutschland *MedienWirtschaft – Zeitschrift für Medienmanagement und Medienökonomie* Nr. 1/2016, New Business Verlag, Hamburg 2016
Die „Eckpunktevereinbarung" aus Sicht der Produzenten – Ein Quantensprung *epd medien* Nr. 9/2016, Gemeinschaftswerk der Evangelischen Publizistik GEP, Frankfurt am Main 2016
Fernseh-Auftragsproduktion im Wandel *MMR – Multimedia und Recht* Nr. 2/2015, Verlag C.H.Beck, München 2015
Erzählnotstand im deutschen Fernsehen? *Produzentenallianz-Magazin* Nr. 15, Produzentenallianz, Berlin 2014
„Eine ganz neue Dynamik" *Blickpunkt:Film* Nr. 38, Blickpunkt:Film, München 2017
„Besucherpotentiale werden oft falsch eingeschätzt" *promedia – Das medienpolitische Magazin* Nr 8/2017, Promedia Verlag, Weimar 2017
„Laemmle ist uns noch heute ein Vorbild" *150 Jahre Carl Laemmle – Von Laupheim nach Hollywood,* Sonderveröffentlichung der Schwäbischen Zeitung Laupheim, Schwäbische Zeitung Laupheim, März 2017
„Wir lagen bei der Rechtefrage weit auseinander" *promedia – Das medienpolitische Magazin* Nr. 2/2017, Promedia Verlag, Weimar 2017
„Das könnte schnell zur Sackgasse werden" *promedia – Das medienpolitische Magazin Nr. 1/2017,* Promedia Verlag, Weimar 2017
Magna Carta oder Papiertiger? *Auslöser – Informationsblatt des Filmverband Sachsen* Nr. 2/2016, Filmverband Sachsen, Dresden 2016
„Die Eckpunkte 2.0 sind eine wichtige Weichenstellung" *promedia – Das medienpolitische Magazin* Nr. 3 2016, Promedia Verlag, Weimar 2016
„Der deutsche Produktionsstandort ist bedroht" *promedia – Das medienpolitische Magazin* Nr 1/2015, Promedia Verlag, Weimar 2015
„‚Programm-Euro' statt Senkung der Haushaltsabgabe" *promedia – Das medienpolitische Magazin* Nr. 1/2014, Promedia Verlag, Berlin 2014

Dr. Christoph E. Palmer ist seit 2008 Vorsitzender der Geschäftsführung der Allianz Deutscher Produzenten – Film & Fernsehen.

Die Allianz Deutscher Produzenten – Film & Fernsehen ist die maßgebliche Interessenvertretung der deutschen Produzenten von Film-, Fernseh- und anderen audiovisuellen Werken. Sie vereint ca. 250 Produktionsunternehmen aus den Bereichen Animation, Kinofilm, TV-Entertainment, TV-Fiktion, Werbung und Dokumentation.